михаил палатник

время
собирать
камни...

УДК 930.85
ББК 63.3(3)

Все права защищены. Никакая часть данной книги не может быть воспроизведена в какой бы то ни было форме без письменного разрешения владельцев авторских прав.

Палатник М.
Время собирать камни... / Михаил Палатник – М.: Некоммерческий фонд «Институт перспективных исследований», 2025. – 352 с.

ISBN 978-5-91072-060-6

Евреи – не народ, а духовная общность, вставшая под знамена первопроходца Авраама. Группа, принявшая на себя роль посредника между народами земли и Высшей силой, Природой или Творцом.

Как развивалась методика Авраама? Что происходило с евреями, пытавшимися убежать от своей миссии? Что стоит за антисемитизмом? Об этих вопросах с вами будут говорить еврейские мудрецы и каббалисты всех поколений.

Книга основана на первоисточниках и исторических материалах и дает ответ на главный, вечно актуальный вопрос: что делать? Как «не пропасть поодиночке» и, наоборот, вытащить себя и весь мир в простанство нового, светлого и счастливого существования.

ISBN 978-5-91072-060-6

© М. Палатник, 2025
© Некоммерческий фонд «Институт перспективных исследований», 2025

михаил палатник

время собирать камни...

Оглавление

Предисловие: как я стал евреем
(Что заставило меня взяться за перо) 9

Введение 19

Глава 1. Есть такая нация!
(Как возник народ Израиля) 29

    Израиль как страстное желание 38
    Через единство к равенству 42

Глава 2. Я желаю, следовательно, я существую
(Мир как эволюция желаний) 47

    Реальность формируется четырьмя уровнями желания .. 51
    Четыре уровня внутри нас............................. 53
    Где находится наша свобода выбора 55
    Точка в сердце 57

Глава 3. Авраам, Моисей и др.
(Этапы развития методики исправления) 61

    Не всегда злое начало................................ 63
    Моисей сказал: «Объединяйтесь!» 66
    Великое падение и семена Избавления 70
    Новая эпоха – новый подход 73
    Разрешение изучать 75

  А теперь – все вместе.. 78

Глава 4. Народ при исполнении
(Роль еврейского народа) 81

  Хорошо перемешать... 86
  Еврейское наследие... 90
  Адам как первый человек и как общая душа.............. 94

Глава 5. Гадкий утенок
(Корни антисемитизма) 99

  Признаки внутреннего конфликта 104
  Два пути – путь радости и путь страданий 108
  Лекарство для мира 110

Глава 6. Лишние люди
(Современный антисемитизм) 115

  Дамоклов меч 118
  Лакмусовая бумажка..123
  Отверженные..127
  Антисемитизм маскируется.......................................130

Глава 7. Свой среди чужих
(Быть или не быть евреем, вот в чем вопрос)..................137

  Иди в Ниневию 138
  Тянитолкай 140
  Испанская баллада: любовь без взаимности 145

Глава 8. Крах еще одной иллюзии
(Германия превыше всего)... 153

  Эпоха гетто – в хорошем смысле этого слова 154
  XIX век – постепенная победа эмансипации 160
  Вальтер Ратенау как зеркало немецкого еврейства 165
  Самоненависть как признак распада нации 167

Глава 9. Страна неограниченных возможностей...
ассимиляции 171

Испанская гордость 172
Евреи воюют против евреев 175
Русские идут 177
Айзек Майер Вайз –
объединение или разъединение? 182
Кто виноват в Катастрофе 186
На краю пропасти 193

Глава 10. Россия – мать или мачеха? 203
Хасидизм и его противники – две стороны одной медали 205
Ранняя Гаскала: пока еще едины 212
Волны погромов. Интеллигенция на распутье 214
Каждый тянет на себя: дальнейшая политизация и
раздробленность..221
Русское еврейство в свете русской революции........229
В плену у красного фараона: евреи при советской
власти 243

Глава 11. Вместе навсегда
(Единство, единство и еще раз единство) 263

Единство – это душа и сердце Израиля 266
В единстве – спасение Израиля 270
Единство означает освобождение 274

Глава 12. Во множественном числе
**(Как повлиять на единство общества через социальное
окружение)** 275

Стремление к превосходству 276
От Я к МЫ, от МЫ к ОДНОМУ 279
Первый борец с эгоизмом..280
Что оставил борец с эгоизмом в наследство своим
потомкам 283
Зачем нужно общество, стимулирующее единство ...285
Объединение в глобальных масштабах...................291
Четыре фактора 292

Глава 13. В преддверии интегральности
**(Интегральный мир нуждается
в интегральном обучении)** 297

Интегральность как форма организации общества 300
Интегральность и природа 302
Четыре этапа интегрального обучения 305
Игра в интегральность 307
Методика круглого стола 311
Время действовать: наше почётное право и наш священный долг 322

Послесловие 325

Сноски 331

Предисловие: как я стал евреем
(Что заставило меня взяться за перо)

Я принадлежу к тому поколению, которое узнавало о своей национальной принадлежности от «улицы». Мое раннее детство прошло в счастливом неведении. В детском саду все одинаково играли «в войнушку», мир был еще цельным, и мои друзья носили вполне русские имена и фамилии.

Не помню, чтобы дома это как-то особо обсуждалось, но уже в первом классе мои симпатии, казалось бы, сами собой стали склоняться на сторону мальчика с тысячелетней грустью в глазах и кудрявой и смуглой девочки со странным именем «Ида». Однако процесс осознания необъяснимой «особости», у которой было много плюсов, но и не меньшее количество минусов, затянулся как минимум еще лет на десять.

Мы получили эстафетную палочку поколений, но рука, ее передавшая, была скрыта от нас плотной завесой тумана. Никто не спешил рассказывать нам, кто мы такие, откуда и зачем идем. Как инопланетяне, волею судеб оказавшиеся на Земле, мы узнавали своих и старались держаться вместе. Неписаный и неосознанный закон взаимопомощи, заложенный у нас внутри, сближал и соединял совершенно разных людей, живших в разных местах и стоявших на разных ступенях социальной лестницы.

Но почему это должно быть так? Почему не знавшие ни своего языка, ни своих традиций, ни своих корней мы всё же обязаны были сохраниться как народ? На эти вопросы у меня не было ответов ни когда, отслужив в Советской армии, я попал в водоворот большой алии, ни когда, спешно сшивая разрушенную связь поколений, мы восполняли свое еврейское образование, ни когда изучали (а потом преподавали) иврит, язык наших предков и потомков, ни когда уже на земле этих предков и потомков мы продолжили свою «мирную» жизнь.

Вопросы о смысле жизни, о нашем предназначении и смутное представление о том, что в нас есть нечто «другое» и высшее, преследовали меня с детства. Богатая русская (и частично европейская) культура, питавшая мое детство и отрочество, как-то лежала в другой плоскости. Да и вообще, гуманитарные науки, к которым подталкивало меня мое филологическое окружение, казались мне чем-то слишком аморфным и недостаточно инструментированным. Мне казалось, что инструменты надо искать в точных науках, связанных с математикой и компьютерами.

Однако судьба твердой рукой вела меня к другому типу знания. Еще только на подступах к науке (я занимался проблемами искусственного интеллекта в Иерусалимском университете) я пришел к убеждению, что сама по себе наука слепа. Она нуждается в поводыре более высокого порядка, который направлял бы и контролировал ее развитие. В принципе, таким поводырем должна была быть философия. Но ее умозрительные построения интуитивно отталкивали меня своей замкнутостью, сложностью интеллектуальной игры при полном отсутствии доказательств и связи с реальностью. Игра в бисер!

К тридцати годам, пройдя по касательной мимо науки, философии и религии, я вполне разочаровался в возможности найти в них ответы на главные вопросы жизни. Оставались еще восточные учения, но мой мастер по тайчи и цигуну, побывавший в тибетских монастырях и лично по крупицам собравший и построивший свою методику, на вопросы выше уровня тела упорно молчал. На что-то намекал Ошо, что-то туманно обещала йога, но все эти прекрасные люди, искавшие себя в западных вариациях восточных учений и готовые вполне бескорыстно дарить тебе свои улыбки и объятия, оставляли ощущение какой-то недостаточности, битья головой в стеклянный потолок.

И вот, пройдя через семейный кризис и получив дополнительный заряд вопросов типа «За что?», «Почему?» и «Почему именно мне?», я наконец попал в то место, где давались ответы. Передо мной лежал путь, предлагалась методика его прохождения, и главное, самое главное – все вопросы вдруг получили понятные и ясные ответы. В какой-то момент даже пугающе ясные и окончательные. Это место и этот путь назывались «каббала».

К счастью, вскоре оказалось, что все ответы далеко не окончательные. На каждом этапе постижения человек уточняет свое восприятие – и так до достижения абсолюта. Слой за слоем мы углубляемся в тайны мироздания, превращая их в факты нашего мироощущения и осознания.

Так или иначе, вопросы, мучавшие меня много лет и казавшиеся принципиально неразрешимыми, вдруг стали проясняться перед моим изумленным взором. Туман, годами скапливавшийся в моей бедной голове, постепенно рассеивался, а кусочки вселенского пазла получали свое законное место в общей картине мироздания.

Один из вопросов, на который жизнь с удивительным постоянством наталкивала меня раз за разом, был вопрос об отношении к евреям. Если мы такие хорошие, почему другие этого не видят? Откуда эта стихийная ненависть, доводящая в общем-то неплохих людей до звериного обличья? Как может быть, чтобы все народы под дикие вопли и улюлюканье столетиями преследовали какой-то один другой народ? Что стоит за этим «явлением природы»?

Начав изучать каббалу, я понял, в чем корни этого явления и почему, несмотря на кажущийся прогресс человечества, оно никуда не уходит и постоянно повторяется. И самое главное, я получил ответ на вопрос, что надо делать для его искоренения и «исцеления». На тот вопрос, который веками мучил евреев, на который пытались найти ответ доктор Герцль и Владимир Жаботинский, и который в середине XX столетия привел к созданию государства Израиль.

Ответ, однако, лежал в другой плоскости. Антисемитизм и в самом деле – незарастающая рана на сердце человечества, эхо незалеченной боли, которую мир носит в себе уже почти 4 тысячи лет – с того самого момента, когда наш праотец Авраам покинул древний Вавилон.

Из каббалы получалось, что еще тогда Авраам предлагал своим соотечественникам объединиться и, фигурально выражаясь, вновь обрести утерянные «один язык и слова одни» (Бытие, 11:1), а тогдашний правитель Вавилона царь Нимрод не давал Аврааму распространять эти его «крамольные» идеи. В какой-то момент я стал очень ясно видеть, что, как это ни парадоксально, сегодняшнему миру не хватает именно чувства единства, духа товарищества, семейственности или взаимного поручительства, которые смог создать Авраам со своими учениками и последователями и которые он так и не смог передать своим вавилонским собратьям, не в силах преодолеть генеральную линию Нимрода.

Помню, как мы с группой моих соучеников под руководством нашего учителя, рава* Лайтмана, изучали «Предисловие к книге Зоар» крупнейшего каббалиста XX века Бааль Сулама. В конце Предисловия Бааль Сулам пишет, что, если евреи не передадут миру знание и методику достижения единства, народы мира не только будут ненавидеть и унижать их, но и вообще изгонят их из Страны Израиля, при этом преследуя и терзая их повсюду, где бы они ни находились. Веселую картину нарисовал нам каббалист! В то утро эта картина глубоко впечаталась в мое сознание.

Рав Йеуда Ашлаг (Бааль Сулам, 1886 – 1954) выдающийся каббалист, автор фундаментальных трудов «Талмуд эсер сфирот» («Учение десяти сфирот»), комментария на «Древо жизни» Ари и комментария «Сулам» на книгу Зоар. «Бааль Сулам», по названию его комментария, буквально означает «обладающий лестницей».

Буквально на следующий день наш учитель дал нам прочесть листы из неопубликованных, чудом уцелевших рукописей Бааль Сулама. После его смерти разрозненные части его архива оказались в самых разных местах. Рукописи, найденные в какой-то старой коробке в подвале ешивы, оказались бесценными материалами не только для изучающих каббалу, но, пожалуй, и для всего человечества. Спустя годы они были бережно и тщательно расшифрованы и изданы равом Лайтманом и его учениками под общим названием «Труды о последнем поколении».

---

* Слово «рав» на иврите означает «большой». Рав в каббале – это учитель, который всегда находится на более высокой ступени, чем ученик. Задача рава – дать в руки ученика методику и помочь ему соединиться с высшей силой, или Творцом. Следуя указаниям рава, при правильной работе ученик начинает подъем по лестнице духовных ступеней.

Листы, которые дал нам прочесть рав Лайтман, содержали чёткие предписания и предвидения великого каббалиста о том, куда должно идти наше поколение. Они говорили о смертельной жажде, о дружбе и любви, об избавлении и предназначении. Вот эти слова:

«Вот притча о товарищах, заблудившихся в пустыне и страдавших от голода и жажды. Один из них обнаружил селение, изобилующее всяческими благами. Вспомнил он о своих несчастных братьях, но он уже ушел так далеко от них, что не знал, где они… Стал он громко кричать и трубить в рог: авось, его несчастные голодные товарищи услышат его голос, подойдут к нему и тоже войдут в это селение, изобилующее всяческими благами.

То же самое происходит и с нами. Вместе со всем человечеством мы заблудились в ужасной пустыне, а сейчас мы нашли величайшую сокровищницу, полную всех благ, т.е. каббалистических книг, которые насыщают наши страждущие души, наполняя их благом и наслаждением досыта, и не исчерпываются. Но память о товарищах, которые остались в ужасной пустыне, лишенные какой-либо помощи, не дает нам покоя. Но велико расстояние между нами, и не слышат они наши слова, и потому взяли мы этот рог, чтобы громко вострубить в него: авось, услышат нас братья наши, и приблизятся, и станут так же счастливы, как мы.

Знайте же, наши братья, плоть от плоти нашей, что главное в каббалистической науке – это знание того, как этот мир опустился с небесных высот до нашей низменности… Поэтому, исходя из предшествующих нам совершенных миров, очень легко найти все будущие исправления. Отсюда мы знаем, как исправить наш путь, начиная с этого мгновения.

…Представьте себе, например, что нашли бы некую историческую книгу, описывающую последние поколения, которые будут жить через несколько десятков тысяч лет, как в отношении поведения общества, так и отдельной личности…

В таком случае наши лидеры изыскали бы любые средства, позволяющие организовать жизнь, как у них: «И нет воплей на площадях ваших» (Псалмы, 14:14). На место продажности и ужасных страданий придет мир.

И вот, господа, перед вами в шкафу стоит эта книга. В ней рассказаны и объяснены как наука государственности, так и образ жизни индивидуума и общества – так, как это будет в конце дней. Это каббалистические книги, в которых приведен порядок исправленных миров… Откройте эти книги, и вы найдете все правильные порядки, которые раскроются в конце дней. Из них вы получите добрый урок, как уже сегодня вы можете устроить эти вещи в этом мире.

…Не могу я более сдерживать себя. И пришел я к решению раскрыть увиденное и найденное мною в этих книгах ради путей исправления гарантированного нам будущего. И вот трублю я в рог и призываю жителей мира, ибо, по моему мнению и оценке, этого будет достаточно, чтобы собрать всех избранных и они начали бы изучать и постигать эти книги. И тогда склонят они чашу своих весов и весов всего мира на чашу заслуг»[1].

Эти слова каббалиста, человека, которому раскрыты пути управления мира и которому бесконечно горько видеть страдания человечества, тронули мое сердце. Я понял, что этот отчаянный крик, этот звук рога, обращенный к нам, именно к нашему поколению, через десятки лет, через преграды языка, стиля, образа поведения и Бог знает чего еще должен дойти до адресата. Услышавший его обязан передать его всем остальным.

Конечно, в современном мире у людей, как правило, нет ни желания, ни терпения сидеть и спокойно читать книги, как представлял себе это Бааль Сулам. Однако суть посыла, заключенного в науке каббала, которая ставит во главу угла любовь и соединение людей, от этого не меняется.

К сожалению, с началом нового тысячелетия юдофобия снова начала набирать обороты, причем на этот раз во всем мире. Призрак антисемитизма бродит по миру. Постепенно распространяясь, подобно ядовитому грибу, он грозит заразить собой целые народы, а это чревато повторением ужасов не такого уж далекого прошлого.

Однако против этого у нас существует лекарство. Как только евреям удается объединиться, змей тут же прячет свою голову. Дух взаимной помощи и ответственности друг за друга всегда был нашим главным оружием, щитом против всех выпадавших на нашу долю несчастий. Сейчас нам нужно снова «препоясаться» этим духом и облачиться в него, так чтобы его целительное тепло приняло нас в себя. А сделав это, мы должны будем поделиться этим духом со всем остальным миром, ведь в этом и состоит наше предназначение – быть «светом для других народов».

**Рав Барух Шалом Ашлаг
(Рабаш, 1907 – 1991)**
каббалист, сын и продолжатель дела Бааль Сулама, автор нескольких сотен уникальных статей, излагающих всю методику внутренней работы человека.

Думается, что осознанно или неосознанно каждый человек желает получить ответы на главные вопросы своей жизни, а если этот человек еще и еврей, он в глубине души хочет получить «лекарство» против антисемитизма. Поскольку и на то, и на другое я получил ответы от своего учителя, а он, в свою очередь, получил их по цепочке от своего учителя Рабаша и его великого отца Бааль Сулама, я решил, что настало время попытаться предать бумаге всё то, чему я у них научился. Именно они научили меня, что значит быть евреем, зачем евреи нужны в этом мире и что значит быть верным своему предназначению. Но самое главное – они научили меня любить. И делиться этой любовью, как делает Творец.

Введение

Если взять связку прутьев, то сломать их все сразу невозможно. Но если брать их по отдельности, то даже ребенок может их сломать. Так же и сыны Израиля не будут избавлены, пока не образуют все вместе одну связку.

Мидраш Танхума, Ницавим, гл. 1

На протяжении всей истории еврейского народа единство и взаимное поручительство (иначе называемое взаимной ответственностью) были отличительными чертами нашей нации. Бесчисленные мудрецы и духовные лидеры поколений писали о значении этих двух ноу-хау, называя их сердцем и душой нашего народа и утверждая, что спасение и избавление могут прийти только при условии единства Израиля.

На самом деле идея единства была настолько выше всего остального, что превосходила по своей значимости идею преданности Творцу и даже соблюдение заповедей. Очень многие духовные лидеры еврейского народа и священные тексты, - создаваемые из поколения в поколение, подчеркивают важность единства как первостепенной ценности. Трактат Дерех-Эрец Зута, написанный примерно тогда же, когда и Талмуд, приводит одно из многочисленных изречений в этом роде: «Даже когда сыны Израиля поклоняются идолам, но между ними мир, Творец говорит: "Нет у Меня желания вредить им"... Но если они в ссоре, что сказано о них? "Разделено сердце их, – будут они теперь осуждены"»[2].

После разрушения Второго Храма преобладающее значение единства и братской любви достигло своего апогея. Вавилонский Талмуд среди множества других источников учит нас, что причиной разрушения Второго Храма стали беспричинная ненависть и разобщенность внутри Израиля. Источники говорят, что беспричинная ненависть наносит такой вред, что по своему действию она равносильна трем великим грехам, приведшим к разрушению Первого Храма, взятым вместе, – идолопоклонству, кровосмешению и кровопролитию. Трактат Йома говорит нам об этом прямо: «Второй Храм... почему был разрушен? Потому что при нем была беспричинная ненависть, что учит тебя тому, что беспричинная ненависть равна трем прегрешениям [вместе]: идолопоклонству, кровосмешению и кровопролитию»[3].

Очевидно, единство, братская любовь и взаимное поручительство не только заложены в наших генах, но и являются той палочкой-выручалочкой, которая спасла наш народ от множества бедствий, а ее отсутствие, наоборот, приводило к тому, что эти бедствия сыпались на нас, как из рога изобилия. В наше сложное время, время непомерно выросшего самолюбования и нарциссизма, мы нуждаемся в единстве больше, чем когда-либо, и, тем не менее, именно сейчас оно отдалилось от нас как никогда.

3400 лет назад мы стояли у подножия горы Синай как один человек с единым сердцем. Благодаря этому мы стали народом. С этого момента единство поддерживало нас и в радости, и в горе. Как написано в известной хасидской книге «Маор ва-Шемеш»* («Свет и солнце»), «...хотя люди поколения

---

* «Маор ва-Шемеш» – книга известного каббалиста и хасидского учителя рабби Калонимуса Калмана а-Леви Эпштейна из Кракова (1751 – 1823).

Ахава поклонялись идолам, они вступили в войну и одержали победу, потому что между ними было единство. Это тем сильнее, когда в Израиле есть единство, и [сыны Израиля] занимаются Торой ради самой Торы... и этим они побеждают всех, кто против них, и что бы ни произносили уста их, Творец исполняет по воле их»[4].

Под водительством Моисея мы вышли из египетского плена, и пришли в Ханаан и, завоевав его, превратили его в Страну Израиля, но затем снова ушли в изгнание – на этот раз в Вавилон. А когда Мордехай объединил нас, мы вернулись из вавилонского плена – к сожалению, только два колена из двенадцати – и отстроили Второй Храм. Пока мы были едины, мы сохраняли независимость, и существовал Храм. Но как только мы отказались от братской любви, мы были покорены врагами и ушли в изгнание на долгие столетия.

И всё же разобщенность и беспричинная ненависть, приведшие к разрушению Второго Храма и изгнанию народа из его страны, не остановили наше развитие в изгнании. Почти два тысячелетия мы оставались верны самим себе, не принимая активного участия в культурной жизни тех народов, среди которых мы жили.

Однако, начиная с эпохи Просвещения, мы постепенно стали принимать культуру, которая приветствовала личные достоинства и индивидуальные успехи и поощряла эксплуатацию слабых и неимущих. В последние десятилетия мы достигли таких внушительных успехов на ниве корыстолюбия и тщеславия, что стали полной противоположностью гуманистическому обществу взаимной заботы, которое мы создали своими руками на заре существования нашего народа.

Сегодня в мире у руля стоят эгоизм и самолюбование, доведенное до нарциссизма. В книге «Эпидемия нарциссизма: жизнь в эпоху самомнения» описывается то, что ее авторы назвали «неумолимым ростом нарциссизма в нашей культуре»[5] и связанные с этим проблемы. Нарциссизм распространяется в западном обществе со скоростью эпидемии. Существует мнение, что причины затяжного экономического кризиса, начавшегося в 2008 году, были изначально вызваны завышенной самооценкой и нарциссизмом, охватившим в первую очередь американское общество.

В это самое время большая часть нас, евреев, когда-то исповедовавших принцип «Возлюби ближнего своего, как самого себя», не просто наблюдает победное шествие эгоизма по планете со стороны, а принимает в нем активное участие, очень часто возглавляя его и пожиная его первые и самые сладкие плоды. Правило «с волками жить – по-волчьи выть» мы принимаем с необыкновенным энтузиазмом и, как правило, воем гораздо сильнее и громче, чем сами волки. Многие еврейские имена – от Ротшильда до Абрамовича – стали нарицательными и обозначают «власть» и «богатство», причем часто с негативным оттенком.

Нет никакого сомнения, что мы добиваемся богатства и власти не для того, чтобы продемонстрировать всему миру превосходство нашего наследия. Однако, когда за евреями закрепляется дурная слава из-за двух упомянутых «добродетелей», эта слава распространяется не только на их «заслуги», но и на их наследие.

Каким бы несправедливым это ни казалось, евреи и еврейское государство всегда воспринимаются иначе, чем другие страны и народы. Они вызывают особое отношение – как в хорошем, так и в плохом смысле. И у этого есть свои причины.

Когда Авраам открыл, что миром правит одна-единственная сила, которую мы называем «Творец», или «Бог», или «Адонай» (Ашем), он хотел рассказать об этом всему миру. Как вавилонянин, обладавший высоким социальным и духовным статусом, сын производителя идолов, он вполне мог быть услышан. Только когда царь Нимрод попытался убить его и затем изгнал его из Вавилона, он ушел в другое место и, в конце концов, пришел в Ханаан.

**Рамбам
(Моше бен Маймон, Маймонид, 1135 – 1240)**
великий философ, каббалист, талмудист и врач. Духовный лидер своего поколения.

Изображение XIX в.

Но, как сообщает великий Рамбам (Маймонид), по дороге он повсюду искал родственные души, с которыми он мог бы поделиться своим открытием. «Начал он громогласно призывать всех людей, рассказывая им, что во всем мире есть один Бог... Он шел, созывая и собирая народ от города к городу, от царства к царству, пока не пришел в страну Ханаан... А когда люди сходились к нему и спрашивали его о словах его, рассказывал он каждому... пока не возвращал его на путь истины, пока не собрались вокруг него тысячи и десятки тысяч, и они называются домом Авраама. И посеял он в сердцах их этот великий принцип, и написал о нем книги. И передал он его сыну своему Ицхаку. И Ицхак сидел, и учил, и возвращал [на путь истины]. А Ицхак передал его Яакову и поручил ему учить [людей], и он сидел и учил... А праотец Яаков учил всех сыновей своих, и выделил Леви, назначив его главным, и посадил его в дом учения, чтобы учил он пути Творца»[6].

Начиная с Яакова, как сказано в известной книге «Кузари» Йеуды а-Леви, «божественное раскрылось в собрании, и с того времени ведется счёт, по которому мы считаем годы [наших] прародителей, как это передано нам в Торе Моисеевой. И известно нам, что происходило от Моисея до сего дня»[7].

Йеуда а-Леви (Галеви, 1075 – 1141) поэт, философ и каббалист. Самое известное его произведение – «Сэфер а-Кузари» («Кузари», букв. «книга хазара») – рассказывает о том, как хазарский царь ищет истинную религию. Философ, христианин и мусульманин не убеждают царя, и после беседы с иудеем он выбирает иудаизм.

Итак, единство было необходимым условием раскрытия ощущения Бога, или Творца, как чаще называют Его каббалисты (по причинам, обсуждение которых лежит за пределами этой книги). Без единства постижение было просто невозможно. Люди, способные объединиться, стали народом Израиля и постигли Творца, то есть единую силу, создающую, ведущую и поддерживающую всё мироздание. Те, кто не мог объединиться, остались без этого ощущения, но, тем не менее, с чувством, что у израильтян есть некое знание, которое им не дано, нечто, что по праву должно принадлежать и им тоже, но они по какой-то причине этого лишены.

Это и есть корень ненависти к Израилю, позже переросшей в антисемитизм. Это смутное ощущение того, что у евреев есть нечто, чем они не хотят делиться со всем миром, хотя и обязаны это сделать.

Евреи и в самом деле должны поделиться этим со всем миром. Авраам пытался поделиться своим открытием со своими соотечественниками вавилонянами, и его потомки должны сделать то же самое. Это и означает быть «светом для других народов». Это та обязанность, о которой великий рав Кук, первый раввин Страны Израиля, писал своим возвышенным поэтическим слогом: «…Истинное движение еврейской души во всем ее величии… выражается только лишь в ее вечной святой силе, текущей в самой сердцевине ее духа. И это то, что сделало, и делает, и еще сделает ее народом, несущим свет другим народам, и спасение, и избавление – всему миру...»[8].

Рав Авраам Ицхак Кук (1865 – 1935) крупнейший раввин, каббалист и общественный деятель. Первый главный раввин Страны Израиля и вдохновитель религиозного сионизма.

Это та самая обязанность, о которой в известной хасидской книге «Сфат Эмет»* написано: «Получив Тору, сыны Израиля стали гарантами исправления всего мира, и других народов тоже»[9].

Рабби Шмуэль Борнштейн (1855 – 1926) второй сохачевский ребе, внук Менахема Меднла из Коцка, автор книги "Шем ми Шмуэль" ("Имя от Самуила"), одной из основных книг хасидизма.

Но что же именно мы должны передать другим народам? Выясняется, что это то единство, которое позволяет раскрыть единственную и единую созидающую силу, или Бога, или Творца. Как написано в другой хасидской книге «Шем ми-Шмуэль» («Имя от Самуила»): «...цель творения состояла в том, чтобы все стали одним целым... но из-за греха всё настолько испортилось, что даже лучшие в тех поколениях были не в

---

* «Сфат Эмет» («Язык истины») – книга гурского ребе, рава Йеуды Арье Лейба Алтера (1847 – 1905).

состоянии соединиться вместе для служения Творцу, а были одиночками...»[10].

Поэтому, как продолжает автор, объединялись только те, кто мог это сделать, тогда как все остальные отделились от них до той поры, когда они смогут войти в это единство. Он пишет: «Исправление началось с того, что возникло собрание и объединение людей для служения Творцу, начавшееся с праотца Авраама и его потомков, которые должны были стать сплоченной общиной для служения Творцу. Мысль Творца состояла в разделении людей, то есть вначале произвел Он разделение всего рода человеческого в поколении раздора, и разделились все грешники... И тогда началось объединение для служения Творцу, ибо праотец Авраам ходил и призывал именем Творца, пока не собралась у него большая община, получившая название «люди дома Авраамова». И это всё росло и росло, пока не стало народом общины Израиля... А завершение исправления наступит в будущем, когда станут все одним целым, чтобы исполнить волю Твою полным сердцем»[11].

В сегодняшнем насквозь глобализованном мире жизненно необходимо, чтобы абсолютно каждый познакомился с принципом единения как средства постижения Творца. Когда каждый человек узнает и всем сердцем примет этот принцип, на земле естественным образом наступят и мир, и братская любовь.

На самом деле, по словам крупнейшего каббалиста XX века рава Йеуды Ашлага (известного под именем «Бааль Сулам»), необходимость познать Творца является безотлагательной вот уже почти сто лет. В статье «Мир в мире», написанной в начале 30-х гг. прошлого века, Бааль Сулам объясняет, что наша абсолютная взаимозависимость заставляет нас использовать законы взаимной ответственности на уровне всего мира. Хотя термина «глобализация» тогда еще не существовало, его слова прекрасно иллюстрируют неотложную необходимость превращения мира в одно единое целое.

Бааль Сулам пишет о глобализации и взаимной зависимости: «И не удивляйся тому, что я смешиваю благополучие одной общины с благополучием всего мира, ведь на самом деле мы уже достигли такого уровня, что весь мир считается одной общиной, одним обществом. Иными словами, каждый человек в мире, из-за того что получает жизненные силы и обеспечение от всего человечества, обязан служить всему миру и заботиться о его благе.

…Таким образом, нельзя говорить о возможности установления добрых и счастливых порядков благополучного развития в отдельной стране, если это не будет происходить во всех странах мира, и наоборот. Ведь в наше время страны уже связаны в обеспечении жизненных потребностей, подобно тому как в первобытные времена были связаны члены одной семьи. Поэтому бесполезно продолжать обсуждать и налаживать справедливый порядок, гарантирующий благополучие отдельно взятой страны или одного народа. Нужно заниматься благополучием всего мира. Ибо благо и зло отдельного человека в мире зависит от блага людей во всем мире и меряется только им»[12].

Однако для того, чтобы мир смог достичь единства и взаимной ответственности, ему нужен образец для подражания – группа или коллектив, которые могли бы, реализовав единство на практике, постичь Творца и личным примером проложить дорогу всему остальному человечеству. И поскольку мы, евреи, уже были там, и мир подсознательно ощущает это, наш долг – возродить между собой братскую любовь, постичь единую силу и передать как методику единения, так и постижение Творца всему остальному человечеству. В этом и состоит роль евреев – нести свет Творца всему миру, быть светом для других народов.

В статье «Любовь к Творцу и любовь к людям» Бааль Сулам ясно описывает, как это работает: «Народ Израиля был установлен как «проводник», и в той мере, в которой сами сыны Израиля соединяются благодаря соблюдению Торы [закона единства, который, как было сказано в Предисловии, является условием постижения Творца], они передают свою силу другим народам, а когда и остальные народы склонят чашу своих весов на сторону заслуг [объединятся и постигнут Творца], раскроется Машиах [сила, вытаскивающая нас из эгоизма]»[13].

Аналогичным образом описана роль евреев по отношению к другим народам и в книге «Сфат Эмет»: «Казалось бы, сыны Израиля, получатели Торы, являются должниками, а не гарантами, однако сыны Израиля стали гарантами исправления всего мира с помощью Торы. И в этом смысл сказанных о них слов: «И вы будете Мне царством священников и святым народом»... И отвечали они на это: «Всё, что изрек Творец, исполним», – что означает исправить всё творение... ведь, на самом деле, всё зависит от сынов Израиля. Насколько они исправляют себя, настолько все творения устремляются за ними. Подобно раву [учителю]: насколько он исправляет себя, настолько устремляются за ним ученики... так же и всё творение устремляется за сынами Израиля»[14].

Глава 1
Есть такая нация!
(Как возник народ Израиля)

Прежде чем говорить о значении народа Израиля и его положении в мире, было бы неплохо разобраться, зачем эта нация вообще появилась на свет и как это происходило. Для начала перенесемся на четыре тысячи лет назад в Древнюю Месопотамию, что по-древнегречески означает просто «Междуречье». В плодородной долине между реками Тигр и Евфрат на территории современного Ирака, на памяти нашего поколения превратившегося в настоящий ад, был расположен древний рай, колыбель всей нынешней цивилизации. Страна называлась Вавилонским царством; экономическая, культурная и духовная жизнь здесь била ключом, а нам она должна была врезаться в память по упорно вдалбливаемым школьным учителем законам Хаммурапи*. Собственно, примерно об этом времени мы и поговорим.

---

* Хаммурапи – вавилонский царь периода расцвета Древнего Вавилона (XVIII до н.э.), и хотя он был великим политическим деятелем и полководцем, вошел в историю знаменитым сводом законов, сохранившимся благодаря тому, что заботливые руки древних вавилонян высекли его в на базальтовой стеле.

Фрагмент свода законов Хамураппи (17-18 вв. до н.э.) Найден на севере Израиля.

Сердцем Вавилонского царства был город Вавилон, имя которого на многие столетия стало нарицательным для обозначения стечения многочисленной разношерстной публики. Но тогда возникшие там социокультурные условия стали идеальной лабораторией для возникновения и процветания самых разных верований и учений. Вавилоняне поклонялись самым разнообразным божествам. «Сефер а-Яшар» («Книга Праведного»)* описывает жизнь и религиозные предпочтения древних вавилонян следующим образом: «В те дни каждый житель той страны сделал себе своего идола, деревянного или каменного, и служил ему. И стали они им богами. И в те дни царь и все слуги его, и Терах [отец Авраама], и все домочадцы его были первыми в поклонении дереву и камню.... И служил им [Терах], и поклонялся им, и всё поколение то делало так же. А Бога, сотворившего их, оставили они. И не было ни одного человека во всей стране, который знал бы Творца»[15].

---

*   Средневековая каббалистическая книга, автор которой точно не установлен.

Однако сын Тераха Авраам, которого тогда еще звали Аврам, обладал особым, уникальным даром, прославившим его на все века и сделавшим его впоследствии основателем как минимум трех важнейших религий. Ему была дана особая чувствительность, удачно сочетавшаяся с чисто научной жаждой познания истины. Будучи человеком сердобольным, он обратил внимание на то, что жители его родного города почему-то стали необыкновенно несчастными. Размышляя об этом, он пришел к выводу, что их беда состоит в том, что ими овладели внезапно выросший эгоизм и взаимная отчужденность. За относительно короткий период времени от единства и взаимной заботы, когда у них были «один язык и одна речь»*, они дошли до такого уровня тщеславия и разобщенности, что сказали: «Давайте построим себе город и башню, главою до небес, и создадим себе имя»**.

Они были настолько заняты строительством башни своей гордыни, что совершенно забывали о людях, которые еще недавно были для них как родные. Один из *мидрашей****, «Пиркей де-рабби Элиэзер», живо описывает нам не только уровень вавилонского тщеславия, но и то отчуждение, с которым они стали относиться друг к другу. «Сказал Нимрод народу своему: «Давайте построим себе город великий и станем жить в нем, чтобы не рассеяться по всей земле, подобно древним. И построим себе в нем башню великую, возносящуюся до небес... и обретем себе имя великое на земле...».

Построили они ее высоко... те, кто поднимал кирпичи, поднимался с восточной стороны башни, а те, кто спускался, спускался с западной стороны башни. И если падал кто-нибудь и умирал, не обращали на него внимания, но если падал кирпич, сидели они и плакали, говоря: "Когда еще поднимется вместо этого другой?!"»[16].

---

* Тора, Берешит, 11:1.
** Тора, Берешит, 11:4.
*** Один из жанров библейских текстов.

Авраама беспокоили взаимоотношения между его соплеменниками, и он приходил к башне и наблюдал за поведением строителей. В «Пиркей де-рабби Элиэзер» описана та враждебность, которую он там видел: «Авраам, сын Тераха, проходил мимо и видел, как они строят город и башню». Он пытался говорить с ними, рассказывая им о Творце – той управляющей силе, которую он раскрыл, и уверяя их, что всё будет просто замечательно, если только они тоже примут на себя закон единства. «Но, – как написано в мидраше, – противны были им речи его». «Хотели они говорить каждый на языке другого», как раньше, когда был у них один язык, «но не знали они языка друг друга». «Что же сделали они? Каждый вынул свой меч, и стали они биться друг с другом насмерть. И полмира погибло там от меча»[17].

Видя ужасающую ситуацию внутри своего народа, несмотря на сопряженный с этим риск, Авраам решился начать распространять открытые им принципы. В своем известном сочинении «Мишне Тора» Рамбам описывает решимость Авраама и то, какие усилия он предпринимал, чтобы раскрыть основы мироздания: «Как только его отняли от груди, этот гигант начал задаваться вопросами. Еще совсем маленьким он думал день и ночь, спрашивая себя, как возможно, чтобы эта [небесная] сфера находилась в постоянном движении, и не было бы у нее движителя. Кто же поворачивает ее, ведь не может же она сама вертеть себя! И не было у него ни учителя, ни передавшего ему что-либо, а прозябал он в Уре Халдейском среди глупых идолопоклонников. Отец и мать его, и весь народ были идолопоклонниками, и он служил идолам с ними вместе»[18].

В результате своих поисков Авраам раскрыл единство мироздания, ту единую силу творения, которая создает, поддерживает и ведет всё мироздание к цели. По словам Рамбама, Авраам «постиг путь истины… благодаря своему верному пониманию. И знал он, что есть там один Бог, и это Он вращает [небесную] сферу, и Он создал всё, и нет во всей вселенной Бога, кроме Него»[19].

Чтобы точнее понять, что именно постиг Авраам, надо понимать, что, когда каббалисты говорят о Боге, они не имеют в виду некое всемогущее существо или силу, которой надо поклоняться, умоляя и ублажая ее, а она в ответ будет награждать своих верных служителей здоровьем, благосостоянием, долголетием и другими прелестями этого мира. В противоположность этому каббалисты отождествляют Бога с Природой – с Природой в целом.

Рав Йеуда Ашлаг, Бааль Сулам, неоднократно просто и доходчиво объясняет значение понятия «Бог». Вкратце его объяснение сводится к тому, что «Бог» – это синоним понятия «Природа». В статье «Мир» Бааль Сулам пишет: «Чтобы больше не пользоваться двумя этими обозначениями, – «Природа» и «Управляющий», – между которыми, как я доказал, нет различия... нам будет лучше... принять слова каббалистов о том, что слово «Природа» и слово «Бог» (Элоким) имеют одно и то же численное значение [то есть обозначают то же самое]. Тогда смогу я называть божественные законы заповедями Природы, и наоборот – ведь это одно и то же. И не нужно будет более тратить слова без всякой цели»[20].

«Когда ему было сорок лет, – пишет Рамбам, – познал Авраам Творца своего»[21], – то есть тот единый закон Природы, который создает любой объект или явление. Авраам хотел поделиться своим открытием со всеми, и «он начал давать ответы жителям Ура Халдейского и обсуждать с ними, говоря, что путь их – не истинный»[22]. Увы, местный истеблишмент в лице вавилонского царя Нимрода не поддержал начинание Авраама.

Один из самых известных *мидрашей*, Мидраш Раба, приводит нам живое описание конфликта Авраама с Нимродом, рассказывая о трудностях, которые испытывал Авраам из-за своего открытия и бескомпромиссной приверженности открытой им истине. Интересно наблюдать запальчивость молодого Авраама. Мидраш говорит о том, что Терах был идолопоклонником и зарабатывал свой хлеб продажей этих самых идолов. Однажды он куда-то ушел и попросил Авраама подменить его в лавке.

Вошел мужчина, пожелавший купить себе идола по сходной цене. «Сколько тебе лет, дядя?» – поинтересовался юноша. «Лет пятьдесят, шестьдесят», – неопределенно отвечал тот, крутя рукой в воздухе. «И не стыдно тебе? Тебе шестьдесят, а ты собрался поклоняться болванке, которой и дня еще не исполнилось?» И мужчина ушел пристыженный[23]. Как видим, коммерция не была у Авраама на первом месте.

Затем в лавку зашла женщина с миской тонкопросеянной муки. «Вот, – сказала она Аврааму, – поднеси это идолам». Как только женщина вышла, Авраам вскочил, схватил дубину и расколотил всех идолов, кроме одного из них – самого большого. Оставшемуся идолу он вложил в руку дубинку. Когда вернулся отец, он гневно спросил: «Кто всё это натворил?» Авраам честно ответил: «Приходила женщина, приносила миску муки, чтобы поднести ее идолам. Я передал им ее подношение, но они стали ссориться. Один сказал: «Чур, я буду есть первым!», а другой говорит: «Нет, я!». Пока самый большой не схватил дубинку и не разбил их всех». «Что ты из меня дурака делаешь? – сказал отец. – Разве могли они это сделать?» На что юный Авраам, не растерявшись, торжественно ответил: «Да не услышат уши твои то, что рекут уста твои!»[24].

Тут папа Терах наконец понял, что один он не сможет унять разгулявшегося отпрыска, и призвал на помощь Нимрода, который был не только царем, но по совместительству занимал должность главного религиозного авторитета Вавилона и окрестностей. Нимрод был человек крутой и знал, что ересь лучше всего выжигать огнем. «Поклонись огню», – потребовал он. «А может, лучше воде, которая гасит огонь?» – ловко парировал Авраам. Нимрод был не против: «Поклонись воде». Но Авраам только начал: «А может, нам лучше поклониться облаку, несущему воду?» «Пожалуйста, поклонись облаку», – пожал плечами Нимрод. «Но в таком случае отчего же не поклониться ветру, который разгоняет облака?»

Нимрод уже начинал терять терпение. Этот Авраам просто издевается! «Ну, поклонись уже ветру, если тебе это больше нравится!» Нимрод проявлял чудеса терпения. Но не тут-то было. Авраам не унимался: «А может, ты еще скажешь поклоняться человеку, который выдерживает ветер?» И тут терпение Нимрода кончилось. Он понял, что Авраам человек принципиальный и пора переходить от слов к делу. «К чему все эти бесполезные разговоры? – сказал Нимрод. – Лично я поклоняюсь огню, куда тебя с превеликим удовольствием брошу, и пусть твой единый Бог, которому ты поклоняешься, придет и спасет тебя. А мы все посмотрим». И он торжествующе взглянул на толпу сподвижников.

В этой толпе стоял и Аран, несчастный брат Авраама, который не знал точно, как ему поступить, если его призовут к ответу как члена семьи и потенциального диссидента. Не будучи посвящен в детали Авраамова открытия, Аран принял промежуточное решение. «Если победит Авраам, – рассуждал он, – скажу, что я с Авраамом. Если победит Нимрод – скажу, что с Нимродом». И действительно, после того как Авраама бросили в огненную печь и он вышел оттуда цел и невредим, пришла очередь Арана. «Ну, а ты с кем?» – спросили его. «С Авраамом», – бодро ответил Аран, и немедленно был брошен туда, откуда только что вышел Авраам. И так он сгорел на глазах любопытной толпы и отца своего Тераха[25].

Так говорит мидраш. На то он и мидраш, что пользуется языком иносказания, и легко читается, как сказка или легенда. Исходя из каббалистического понимания и зная, чем именно занимался Авраам, можно с уверенностью утверждать, что Аран не выдержал испытания завистью и сгорел в огне ненависти к другим. В чем тоже, конечно, хорошего мало...

Итак, Авраам в принципе успешно противостоял Нимроду, но был изгнан из Вавилона как диссидент и перебрался в Харан*. Однако изгнание из Вавилона не помешало Аврааму продолжать распространять свое открытие. Рамбам подроб-

---

*   Харан – древний город на полпути из Месопотамии к Средиземному морю.

но рассказывает нам об этом в уже цитированной нами книге «Мишне Тора». Не поленимся и приведем этот рассказ еще раз. «Начал он громогласно призывать всех людей, рассказывая им, что во всем мире есть один Бог... Он шел, созывая и собирая народ от города к городу, от царства к царству, пока не пришел в страну Ханаан...»[26].

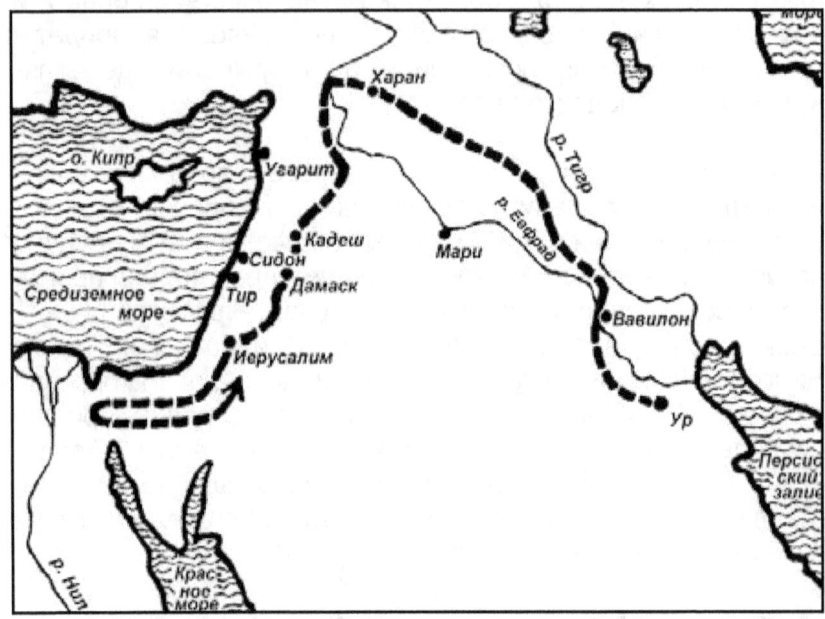

Пути Авраама

«А когда люди сходились к нему и спрашивали его о словах его, рассказывал он каждому... пока не возвращал его на путь истины, пока не собрались вокруг него тысячи и десятки тысяч, и они называются домом Авраама. И посеял он в сердцах их этот великий принцип, и написал о нем книги. И передал он его сыну своему Ицхаку. И Ицхак сидел, и учил, и возвращал [на путь истины]. А Ицхак передал его Яакову и поручил ему учить [людей], и он сидел и учил... А праотец Яаков учил всех сыновей своих, и выделил Леви, назначив его главным, и посадил его в дом учения, чтобы учил он пути Творца»[27].

Чтобы быть уверенным, что открытая ими истина не затеряется в последующих поколениях, Яаков «заповедовал сыновьям своим не прекращать назначать [главного] из сынов Леви, так чтобы не забылось это учение. И усилилось и распространилось оно среди сыновей Яакова и сопровождавших их»[28].

Израиль как страстное желание

Что самое удивительное, в результате усилий Авраама возник новый, ни на кого не похожий народ, который знал глубочайшие тайны бытия, основные законы мироздания, так сказать, Единую Теорию Всего-На-Свете. Как выразился Рамбам, «и возникла в мире нация, знающая Бога»[29].

На самом деле «Израиль» – это не только название народа, страны или государства. На языке оригинала, иврите, слово «Исраэль» состоит из двух частей: первые три буквы образуют слово «яшар» (прямо), а оставшиеся две, «алеф» и «ламед», означают «Бог» – «Эль». Получается, что «Израиль» означает желание прямо и непосредственно познать Бога, Творца, или – более обобщенно – раскрыть основной закон мироздания. Как пишет рабби Меир ибн Габбай, «в смысле слова "Израиль» есть еще и значение "яшар Эль" ("прямо к Богу")»[30]. В толковании на путевую молитву великий каббалист Рамхаль пишет просто: «Израиль – яшар Эль»[31].

Рабби Меир ибн Габбай (1480 – 1540)
известный каббалист периода изгнания из Испании. Автор книги «Аводат кодеш».

Другими словами, изначально «Израиль» – это не этническая принадлежность, а скорее название или направленность того желания, которое привело Авраама к его открытиям. Этнически первые израильтяне были или вавилонянами, или представителями других народов, присоединившихся к группе Авраама по дороге. Для древних израильтян значение их самоназвания было абсолютно ясно. Как пишет Рамбам, у них были учителя – левиты, которые обучали их жить согласно основным законам мироздания.

**Рамхаль
(акроним имени Моше Хаим Луцатто, 1707 – 1746)**
один из крупнейших еврейских мыслителей, каббалист, поэт и драматург.

Тем не менее сегодня для нас уже совсем не очевиден тот факт, что слово «Израиль» по сути дела означает желание познать основной закон мироздания, а не указывает на генетическое происхождение. Почти две тысячи лет скрытия правды – со времен разрушения Второго Храма – совершенно стерли из нашего сознания простую истину, что открытие Авраама изначально предназначалось для всех людей в мире, ведь сам Авраам хотел сообщить о нем всем жителям Вавилона, от которых так или иначе происходит практически вся нынешняя цивилизация.

На протяжении всех этих лет только каббалисты сохраняли эту истину из поколения в поколение. Многие из них в своих книгах открытым текстом писали, что «Исраэль» значит «Яшар Эль», то есть «прямо к Творцу». Это, например, написано в известном комментарии XVI в. на Тору «Кли якар»[32] рабби Шломо Эфраима из Лунчица. В XVIII в. об этом писал в своей книге «Ор Хаим»[33] крупный каббалист Хаим Ибн Аттар. То же самое написано в книге одного из лидеров хасидизма рабби Леви Ицхака из Бердичева «Кдушат Леви»[34]. И таких примеров много.

Шломо Эфраим из Лунчица (1550 – 1619)
выдающийся комментатор Торы, автор комментария «Кли якар».

Хаим ибн Аттар (1696 – 1743)
крупный каббалист, комментатор Торы и Талмуда. Автор книги «Ор Хаим».

Леви Ицхак из Бердичева (1740 – 1810)
один из крупнейших хасидских учителей, третье поколение после Бааль Шем Това.

При этом сегодня необходимость раскрыть эту силу актуальна как никогда. Со времен Авраама в природе ничего не изменилось – тот же Творец и сейчас является единой и единственной силой, которая творит жизнь, управляя ею и поддерживая ее каждую секунду. Изменилось лишь то, что сегодня истинное знание о Творце превратилось в неотложную необходимость. Если во времена Древнего Вавилона кроме пути истины, предложенного Авраамом, у человечества было множество других вариантов, сегодня альтернативные пути развития общества всё больше и больше демонстрируют свою несостоятельность и неспособность решить проблемы деградирующей социальной морали и разобщенности.

И в самом деле, со временем вавилонская культура и вавилонский народ рассеялись по всему миру. Изначальная разобщенность и дисгармония в обществе, в итоге приведшие к распаду и падению – что символически отразилось в падении Вавилонской башни, – стали не так заметны и уже не колют глаза. Тем не менее, переселившись и осев на новых местах, бывшие граждане Вавилона, сами того не сознавая, несли с собой вавилонскую культуру с заложенной в ней, подобно бомбе замедленного действия, разрушительной тенденцией. Рано или поздно эти семена вражды должны были прорасти распрями и междоусобицами.

Сегодня, в эпоху глобализации, любой кризис грозит перерасти в глобальный. За совершаемые нами ошибки расплачиваемся уже не только мы сами, а всё человечество, и именно это делает информацию о единой силе, в свое время открытой Авраамом, новостью чрезвычайного значения. Если мы хотим выжить и уцелеть в современных условиях, мы просто обязаны принимать её во внимание и включать в наши ежедневные планы и расчёты.

Через единство к равенству

Сегодня наша единственная надежда – в объединении, потому что, как будет показано в дальнейшем, сила, управляющая всей нашей реальностью, действует именно в этом направлении. Главное для нас – это понять, как мы можем объединиться. Как ни странно, практическая реализация объединения вполне возможна и даже достижима, но она потребует от нас, во-первых, признания единой управляющей силы и, во-вторых, совместных усилий для налаживания таких взаимоотношений между нами, которые частично, а затем и полностью соответствовали бы её законам и требованиям.

Важно отметить, что объединение не требует, чтобы мы были одинаковыми или даже похожими. Объединение как раз означает подъем над неравенством и несхожестью. В сегодняшнем иудаизме, например, есть целый ряд течений и, кроме этого, есть немало евреев, определяющих себя как светские, или нерелигиозные. Так вот, для евреев объединение будет означать взаимную заботу и внимание к интересам другого без какого-либо изменения своих привычек или традиций и без слияния в одно-единственное течение.

Если это кажется вам невозможным, представьте себе многодетную семью. У каждого ребенка в ней – свой характер, и эти характеры нередко сталкиваются между собой. Вспомните, что в острую минуту мы иногда думаем о брате или сестре: «Да если бы он (она) не был (была) моим братом (сестрой), я бы к нему (к ней) и близко не подошел!». Однако тот факт, что мы прекрасно уживаемся вместе, несмотря на всю нашу несхожесть, доказывает, что там, где есть любовь, мы способны объединиться над всеми нашими различиями.

А ведь это именно то, что нам нужно сделать – объединиться над нашими различиями! В результате мы должны будем одновременно ощутить и наши непохожие, часто абсолютно противоположные черты, и возникшее над ними единство. А когда это произойдет, мы сможем выгодно использовать все наши различия – ведь каждый из нас несет свой уникальный взгляд на вещи, свои идеи и способы их реализации, вкладывая всё это в создание многомерного и богатого общего целого.

Чтобы оставаться живым и здоровым, наш организм нуждается в самых разных органах, которые все вместе должны работать в одном гармоничном ансамбле. Так же и мы в нашем народе должны оставаться разными, объединяясь поверх этих отличий в совместном осознании роли и предназначения еврейского народа, которые заключаются в том, чтобы нести другим народам свет единства.

Давайте, однако, вернемся к уже полюбившемуся нам Аврааму. Итак, после того, как наш общий предок ушел из Вавилона, город продолжал наращивать обороты эгоцентрического беспредела. И хотя в наслаждении и удовольствии как таковых нет ничего плохого, когда они становятся откровенно эгоистическими, это может в итоге привести к саморазрушению. Как обнаружил Авраам, настоящей целью жизни является уподобление единственной силе мироздания, что приводит к ощущению единения и единства со всем. Наши мудрецы называют это единение и единство словом «двекут» («слияние»), имея в виду, что постепенно мы должны будем обрести свойства Творца и стать подобными или даже равными Ему.

Цитируя уже упомянутого рабби Меира ибн Габбая (XVI в.), «что касается соединения мысли с силами великого Имени и его свойствами, вы сливаетесь со Всевышним Богом вашим, ибо Он – это имя Его и имя Его – это Он, поскольку есть у вас связь с Ним и подобие Ему, и слияние это ("двекут") и есть истинная жизнь»[35]. Через сто лет после него Шла Кадош писал об уподоблении Творцу: «Сказали наши мудрецы: «А вы, соединенные со Всевышним [трактат Сота 14:1], – соединись со свойствами Его, и тогда будешь ты называться человеком ("адамом") по выражению "уподоблюсь ("адамэ") я Высшему"»[36].

Шла Кадош (Святой) акроним, обозначающий мыслителя и каббалиста, одного из лидеров своего поколения рабби Йешаю бар Авраама аЛеви Гурвица (1565 – 1630), автора книги «Шней лухот аБрит» («Две скрижали завета»), сокращенно по первым буквам – «Шла».

Уже в XX в. Бааль Сулам подробно объяснил, что означает «двекут», – слово, которое можно перевести как «слияние» или «соединение», определив его как «соответствие по свойствам», когда человек обретает «форму», или свойства, Творца. Характеризуя конечное состояние достижения совершенства души, он пишет: «Так, чтобы была она способна получить всё благо и наслаждение, заключенные в замысле творения, а также пребывала в абсолютном слиянии ("двекуте") с Творцом, означающем соответствие формы [т.е. свойств]»[37].

В другом месте, описывая это состояние, Бааль Сулам пишет: «И тогда обретает [человек] полное слияние с Творцом, ибо духовное слияние ("двекут") есть не что иное, как соответствие формы (как сказали наши мудрецы: как можно слиться с Ним? А дело в том, нужно слиться с Ним по свойствам)»[38].

Со временем, как мы уже говорили, группа Авраама превратилась в народ, и возникла необходимость в новом методе единения. Методика Авраама была хороша до тех пор, пока каждого из народа можно было обучить лично, по системе «от учителя к ученику». Однако ко времени исхода из Египта народ Израиля насчитывал 600 тысяч мужчин и, соответственно, около трех миллионов человек, считая женщин, детей и стариков. Невозможно было обучить их всех, пользуясь старыми методами.

Решение было найдено у подножия горы Синай. Там, в поворотной точке истории нашего народа, нам был дан основополагающий принцип Торы. Этот принцип дается нам и сегодня – каждый день, каждый час и каждую секунду. Словами рабби Акивы этот принцип означает: «Возлюби ближнего своего, как самого себя».

Раши, рабби Шломо Ицхаки (1040 – 1105) крупнейший средневековый комментатор Талмуда и один из видных комментаторов Танаха; духовный вождь еврейства Северной Франции.

Гравюра 1539 г.

У горы Синай, как объясняет Раши, великий ученый, написавший комментарии почти на все первоисточники, мы получили Тору, т.е. закон, согласно которому нам нужно объединяться, ибо именно там мы впервые всем сердцем согласились это сделать. Знаменитое толкование Раши звучит так: «"И встал там Израиль" – как один человек с единым сердцем»[39]. Начиная с этого момента единство стало основным и главным качеством еврейского народа, инструментом постижения Творца, обретения его свойств и достижения «двекута», то есть соответствия Ему по свойствам (или форме).

В мидраше Тана де-бей Элиягу* говорится: «Сказал Всевышний Израилю: "Сыновья мои возлюбленные! Разве не достает Мне чего-то, чтобы просил Я у вас? И о чем же прошу Я вас, кроме как чтобы вы любили друг друга и уважали друг друга, и боялись друг друга, и не было бы среди вас преступления, грабежа или бесчинства?!"»[40]

---

* Тана де-бей Элияху (арам.: поучения школы Элияху) – древний мидраш, который упоминается еще в Вавилонском Талмуде и традиционно приписывается пророку Элиягу. Состоит из двух частей: большой – «раба» и малой – «зута».

Со временем единство стало ключевым моментом существования народа и по своей важности отодвинуло все остальные заповеди на задний план. Оно стало единственным условием духовного избавления Израиля и его спасения от многочисленных врагов. Как написано в мидраше Танхума*: «Если взять связку прутьев, то сломать их все сразу невозможно. Но если брать их по отдельности, то даже ребенок может их сломать. Так же и сыны Израиля – не будут избавлены, пока не образуют все вместе одну связку»[41].

Аналогично в трактате Дерех-Эрец Зута сказано: «А также рабби Элиезер а-Капар говорил: "Люби мир и ненавидь ссору. Мир – великая вещь, ведь даже когда сыны Израиля поклоняются идолам, но между ними мир, Творец говорит: "Нет у Меня желания вредить им", как сказано (Ошеа, 4:17), "Привязан к идолам Эфраим – оставь его!" Если они в ссоре, что сказано о них? (Ошеа, 10:2) "Разделено сердце их, – будут они теперь осуждены""»[42].

Тем не менее, несмотря на все слова о важности единства, оглянувшись вокруг, мы можем смело сказать, что бо́льшая часть людей не только не собирается объединяться, но и не видит в этом совершенно никакой выгоды. В особенности это касается того самого «ближнего», на которого нам недвусмысленно указывает наш принцип.

Попытаемся понять, как такой непопулярный принцип мог стать фундаментом для существования нашего совсем неглупого и практичного народа, а сегодня должен распространиться и на весь мир. Для этого нам потребуется исследовать эволюцию мира с позиций, несколько отличных от обычного научного подхода. Мы должны будем взглянуть на мироздание как на последовательную *эволюцию желаний*. Такой взгляд позволит нам понять, почему и как желание объединяться становится доминантным и влечет за собой постижение свойств Творца. Итак, следующая глава будет посвящена исследованию эволюции желаний.

---

*   Мидраш, относящийся к раннему средневековью.

Глава 2
Я желаю, следовательно, я существую
(Мир как эволюция желаний)

В предыдущей главе мы говорили о том, что слово «Исраэль» («Израиль») состоит из двух слов: «яшар» («прямо») и «Эль» («Бог»). Мы установили, что оно появилось, когда Авраам собрал людей, желавших найти Бога (постичь Творца) и взявших себе это самоназвание как отвечавшее их желанию. В этой главе мы обсудим, как и откуда появляются желания вообще и желание постичь Творца (сокращенно «Израиль») в частности. Для этого нам надо будет исследовать мироздание как последовательную эволюцию наших желаний.

В 1937 году Бааль Сулам опубликовал свой фундаментальный труд «Учение о десяти сфирот», написанный в виде комментария на книгу великого каббалиста XVI века Ари «Древо жизни». В своем комментарии Бааль Сулам подробно объясняет, что в основе мироздания лежит желание отдавать, позже создавшее из себя желание получать. Именно по этой причине, как объясняет автор, наши мудрецы утверждают, что «Он – добрый и творящий добро»⁴³, и неоднократно упоминают «Его желание творить добро Своим созданиям»⁴⁴.

Ари
(акроним имени «Ашкенази рабби Ицхак»; Ицхак Лурия Ашкенази, 1534 – 1572) основоположник основного течения («мейнстрима») каббалы, лурианской каббалы.

В первой части «Учения о десяти сфирот» Бааль Сулам объясняет, почему желание отдавать было обязано создать желание получать и почему два этих желания составляют основу всего творения. Он пишет: «Как только Он задумал творение, чтобы насладить Свои создания, сразу же протянулся и распространился от Него этот свет во всем своем виде и величине и во всем величии задуманных Им наслаждений. И всё это было включено в ту мысль, которую мы называем замыслом творения... И потому сказал Ари, что сначала был свет Бесконечности, наполняющий всё мироздание. То есть, когда задумал Творец насладить Свои создания, и свет распространился от Него, и вышел от Него, в этом свете сейчас же отпечаталось желание получать Его наслаждение»⁴⁵.

Подчёркивая, что желание отдавать (или Творец) создало желание получать, для того чтобы давать ему наслаждение, Бааль Сулам приходит к следующей краткой формулировке: «Из желания отдавать в Создателе обязательно рождается желание получать в создании. И это тот сосуд, в который создание получает Его благо»⁴⁶.

Рабби Йеуда Ашлаг был далеко не первый, кто писал, что желание отдавать создало желание получать, хотя, по-видимому, именно у него об этом говорится наиболее чётко и ясно. Так, Шла Кадош пишет: «Когда возникло у Него [желание] творить добро Своим творениям, возникло у Него [желание] насладить их настоящим благом... аналогично и с созданием злого начала, [сотворенного] на благо творениям»[47].

Сходным образом ученик рабби Нахмана рабби Натан пишет: «Всевышний умножает Свою милость и благо, ибо хотел Он одарить Свои творения абсолютным благом, какое только может быть»[48].

Рабби Нахман из Бреслава (1772 – 1810) один из духовных вождей хасидизма, основатель собственного течения.

Рабби Натан Штернгарц (1780 – 1844) виднейший и главный ученик рабби Нахмана из Бреслава, записывавший и сохранивший для потомков слова своего учителя. После смерти рабби Нахмана возглавил и оформил течение бреславских хасидов.

Итак, желание отдавать (или Творец) желает давать нам, Своим творениям, а мы должны получать это благо. Однако что же это за «благо», или добро, которое мы должны получать?

В «Предисловии к «Учению о десяти сфирот» Бааль Сулам пишет, что то благо, которое нам уготовано, – это постижение Творца, то, чего почти 4000 лет назад достиг Авраам. Вот что он пишет: «[постигнув Творца], человек ощущает чудесное благо, заложенное в замысле творения, заключающееся в том, чтобы насладить Свои создания полной, щедрой и доброй рукой. И благодаря великому благу, которое он постигает, раскрывается между ним и Творцом чудесная любовь, которая льётся к нему без перерыва по тем же путям и каналам, по которым раскрывается естественная любовь. Однако всё это приходит к нему, начиная с момента постижения Творца»[49].

Чтобы постичь Творца, мы должны стать подобными Ему по свойствам, или в терминах Бааль Сулама обрести «совпадение» с Ним «по форме». Рав Ашлаг пишет: «Итак, как же человек может постичь свет…, коль скоро он отделен [от Творца] диаметральной противоположностью формы… и великая ненависть царит между ними?.. и постепенно он удостаивается изменить форму получения на форму «ради отдачи». И он достигает подобия своей формы системе святости, и между ними вновь воцаряется подобие и любовь… И удостаивается он света…, ибо входит он во владения Творца»[50].

Реальность формируется четырьмя уровнями желания

Исследуя мироздание с точки зрения эволюции желаний, каббалисты обнаружили, что желание получать можно распределить по четырем уровням: неживой (неживая природа), растительный (флора), животный (фауна) и говорящий (человек). Уже в XII веке об этом писал известный комментатор и ученый Раавад. «Все творения в мире, – писал он, – относятся к неживым, растительным, животным или говорящим»[51]. В XVI веке о разделении мироздания на эти четыре уровня[52] писал великий Ари. После него бесчисленное количество ученых и каббалистов исследовали и обсуждали эти уровни. Среди других упомянем Малбима, который пишет об этом в своем комментарии на книгу Царей[53], и рабби Пинхаса Горовица, упоминающего их в своем комментарии на талмудический трактат Кидушин[54].

**Раавад
(рабби Авраам бен Давид, 1125 – 1198),
«Бааль Асагот»**
жил в Провансе. Комментатор Талмуда и многих других текстов, каббалист.

Однако никакой ученый или мудрец не написал об этих четырех уровнях так исчерпывающе, как Бааль Сулам. В своих текстах, адресованных каждому человеку в мире, Бааль Сулам ясно и чётко излагает структуру мироздания, как ее ощущали и понимали каббалисты и еврейские ученые на протяжении многих веков. В статье «Свобода воли» Бааль Сулам объясняет, что все элементы мироздания взаимосвязаны и происходят друг от друга. Он пишет: «Верно и то, что между всеми элементами мироздания, которые мы наблюдаем, существует общая связь, подчиняющаяся закону причинности и идущая вперед от причины к следствию, – как во всём целом, так и с каждым элементом в отдельности. То есть каждое существующее в мире творение, принадлежащее одному из четырех видов: неживому, растительному, животному или говорящему, – подчиняется закону причинности, который ведет [его] от причины к следствию.

**Малбим
(акроним имени рабби Меира Лейба бен Иехиэля Михаэля, 1809 – 1879)**
знаменитый ученый и комментатор Танаха и Шулхан Аруха. Противник реформаторства в иудаизме.

Рабби Пинхас а-Леви Горовиц (1731 – 1805)
раввин Франкфурта-на-Майне, комментатор Торы, Талмуда и других текстов. Видный представитель хасидизма, борец против Гаскалы.

Более того, любая частная форма частного аспекта поведения, которую принимает на себя творение в течение всех мгновений своего существования в мире, определяется предшествующими факторами, заставившими его принять на себя соответствующее изменение именно в этом аспекте поведения, и ни в коем случае не в другом. И это ясно и очевидно каждому, кто рассматривает поведение природы с точки зрения чистой науки без привнесения собственной личности»[55].

Четыре уровня внутри нас

Наши мудрецы утверждают, что неживой, растительный, животный и говорящий уровни не относятся только и исключительно к окружающей нас природе. Они существуют также и внутри каждого из нас, формируя не только основу наших желаний, но даже и внутреннюю структуру каждого отдельно взятого желания. В XVII в. рабби Натан Нета Шапиро из Кракова писал, что «в человеке есть четыре силы: неживая, растительная, животная, говорящая, – а в Израиле есть еще и четвертая* часть, называемая "Божественная говорящая"»[56].

Рабби Натан Нета Шапиро (1584 – 1633)
раввин Кракова, каббалист и комментатор Торы и Зоара. Получил прозвище «Раскрывающий глубины» («Мегале амукот») по название своего самого известного труда.

Бааль Сулам приводит более подробное объяснение, что такое эти уровни желания внутри нас. «В говорящем [человеческом] роде мы различаем четыре части как уровни, находящиеся друг над другом, и это: народные массы, сильные мира сего, богачи, мудрецы. Они соответствуют четырем уровням, существующим во всем мироздании, которые называются неживой, растительный, животный, говорящий.

Неживой уровень способен произвести три свойства: растительное, животное, говорящее... Наименьшая сила из них – это растительное, ведь хотя действие растения по притяжению полезного и отталкиванию вредного для него подобны действиям человеческого или животного вида, в нем нет

---

* Так в оригинале. Видимо, первый уровень автор считает нулевым.

индивидуального чувства, связанного с этим, а есть лишь коллективная сила, общая для всех видов растений в мире...

Над ними идет животный вид, в котором у каждого отдельного животного есть свое индивидуальное ощущение по поводу притяжения полезного и отталкивания вредного... Эта ощущающая сила, присутствующая в животном виде, очень ограничена во времени и пространстве, поскольку это ощущение не действует уже на расстоянии волоса от собственного тела, и аналогично [животное] не ощущает вне рамок своего времени, – ни в прошлом, ни в будущем, – ощущая только в то мгновение, с которым оно связано.

Над ними идет говорящий вид, который состоит из силы ощущения и силы разума одновременно, и потому его сила по притяжению полезного и отталкиванию вредного не ограничена во времени и пространстве, как у животного вида. И это определяется его наукой, которая является предметом духовным, не ограниченным временем и пространством и способным нести знание всем людям во всем мироздании, где бы они ни были, включая прошлых и будущих в течение разных поколений»[57].

Где находится наша свобода выбора

Как видно из текста Бааль Сулама, различие между говорящим уровнем мироздания и тремя остальными – как в окружающей нас природе, так и внутри нас – заключается в том, что в процессе выбора, что именно приблизить к себе, а что оттолкнуть, мы не ограничены временем и местом. Иначе говоря, во всей природе только человеческий род обладает свободой выбора. Если все остальные творения вынуждены слепо следовать велениям Природы, у нас есть выбор: следовать им или нет. Однако, как, к сожалению, становится очевидным в эпоху глобального кризиса, если мы выбираем идти против указаний Природы, сами как следует не осознавая последствий нашего выбора, горькие плоды наших ошибок не заставят себя долго ждать.

Как сказано, внутри нас есть те же четыре уровня желаний, и тут аналогично с ситуацией во всем мироздании свобода выбора существует только на высшем уровне, что означает, что мы вольны выбирать только в тех желаниях, которые действительно относятся к уровню «говорящий».

Иными словами, наша основа, то есть наши естественные желания – желание продолжать свой род, иметь кров над головой и быть сытыми – относятся к первым трем уровням желаний: неживому, растительному и животному. Четвертый уровень, «говорящий», выражается у нас в желаниях быть богаче, чем это нам непосредственно нужно, властвовать над другими, пользоваться почетом и уважением и наращивать знания.

Принципиальная разница между тремя нижними уровнями и высшим состоит в том, что три нижние существуют во всяком земном творении. Любое творение стремится обеспечить существование своего рода и дать своему потомству надежное укрытие. Вместе с тем четвертый уровень желаний, который мы условно обозначим как «желание богатства, почестей и знаний», характерен только и исключительно для человека.

Как мы уже говорили, у человека, как и во всей природе в целом три нижних уровня действуют автоматически, подчиняясь высшей воле природы, и единственное свойство, в котором у нас есть свобода выбора, – это «говорящий» уровень желаний. Для того, чтобы попытаться удовлетворить желания высшего порядка, мы должны сначала изучить, как работает вся наша внутренняя природа. Чтобы правильно работать с четвертым уровнем желаний, мы должны узнать, что на них влияет и для чего они вообще в нас существуют.

На самом деле у нас есть еще один уровень желаний, покрывающий собой все предыдущие существующий только у человека.

Точка в сердце

Это тот уровень, который краковский каббалист рабби Натан Нета Шапиро называет «Божественный говорящий». Именно это желание заставляет нас исследовать, как работает этот мир и что и почему заставляет его так работать. Именно это желание мы называем «Исраэль» (Яшар Эль, «прямо к Творцу»). У Авраама это желание проявилось в стремлении знать, «как возможно, чтобы эта [небесная] сфера находилась в постоянном движении и не было бы у нее движителя. Кто же поворачивает ее, ведь не может же она сама вертеть себя!»[58]

Бааль Сулам называет это желание познать Творца «точкой в сердце». В «Предисловии к книге Зоар» он объясняет, что сердце* можно условно рассматривать как средоточие всех желаний человека, а «точка в сердце» – это наше желание, направленное к Творцу[59]. Рабаш объяснял, что «точка в сердце» – это желание, называемое «Израиль». Он писал: «И есть также свойство «Израиль» в человеке… оно называется "точкой в сердце"»[60].

Теперь нам ясно, почему Авраам обязательно хотел поделиться своим открытием со всеми. Он знал, что человеческие желания развиваются, и чем дальше, тем сильнее они направлены на приобретение богатства, власти, почестей и знания. Ему было абсолютно ясно, что без знания природы наших желаний люди не смогут построить правильные отношения между собой и построить нормальное человеческое общество.

После того как Нимрод торпедировал усилия Авраама по распространению новых знаний среди вавилонян, Авраам, будучи человеком умным, взял всех, кто был готов идти за ним, и ушел из Вавилона, чтобы распространять свои идеи в других местах. В наследство от Авраама мы тоже получили обязанность, чтобы

---

* На всякий случай напоминаем, что эта книга не говорит об анатомии или физиологии. Мы обсуждаем явления внутренней жизни человека.

каждый принимающий и понимающий его учение передавал эти знания всем, кто готов слушать. Как сказано в книге Зоар: «Авраам вырыл этот колодец [Беэр-Шеву*]. То есть он основал его, поскольку он учил всех людей в мире служить Творцу. А с того момента, как он вырыл его, [этот колодец] испускает живую воду, которая не прерывается никогда»[61].

Сегодняшний народ Израиля – это потомки учеников Авраама, люди, у которых есть точка в сердце, – точка Израиля, скрытая внутри них. И хотя сегодня эта точка покрыта столетиями забвения, она все еще существует, ожидая своего часа. Как сказал Шла Кадош, «[сыны] Израиля называются Собранием Израиля, потому что хотя внизу они и отделены друг от друга, наверху в свойстве душ они, как бы то ни было, представляют собой одно единство, и они собраны, ибо являются частью Всевышнего. А ветви, желающие вернуться к своим корням, должны быть подобны своим корням, то есть должны объединиться и внизу, а когда внизу между ними царит разобщение, они как будто вызывают разобщение и разделение наверху, смотри, как далеко это заходит! Поэтому весь дом Израиля должен стремиться к миру, чтобы быть одним целым в мире и совершенстве без изъяна, уподобляясь своему Создателю, ибо не зря имя Его – "Бог мира"»[62].

В тот момент, когда Израиль объединится и благодаря этому исправится, он исполнит свое предназначение быть «светом для других народов»**. Как писал рав Кук, «все исходит из одного истока, корня милости и милосердия, являющихся уделом потомков праотца Авраама. И мы можем справедливо надеяться на то, что такие добрые свойства, вместе со всем из них вытекающим, поднимутся в нас могучим потоком, как только Творец возвратит нас [из изгнания] и станем мы благодаря этому светом для других народов, указующим пути Творца, которые ведут милостью и милосердием»[63].

---

*   Ивр.: «колодец семи».
** Исая, 42:6.

Что касается эволюции желаний, род человеческий обладает четвертым и самым высоким уровнем желания – единственным уровнем, предполагающим свободу выбора. Однако для того, чтобы сделать правильный выбор, люди должны знать, как работает система мироздания, начиная со своего корня. Народ Израиля олицетворяет собой желание познать этот корень и поэтому несет коллективную ответственность за его исследование и передачу своих знаний и постижений всему человечеству. Тогда каждый будет точно знать, как ему сделать выбор во благо себе.

Чтобы привести нас к этому знанию, Авраам создал новую методику исследования, впоследствии детально разработанную мудрецами в течение многих веков. Следующая глава описывает развитие этой методики, которая со времени написания книги Зоар, как правило, называется каббалой.

Глава 3
Авраам, Моисей и др.
(Этапы развития методики исправления)

В прошлой главе мы говорили о том, что желания растут, развиваясь от неживого к растительному и далее – к животному и говорящему. Как мы сказали, это развитие происходит как на внешнем уровне окружающей природы, так и на внутреннем уровне – внутри нас. Мы видели, что только на нашем внутреннем говорящем уровне существует свобода выбора, но для того, чтобы этот выбор пошел нам во благо, мы должны вначале исследовать, как Природа работает в своем корне.

Наконец, мы говорили о том, что Израиль олицетворяет желание познать этот корень, или Творца, Создателя всего сущего, и Авраам был первым человеком, открывшим этот корень. В свое время он с бо́льшим или меньшим успехом пытался обучить этому своих современников, а сегодня мы, евреи, как коллективные носители этого желания должны продолжить и завершить дело, начатое Авраамом.

Авраам раскрыл, что единственная проблема его соотечественников – это их выросший эгоизм. Именно это стало «угрозой номер один» стабильности и процветанию их общества. Люди, некогда обладавшие «одним языком и одной речью», из-за роста эгоизма пришли к взаимной отчужденности и проблемам коммуникации. Они стали настолько безразличны друг другу, настолько невнимательны и заняты самовозвеличиванием, что, как говорилось выше, «если [во время строительства Вавилонской башни] падал кто-нибудь и умирал, не обращали на него внимания, но если падал кирпич, сидели они и плакали, говоря: "Когда еще поднимется вместо этого другой?!"»[64]

Хуже того, Авраам обнаружил, что рост эгоизма совершенно не собирается останавливаться. Постоянное развитие эгоизма, подпитываемое завистью ко всем остальным, было врожденным свойством человеческой натуры, присущим именно говорящему уровню и характерным именно для него. Как пишет Бааль Сулам, «Творец вложил в людей три побуждения, называемые «зависть», «страсть», «тщеславие», благодаря которым народные массы развиваются ступень за ступенью, порождая из себя лик совершенного человека»[65]. Таким образом, зависть сама по себе еще не является злом. Тем не менее ее желательно распознать, исправить и поставить на службу человечеству.

Не всегда злое начало

Когда наши мудрецы говорят о злом начале, они имеют в виду использование зависти во вред другим или на пользу себе, но за чужой счёт. Однако если мы используем ту же зависть, или страсть, или тщеславие правильным образом, они становятся самыми надежными средствами нашего исправления. Поэтому Шла Кадош пишет: «Самые плохие качества – это зависть, ненависть, жадность и страсть и их производные. Это и есть свойства злого начала, которыми [человек] как раз и будет служить Творцу»[66].

И все же естественным образом мы пользуемся этими свойствами во зло, как сказано в Писании: «Побуждение сердца человеческого – худо с юности его»[67]. Комментируя эту библейскую фразу, известный сборник мидрашей «Ялкут Шимони»* приводит высказывание: «Нет другого зла, кроме злого начала»[68], а «Мидраш Раба» добавляет: «Люди одержимы злым началом, как сказано: "Побуждение сердца человеческого – худо с юности его"»[69].

Авраам обнаружил, что из всех созданий только люди обладают злым началом. Как писал великий каббалист Рамхаль, «нет другого создания, столь подверженного злу, как человек, который может грешить и бунтовать, и побуждение сердца человеческого – худо с юности его, чего нельзя сказать ни о каком другом создании»[70].

Бааль Сулам говорит, что злое начало – это желание получать[71]. Но до этого мы сказали, что желание получать является сутью творения, а человек обладает четвертым, наиболее развитым уровнем этого желания. Почему же в таком случае наше желание получать является корнем злого начала?

---

* Ялкут Шимони («Антология Шимона») – самый обширный и популярный сборник мидрашей, записанных, как считается, в XIII веке.

Наша проблема заключается в том, что «желание получать» говорящего, то есть человеческого, уровня не стоит на месте. Оно постоянно растет, требуя всё больше и больше. По меткому высказыванию наших мудрецов, «человек уходит из этого мира, не удовлетворив и половины своих желаний, и тот, у кого есть сотня, желает двести, а тот, у кого есть двести, желает четыреста»[72]. А поскольку мы всегда хотим большего, мы всегда находимся в недостатке. Как пишет Шла Кадош, «не удовлетворяющийся всегда пребывает в недостатке»[73], а потому он всегда недоволен и несчастен. Глядя на сегодняшнее общество потребления, мы видим, что, если мы отдадимся этому свойству нашей природы, мы станем участниками бесконечной погони за наслаждениями, которая никогда не кончается и никогда не приводит нас к счастью.

Итак, Авраам понял, что злое начало, ненависть и отчуждение, возникшие среди вавилонян, были источниками всех их бед, и что нет никаких шансов, что это брожение пройдет само по себе. С другой стороны, он прекрасно понимал, что сильное желание получать необходимо для реализации цели творения, то есть достижения слияния с Творцом. Словами Рамхаля (продолжая приведенную выше цитату): «Однако с другой стороны, когда человек исправлен и восполнен, он возносится над всеми и достоин слиться с Творцом, а все остальные создания зависят от него»[74].

Поэтому вместо того, чтобы попытаться уничтожить злое начало, Авраам разработал методику, позволявшую людям исправлять или «приручать» свои страсти, то есть свое эго, и извлекать пользу из его роста. Разработав свою методику, он начал делиться ею со всеми людьми, не делая исключений. Как пишет Рамбам: «Начал он громогласно призывать всех людей»[75]. Авраам «посеял в сердцах их этот великий принцип и написал о нем книги. И передал он его сыну своему Ицхаку»[76].

Методика Авраама хорошо работала для его современников, но не подходила – да и не была предназначена – для последующих поколений. На говорящем уровне, или в желании получать ради себя, которое мы называем «эгоизм», злое начало всё время растет и развивается. Поэтому в тот момент, когда Израиль вышел из Египта и стал народом, уже была нужна новая методика исправления.

Без малого три миллиона человек, в один прекрасный день (точнее, ночь) покинувшие Египет, кардинально отличались от семидесяти душ, спустившихся в Египет двумя столетиями ранее. В Египте их желание получать выросло во много раз, и теперь они нуждались в конкретных и чётких указаниях, как следует его исправлять.

Моисей сказал: «Объединяйтесь!»

Решение пришло в виде Моисеевой Торы. Однако оно сопровождалось одним предварительным условием, которое должно было быть выполнено для успешной реализации любого исправления. Для получения Торы, как пишет великий комментатор Торы Раши, народ Израиля встал у подножия горы Синай «как один человек с единым сердцем»[77]. Это совершенное и полное единение позже развилось в одно из самых ярких свойств Израиля – взаимное поручительство – ту благородную черту, которая всегда выделяла народ Израиля на фоне других современных ему народов.

Приняв на себя означенное условие быть как один человек с единым сердцем, народ Израиля получил Тору – инструкцию, свод законов, которые должны были помочь ему «приручить» свой эгоизм. Теперь они стали обществом, в котором все от мала до велика постигли Творца и жили по закону взаимного поручительства, в совпадении по свойствам с единым Богом, открытым Авраамом. В Талмуде сказано: «Проверили от Дана до Беэр Шевы и не нашли невежды [т.е. неисправленного], от Гевата до Антипареса и не нашли ребенка мужского или женского пола, мужчины или женщины, которые не были бы искушены в законах чистоты и скверны [т.е. исправлениях согласно законам Моисея]»[78].

Со своим вновь обретенным единством народ Израиля завоевал Ханаан (на иврите «Кнаан» – от слова «книа», подчинение*) и превратил его в Землю Израиля – место, в котором царит желание, направленное к Творцу. Построенный ими в этой стране Храм символизировал высокий уровень духовного постижения. Всё это время продолжается разработка и внедрение методики Моисея.

---

* «Она называется "Земля Кнаан", поскольку всякий желающий поселиться в ней должен во все дни жизни своей подчиниться страданиям». Рав Хаим Виталь, Книга Древа Познания Добра, гл. Ваишев.

Однако, как сказали наши мудрецы, «злое начало рождается вместе с человеком и растет всю жизнь его»[79] или, как сказано в книге «Беэр маим хаим»*, «побуждение сердца человеческого – худо с юности его и всегда растет во всех страстях»[80]. Тем не менее Моисеева методика исправления, законы, которые мы называем общим именем «Тора», продолжали работать в течение всего периода Первого и Второго Храмов и даже в период Вавилонского изгнания.

Рост злого начала, или эгоизма, сопровождался духовным падением Израиля. Людям было всё тяжелее поддерживать единство и связь с Творцом. Как частное следствие Второй Храм находился на более низком духовном уровне**, чем Первый Храм Соломона. Средневековый испанский каббалист рабейну Бехайе объясняет это так: «И с того дня, как низошла Шхина [Божественное присутствие] у горы Синай во время дарования Торы, не сходила она с Израиля вплоть до разрушения Первого Храма. А со дня разрушения Первого Храма... не было постоянного присутствия Шхины, как во времена Первого Храма...»[81]

В конце концов эгоизм народа Израиля достиг такого уровня, что он совершенно отделил людей как друг от друга, так и от Творца. На самом деле именно взаимная разобщенность привела к отделению от Творца, от живого ощущения силы, управляющей этим миром. А это уже, в свою очередь, привело к разрушению Второго Храма и к последнему, самому долгому изгнанию.

Знаменитый Махараль из Праги описывает духовное падение Израиля следующим образом: «У Второго Храма была особое свойство: Израиль не был разделен надвое, в них было одно только единство. Потому Первый Храм был разрушен из-за грехов, то есть скверны, а Творец не может пребывать среди

---

* «Беэр маим хаим» (Колодец живой воды) – книга известного хасидского учителя Хаима Тирера из Черновиц (1760 – 1817).

** Более низкий духовный уровень означает меньший уровень взаимной связи или совпадения по свойствам с Творцом.

них в скверне. Однако Второй Храм был разрушен из-за беспричинной ненависти, которая уничтожила их единство, бывшее особенностью Второго Храма»[82].

Бахья бен Ашер (1255 – 1340)
комментатор и ученый из Сарагосы, известный под именем «рабейну Бехайе».

Рабби Йеуда Лива (Лёв) бен Бецалель (1512 – 1609)
(известен как Махараль из Праги)
крупнейший ученый, талмудист и каббалист. С его именем связан целый ряд легенд, в частности легенда о големе (рукотворном человеке).

Можно еще сослаться на крупнейшего средневекового поэта и комментатора Ибн Эзру. Комментируя Песнь Песней, он пишет: «Пока не стала я опорой для других, в противоположность [словам:] «Ты же на высоты их ступишь»*, «и Я возведу тебя на высоты земли»** – а причина в беспричинной ненависти, которая была во Втором Храме, пока не навлекла она изгнание на Израиль»[83].

---

*   Дварим, 33:29.
**   Йешая, 58:14.

Авраам Ибн Эзра (1089 – 1164)
знаменитый поэт, мыслитель, лингвист, астроном, математик и комментатор.

Великое падение и семена Избавления

Изгнание народа Израиля после разрушения Второго Храма произошло из-за беспричинной ненависти, однако само изгнание имело два смысла. Во-первых, изгнание являлось стимулом дальнейшей разработки методики исправления. Со времен Моисея ситуация изменилась, и Тора уже не была достаточным инструментом для поддержания духовного уровня народа. Старую методику было необходимо адаптировать к новым потребностям, ведь народ находился в изгнании, и эгоизм за отчётный период тоже ушел вперед.

Вторая задача изгнания состояла в перемешивании с другими народами, цель которого состоит в распространении по всему миру так называемого «духовного гена». Это должно было обеспечить всеобщее исправление, в чем и состояла изначальная идея нашего предка Авраама.

После разрушения Второго Храма было составлено два корпуса текстов, служивших цели дальнейшего развития. Первый из них – это Мишна*, а второй – книга Зоар. Первый наряду с Библией стал основой практически всей последующей еврейской мудрости. Второй, в противоположность этому, вскоре после своего написания был скрыт и оставался в безвестности более тысячи лет, пока не попал в руки ученого и каббалиста рабби Моше де Леона.

Авторы Мишны и Гемары** снабдили народ Израиля в изгнании чёткими указаниями как на духовном, так и на материальном уровне. Тем не менее, несмотря на то, что все писания наших мудрецов рассказывают только о духовных состояниях, они

---

* Мишна – основная часть Талмуда, представляющая собой собрание Устного Закона.

** Гемара – часть Талмуда, представляющая собой обсуждение и анализ Мишны и включающая выводы и постановления мудрецов.

легко могут восприниматься как чисто физическое руководство к действию.

Моше де Леон (1240? – 1305)
испанский каббалист и ученый, ставший известным благодаря тому, что через него раскрылась миру книга Зоар.

Законы, установленные нашими мудрецами, вытекали из ощущаемых ими духовных закономерностей, но были применимы и в физическом мире, что активно практиковалось народом Израиля и до разрушения Храма. Получалось, что, несмотря на то, что настоящее постижение источника и корня духовных законов было им теперь недоступно, соблюдение материальной «проекции» этих законов, давало евреям в изгнании возможность сохранять определенную связь со своим утерянным духовным уровнем.

Известная хасидская книга «Маор Эйнаим»* («Свет очей») описывает состояние отрыва Израиля от духовности следующими словами: «Причиной изгнания является разрушение Храма – в общем и в частном. Ведь Израиль стал настолько неисправленным, что вызвал уход Шхины [то есть духовности] из Храма, и общего, и частного, то есть находящегося в сердце их... А из-за ухода из частного Храма... ушла она и из общего Храма, и наступило изгнание...»[84]

В том же духе пишет выдающийся каббалист XVIII века рабби Йонатан Эйбеншюц: «...Шхина [божественное присутствие] не уходила из Первого Храма, поскольку то изгнание длилось

---

*   «Маор Эйнаим» («Свет очей») – книга Менахема Нахума Тверского (1730 – 1797), ученика Бааль Шем Това и магида из Межирича, основателя династии чернобыльских цадиков.

недолго, тогда как во время второго разрушения, продолжавшегося долго, Шхина ушла совершенно»[85].

Йонатан бар Натан Нета Эйбеншюц (Эйбщюц) (1690 – 1764)
выдающийся талмудист и каббалист, даян Праги, Раввин «Трех общин» – городов Альтоны, Гамбурга и Вандсбека. Обвинялся в саббатианстве, причем споры о его виновности продолжались много лет и охватывали всю Европу. Был оправдан «Ваадом четырех земель».

Тем не менее, в то время как большая часть евреев была сосредоточена на сохранении духовности на том уровне, который был заложен мудрецами Мишны и Гемары, на протяжении всей нашей истории существовала небольшая горстка людей, которые не могли удовлетвориться слепым соблюдением заповедей. Вопросы, в свое время приведшие Авраама к раскрытию Творца, горели в них негасимым огнём. Их «точки в сердце» не затухали, неуклонно ведя их к самому глубокому из существующих учений – к науке каббала.

Новая эпоха – новый подход

Свои занятия каббалисты держали в тайне. В стороне от чужих глаз они разрабатывали систему исправления, которая была бы пригодна для всех в тот момент, когда это понадобится. Маленькими группами, реже в одиночку, каббалисты учились, добиваясь постижения, а познанное и постигнутое они сохраняли и записывали – в основном для самих себя.

Хаим Виталь (1543 – 1620)
каббалист, ученик и преемник Ари, предавший бумаге труды своего учителя. Автор ряда самостоятельных сочинений.

И вот в один прекрасный день 1570 года молодой человек по имени Ицхак Лурия Ашкенази появляется в самом каббалистическом городе тогдашнего мира – Цфате, расположенном на севере Страны Израиля. Его появление знаменует собой начало новой эпохи развития и разработки методики исправления. Через своего верного ученика Хаима Виталя Ицхак Лурия – известный сегодня как Аризаль*, или Святой Ари – изложил принципиально новый подход к науке каббала. Его, на первый взгляд, чисто технические объяснения строения духовных миров и точные и систематические описания духовных явлений постепенно превратились в общепринятую и основную методику изучения каббалы.

Доверенный ученик Ари Хаим Виталь усердно записывал всё сказанное учителем. После смерти Хаима Виталя его сын начал

---

* Аризаль – уважительная форма имени Ари с прибавлением формулы «благословенной памяти» («зихроно ле-враха»).

издавать записи отца, главные из которых – «Древо жизни» и «Восемь врат». Со временем эти сочинения явились основой самой распространенной и превалирующей на сегодня методики изучения каббалы – так называемой «лурианской каббалы», называемой так по имени Ицхака Лурии, или Ари.

Разрешение изучать

Распространение лурианской каббалы сопровождалось постепенным «рассекречиванием» тайны. Это было связано с тем, что каббалисты все больше и больше чувствовали, что наступает время раскрытия методики, которая приведет мир к окончательному исправлению.

Хотя на смертном одре великий Ари только одному Хаиму Виталю дал позволение продолжать заниматься по своей методике, сам Хаим Виталь в своих сочинениях неоднократно подчеркивал важность изучения каббалы. Так, в предисловии к «Древу жизни» Ари он пишет: «"Горе людям, оскорбляющим Тору" и не занимающимся наукой каббала, которая оказывает почёт Торе. Ведь они удлиняют изгнание и все беды, которые могут проявиться в мире»[86].

Авраам бен Мордехай Азулай (1570 – 1643)
каббалист, комментатор Танаха и Зоара.

Каббалист XVII века Авраам Азулай так пишет о необходимости открыто заниматься каббалой: «Запрет открыто заниматься наукой истины [т.е. каббалой], данный свыше, был дан на время – до истечения 5250 г. (1490 г.). А начиная с этого момента – называется «последнее поколение», и этот запрет снят, и дано позволение заниматься книгой Зоар. А начиная с 5300 г. со дня сотворения (1540 г.) заниматься открыто как взрослым, так и детям – есть величайшая заповедь... и поскольку благодаря этому придет Машиах, а не благодаря чему-либо другому, пренебрегать этим нельзя»[87].

На протяжении последующих веков многие раввины, каббалисты и ученые подчеркивали, что изучение каббалы является непременным условием избавления и даже самого выживания нашего народа. Например, такой выдающийся авторитет, как Виленский Гаон, пишет прямо: «Избавление произойдет только благодаря изучению Торы. А главная часть избавления зависит от изучения каббалы»[88].

Элияу бен Шломо Залман (Виленский Гаон) (1720 – 1797)
великий каббалист, ученый и комментатор; духовный лидер поколения. Основатель течения противников хасидизма, т.н. «митнагдим». «Гаон» на иврите означает «гений». Акроним имени Виленского Гаона – «Агра» (а-Гаон, рабби Элияу).

В начале XIX века каббалисты стали говорить о том, что даже дети должны учить каббалу. Тем самым открыто отменялся запрет изучения «тайной науки» до 40 лет. Так, известный хасидский учитель Ицхак Айзик из Комарно пишет: «Если бы услышал меня народ мой в нашем поколении, в котором так сильно растет отступничество, стали бы изучать и штудировать книгу Зоар и Исправления* с девятилетними детьми»[89].

Ицхак Айзик Йеуда Йехиэль Сафрин из Комарно (1806 – 1874)
цадик и каббалист, основатель династии цадиков из Комарно.

---

* Тикуней Зоар – одна из частей книги Зоар, представляющая собой отдельный том.

В начале XX века другой выдающийся каббалист, рав Кук, позже ставший первым главным раввином Страны Израиля, громогласно призывал изучать каббалу. Так же во всеуслышание он призывал евреев возвращаться в Страну Израиля. «Тайны Торы [т.е. каббала] несут избавление, возвращают Израиль в его страну»[90], – писал он в книге «Орот», опубликованной в 1921 году.

В своих сочинениях рав Кук много раз открытым текстом пишет, что каждый еврей обязан изучать каббалу. Правда, он редко употребляет само слово «каббала», предпочитая ему более красочные и поэтичные выражения, такие как «мудрость истины», «наука о тайном», «внутренняя часть Торы», «тайны Торы», – но сути это не меняет. Вот одно из его многочисленных высказываний: «На нас лежит обязанность расширения и установления занятий внутренней частью Торы во всех ее духовных аспектах, а она в широком смысле включает в себя [всю] широкую мудрость Израиля, величайшей вершиной которой является истинное знание Творца в соответствии с глубинами тайн Торы, в наше время нуждающееся в выяснении, разборе и объяснении, делающим его все более понятным и распространяющимся во всех слоях нашего народа»[91].

А теперь – все вместе

Последний этап эволюции методики исправления начался в XX веке и только сейчас стал по-настоящему набирать силу. Мы являемся частью этого этапа, и именно он представляет для нас наибольший интерес.

Как мы говорили, когда Авраам открыл, что миром правит одна единая сила, он начал распространять свое знание, поставив своей целью донести его до всех людей без исключения. Однако вавилонский царь Нимрод помешал ему достичь этой амбициозной цели, и Авраам был вынужден уйти, в итоге добравшись до страны Ханаана, которую он превратил в Израиль (названный так по свойству желания «Яшар Эль» – прямо к Творцу).

Тем не менее цель, поставленная Авраамом, за прошедшие столетия ничуть не изменилась. Как пишет Рамхаль, «Ноах был сотворен, чтобы исправить мир в том состоянии, в котором он был в то время. И в то время уже были другие народы, и они тоже должны были получить от него исправление»[92]. Он же пишет о Моисее: «Моисей хотел в то время завершить исправление мира и для этого взял [с собой] «великий сброд», поскольку думал, что благодаря этому придет исправление других народов, которое должно наступить в Конце Исправления... Однако это у него не получилось из-за допущенных в процессе искажений»[93].

После разрушения Второго Храма каббалисты скрыли «тайную науку» в равной степени как от евреев, так и от других народов. Это продолжалось вплоть до времени Ари, когда они постепенно начали ощущать, что наступает время, пригодное для ее раскрытия. С этого момента они начали обучать и распространять каббалу – с каждым поколением всё более откровенно и прямо.

К началу XX столетия все запреты были сняты, и каббалисты стали открыто призывать к распространению каббалы во всех народах. В одном из писем рав Кук очень ясно выразил эти настроения: «И они [мои слова] действительно принадлежат к общим тайнам мира, которые я согласился раскрыть из-за времени «действия ради Творца», поскольку этого требует текущий момент. И бо́льшие, и лучшие, чем я, страдали от людского злословия из-за подобных вещей, ибо чистый дух их давил на них, чтобы для исправления поколения они говорили новые вещи и раскрывали сокрытое, к чему разум народа не был привычен»[94].

Во время Первой мировой войны рав Кук ощущал свою обязанность описать наблюдаемую им связь между страданиями всего мира и возрождением духовной силы Израиля, достижимой только через объединение. В книге «Орот» он в свойственной ему поэтической манере пишет: «Здание мира, которое рушится сейчас под ужасающими бурями кровавого меча, взывает к построению здания народа Израиля. Построение здания нашего народа и раскрытие его духа – суть одно, и оно полностью соединено со зданием мира, рассыпающимся в ожидании силы, полной единства и величия. И всё это есть в собрании Израиля»[95].

Его современник и товарищ Бааль Сулам неоднократно ясно писал о необходимости раскрытия науки каббала для каждого человека в мире, и особенно сегодня. Так, в статье «Шофар Машиаха» («Рог Мессии») он пишет: «Знай же, что значит, что сыны Израиля не будут избавлены, пока в большой мере не раскроется тайная мудрость. Сказано в книге Зоар: "Благодаря этому объединению выйдут сыновья Израиля из изгнания"»[96].

И далее: «По моей оценке, мы относимся к поколению, которое по сути дела стоит на пороге избавления, – если только мы узнаем, как распространять эту тайную науку в народных массах»[97].

«И есть еще одна причина того, что дана нам каббала – что предварительное условие избавления заключается в том, что все народы мира признают закон Израиля [об отдаче], как сказано: «и наполнится земля знанием», подобно тому, как во время исхода из Египта, когда предварительное условие было, чтобы и Фараон признал истинного Бога и Его заповеди и позволил им уйти»[98].

«И все же пойми, откуда у народов мира возникнет такое знание и желание. Знай, что это произойдет благодаря распространению истинной науки, так что они явственно увидят истинного Бога и истинный закон. А распространение этой науки в массах называется "шофар", подобно шофару, звук которого расходится на большое расстояние, так же и отголосок этой науки распространится по всему миру»[99].

Заветы этих титанов духа действительно были выполнены, и сегодня всякий, кто желает этого, может изучать «тайную науку» вне зависимости от своей религиозной принадлежности, возраста или пола, поскольку она более не является тайной. То, о чем мечтал Авраам, свершилось, и сегодня любой гражданин нашего глобального Вавилона может изучать основной закон, творящий и поддерживающий существование мироздания, без каких-либо условий и ограничений.

Но если всё так хорошо, почему же в мире всё так плохо? Почему так много страдающих и бедствующих людей, и количество их постоянно растет? Если основной закон мироздания может изучать каждый, как случилось, что его знает так мало людей – особенно сегодня, когда мы не знаем, как выйти из всех многочисленных кризисов, неожиданно постигших человечество? Если этот закон есть Творец, способный всё легко исправить, почему никто не спешит изучать его?

Чтобы найти ответы на эти вопросы, мы должны понять пути распространения этой науки, и особенно роль еврейского народа в распространении каббалы, и что означает «быть светом для других народов». Таким образом, следующая глава посвящена роли еврейского народа с точки зрения каббалы.

Глава 4
Народ при исполнении
(Роль еврейского народа)

«Авраам получил благословение быть, как звёзды на небе, Ицхак – как песок, а Яаков – как прах земной, ибо сыны Израиля были сотворены, чтобы исправить всё творение»[100].

«Сфат Эмет», гл. Бамидбар

В предыдущей главе мы остановились на вопросе, чтó не в порядке в сегодняшнем мире и как так выходит, что основной закон мироздания, который должен быть известен каждому, знает так мало людей. Особенно сегодня, когда мы ломаем себе голову, как выйти из многочисленных кризисов, пожаром охвативших все человечество. Чтобы ответить на эти вопросы, нам нужно будет понять, как распространяется знание об этом законе, и какое отношение к этому имеют евреи.

Когда наш общий предок Авраам раскрыл, что миром управляет единая сила, он поспешил сообщить об этом своем открытии всем своим соотечественникам. Он не ставил никаких условий, а просто хотел поделиться своим новообретенным знанием со всеми. Увы, ни царь Нимрод, ни народ Вавилона не были в тот момент готовы согласиться с тем, что сила, управляющая миром, – это сила отдачи, а вся цель их жизни состоит в том, чтобы раскрыть её, уподобившись ей по свойствам. Соотечественники Авраама были тогда слишком заняты построением своей башни и попытками бросить вызов законам Природы.

Пройдя на пути в Ханаан через весь Средний и Ближний Восток, Авраам собрал под свои знамена (точнее, в свой шатёр) всех тех, кто был в состоянии воспринять его идеи и согласен начать изменять себя с эгоизма на отдачу. Позже эти люди стали народом Израиля, названным так благодаря своему желанию прямого достижения Творца.

Четыре уровня мироздания – неживой, растительный, животный и говорящий – остаются неизменными. Они должны полностью реализоваться, и те создания, которым выпала честь физически принадлежать к говорящему уровню, в итоге должны будут достичь этого уровня и в духовном плане. Тот факт, что во времена Авраама еще не все вавилоняне были готовы изменить свою природу, совершенно ничего не меняет в глобальной перспективе конечной цели существования человечества. Зато те, кто был готов это сделать уже тогда, стали хранителями знания, которым было доверено сохранять и развивать его для потомков.

В статье «Поручительство» Бааль Сулам пишет: «[Сказал Творец:] "И будете вы Мне *сгулой** из всех народов". То есть вы будете Мне специальным средством, потому что через вас искры очищения и чистоты тела [т.е. желания] перейдут ко всем нациям и народам мира – поскольку все народы мира пока еще совершенно не готовы к этому, и Мне, так или иначе,

---

* Шмот, 19:5. Обычно этот стих переводится «И будете вы Мне избранными из всех народов». Однако буквальный перевод слова «сгула» – «особое свойство или средство». На этом и основано объяснение Бааль Сулама.

нужен один народ, чтобы начать с него сейчас, и он стал бы специальным средством ("сгулой") из всех народов»[101].

Эти слова и другие высказывания наших мудрецов не оставляют никаких сомнений по поводу того, в чем духовные вожди еврейства на протяжении поколений видели смысл существования еврейского народа в этом мире.

Когда Моисей выводил народ свой из Египта, он в первую голову собирался передать евреям тот закон, которому научился сам, закон, раскрытый до него Авраамом. Его целью было завершить, или, по крайней мере, приблизить выполнение той задачи, которую Авраам начал выполнять много поколений назад. Великий Рамхаль сказал, что Моисей попытался завершить исправление мира, но у него это не получилось. Каббалист первой половины XIX века рав Ицхак Айзик Хавер, как будто продолжая мысль Рамхаля, назвал поколение пустыни «началом исправления мира»[102].

Ицхак Айзик Хавер (Вилдман, 1789 – 1853) каббалист, гаон, третье поколение после Виленского Гаона, прозванный «третьи уста Агра». Раввин в нескольких литовских местечках, автор целого ряда книг.

Однако мир не желал исправления. Народы не были готовы отказаться от эгоизма и принять альтруизм, или отдачу, в качестве главного принципа жизни. В ожидании, когда другие народы созреют и захотят исправления, еврейский народ занимался «доводкой» собственного исправления. Как писал тот же Рамхаль: «Ты должен знать, что... творение в целом не будет завершено, пока избранный народ не будет весь организован в правильном порядке и не дойдет до совершенства во всех своих украшениях [т.е. исправлениях], и Шхина не соединится с ним. А после этого мир придет в совершенное состояние... Мы должны прийти к состоянию, когда народ достигнет полного совершенства во всех требуемых условиях, и всё творение достигнет своего совершенства, и тогда мир установится в исправленном состоянии»[103].

Получается, что народ Израиля служит своеобразным каналом, по которому исправление, точнее говоря, свойство отдачи, должно достичь предназначенного получателя – народов мира. Своим высоким поэтическим слогом рав Кук так описал свое ви́дение роли евреев по отношению к другим народам: «Нет сомнений, что предназначение Израиля быть божественным народом, существующим и совершенным, заметным и постоянно действующим в мире, есть предназначение, существующее вечно на все поколения – совершенствовать род человеческий, оберегая его уникальную особенность и поднимая его по достойным его ступеням святости... заранее определенным Творцом. И поскольку наше предназначение существует постоянно и сопровождается предназначением всей Природы, закон которой – совершенствовать всё сущее, ведя его к вершине совершенства, мы должны бережно охранять его ради нашей общей жизни, заключенной в нем, и ради всего человечества в целом и его морального развития, ибо его судьба зависит от судьбы нашего существования»[104].

Рав Кук идет и еще дальше, говоря, что «истинное движение еврейской души во всем ее величии, выражающееся только в ее святой вечной силе, текущей внутри самого её духа, – это то, что сделало, делает и еще сделает её народом, служащим светом для остальных народов, и спасением, и избавлением для всего мира»[105].

В книге «Эйн Айя»* он прибавляет: «Внутри Израиля есть скрытая святость вознесения уровня самой жизни с помощью пребывающей в Израиле Шхины. Так что национальная душа

---

* Название книги «Эйн Айя» можно перевести как «Око ястреба». С другой стороны, «Айя» – акроним имени самого автора (Авраам Ицхак а-Коэн).

Собрания Израиля устремлена к более возвышенному и благородному благу, чтобы поступать в жизни согласно высшей и божественной ценности, согласно такой ценности, что ни один человек не сможет более спросить, в чем цель такой жизни, видя их великолепие, наслаждение их чувств и их славу. В полном совершенстве будет она завершена в Доме Израиля внутри, и оттуда будет она излучать свет на землю и на целый мир, пребывая «заветом народа и светом для других народов»»[106].

То же говорит и учитель рава Кука, глава знаменитой Воложинской ешивы Нацив: «Пророк Исайя сказал: «И буду хранить Я тебя [народ Израиля], и дам Я тебя как союз для народа, как свет народам», – что означает установить союз или веру для каждого народа, чтобы отбросили они веру в идолов и поверили в единого Бога. И по этому поводу уже был заключен союз с праотцом Авраамом»[107].

Рабби Нафтали Цви Йеуда Берлин (акроним – Нацив, 1817 – 1893)
глава Воложинской ешивы – крупнейшего еврейского центра Российской империи, один из лидеров своего поколения.

Хорошо перемешать

Все-таки не очень понятно, каким путем должно произойти исправление народов. Пусть даже еврейский народ придет к исправлению, но как именно это перейдет на других?

Когда Авраам впервые раскрыл Творца, он стал рассказывать об этом всем, кто был готов его услышать, и те, кто к нему присоединился, стали первыми исправленными людьми. Позже они «спустились» в Египет и в итоге вышли оттуда, весьма приумножившись в количестве и уже являясь самостоятельным народом. Этот народ получил методику исправления, называемую «Тора», и пришел к своему исправлению. В период Первого Храма еврейский народ достиг наивысшей точки слияния с Творцом. Начиная с этого момента народ начинает духовно падать, что находит свое логическое завершение в вавилонском изгнании. После завершения вавилонского плена бо́льшая часть народа предпочла остаться в диаспоре и ассимилироваться.

На самом деле именно с этого и началось распространение «высшего знания». Некогда исправленный народ, которому когда-то удалось преодолеть эгоизм и раскрыть Творца, перемешался с теми, у кого подобных идей никогда в жизни не было, и их высокие мысли начали распространяться в принявшем их обществе, постепенно возбуждая и стимулируя работу сердца и ума. И хотя их мысли все еще не были «исправленными», зёрна единого универсального взгляда на природу и человека постепенно начали приниматься в их сознании.

И действительно, в эпоху Возрождения некоторые известные ученые утверждали, что как минимум часть своих идей древние греки заимствовали у евреев – в данном случае конкретно из каббалы. Так, например, выдающийся немецкий гуманист Иоганн Рейхлин в своей книге «Об искусстве каббалы» пишет: «Тем не менее, его [Пифагора] превосходство происходило не от греков, а опять же от евреев... После долгих странствий он привез домой нечто достойное восхищения, и он первым переименовал каббалу в *философию* – греческое слово, до того неизвестное»[108].

Иоганн Рейхлин (1455 – 1522)
немецкий философ и гуманист, дипломат и профессор нескольких университетов. Изучал иврит и еврейскую теологию. Будучи знатоком греческого, латыни и иврита, заслужил прозвище «трехъязычного чуда».

Фрагмент гравюры 1516 г.

Рассеявшись среди других народов, еврейский народ заложил основы современной западной цивилизации. Чтобы не быть голословными, приведем несколько высказываний известных людей. Небезызвестный сэр Уинстон Черчилль пишет: «Мы обязаны евреям... системой этики, которая, даже если совершенно отделить ее от сверхъестественного, неоспоримо является самым ценным достоянием человечества, на самом деле стóящим всех плодов остальной мудрости и учености вместе взятых. На этой системе и этой верой на обломках Римской империи была построена вся наша существующая цивилизация»[109].

Сэр Уинстон Черчилль (1874 – 1965)
британский государственный и политический деятель, дважды был премьер-министром Великобритании, лауреат Нобелевской премии по литературе (1953).

Ярому «антисоветчику» Черчиллю вторит великий пролетарский писатель Максим Горький: «Меня изумляет духовная стойкость еврейского народа, его мужественный идеализм, необратимая вера в победу добра над злом, в возможность счастья на земле. Старые крепкие дрожжи человечества, евреи, всегда возвышали дух его, внося в мир беспокойные, благородные мысли, возбуждая в людях стремление к лучшему»[110].

Современный английский историк Пол Джонсон, заключая свою «Популярную историю евреев», пишет: «Влияние евреев на человечество было изменчивым. В древности они стали великими новаторами в религии и морали. В Тёмную эпоху и в Европе раннего средневековья они были все еще среди передовых наций и, случалось, делились познаниями и техническими достижениями. Постепенно их выбросили из кареты, и они отставали все больше и больше, пока не оказались в конце XVIII столетия в презираемом и обскурантистском арьергарде цивилизованного человечества. И вдруг происходит удивительный второй взлет творческих способностей нации. Вырвавшись из своих гетто, они вновь преобразовали человеческое мышление, на этот раз в светской сфере. Значительная часть интеллектуального реквизита в пьесе современного мира несет на себе клеймо еврейского авторства»[111].

Пол Джонсон (род. 1928)
английский писатель, журналист и историк, выступающий с христианско-католических позиций. Автор более 40 книг. Писал речи для М. Тэтчер.

Любопытно, что некоторые известные еврейские мыслители тоже писали о том, что еврейские знания после разрушения Первого Храма распространились по миру (хотя и в «испорченном» виде). Так, сохачёвский ребе писал: «У греков была наука философия, происходившая от писаний царя Соломона, которые попали к ним после разрушения Первого Храма. Однако они повредились у них из-за прибавок, и убавок, и замен до такой степени, что к ним примешались ложные знания. Но, так или иначе, основа науки – добрая, однако к ней примешались части зла»[112].

Аналогично пишет и Бааль Сулам: «Мудрецы каббалы смотрят на философскую теологию, сетуя на то, что из их науки украли внешнюю оболочку, которую взяли Платон и его греческие предшественники, много занимавшиеся с учениками пророков в Израиле. И украли они основные моменты из знания Израиля, и обернулись в чужой талит»[113].

Еврейское наследие

Евреи, не вернувшиеся из вавилонского плена после разрушения Первого Храма, бесследно исчезли, однако оставили в наследство стране своего изгнания свои понятия и представления о жизни. Позднее, после разрушения Второго Храма, весь еврейский народ ушел в изгнание, введя в оборот мирового сознания две базовых идеи, легшие в основу всех трех мировых религий, удачно называющихся «авраамическими». Первая из них – это принцип «Возлюби ближнего, как самого себя», вторая – идея монотеизма, то есть идея единого Бога, одной силы, управляющей мирозданием. Эти идеи являются ключом к успешному исправлению человечества, поскольку при правильной интерпретации первая из них определяет способ достижения исправления – через любовь к другим, а не к своей семье, роду или клану, ведь под «ближним» подразумевается произвольный другой, чужой человек. Вторая идея описывает суть нашего постижения, после того как мы достигнем исправленного состояния, – слияние с единой и единственной силой, движущей всем миром.

Карташёв Антон Владимирович (1875 – 1960)
российский государственный деятель, министр Временного правительства, историк русской церкви и теолог.

Вот что пишет по этому поводу православный богослов, последний обер-прокурор Священного Синода А. В. Карташёв: «Еврейство есть великая мировая нация. Для этого утверждения богослову и историку достаточно одного факта дарования миру Библии и порождения трех мировых монотеистических религий. Нация, играющая огромную, непропорциональную своему статистическому меньшинству роль в мировом хозяйстве, мировой политике и мировой культуре; нация, превзошедшая всех своим национальным самоутверждением вопреки тысячелетиям рассеяния... Это хотя и не территориальная, но своего рода великая держава»[114].

**Максим Горький
(Алексей Максимович Пешков, 1868 – 1936)**
русский писатель, прозаик и драматург. Считается основателем социалистического реализма.

Аналогичным образом, хотя и с совершенно других позиций, высказался Максим Горький: «Это евреи вырастили на грязной нашей земле великолепный цветок – Христа, сына плотника-еврея, бога любви и кротости, бога, которому якобы поклоняетесь вы, ненавистники евреев. Столь же прекрасными цветами духа были и апостолы Христа, рыбаки-евреи, утвердившие на Земле религию христианства – религию всемирного братства народов, религию, на почве которой выросли идеи социализма, идея интернационала...»[115].

Иосиф Флавий (ок. 38 – после 100 г.)
еврейский военачальник и историк. Его труды являются основным источником сведений по еврейской истории периода Второго Храма.

Бюст, приписываемый Иосифу Флавию

Изгнание еврейского народа из Страны Израиля было длительным процессом, в течение которого евреи и, следовательно, еврейские ценности постепенно принимались другими народами. Из многочисленных исторических свидетельств сошлемся на Иосифа Флавия, в данном случае говорящего о периоде 3 в. до н.э. – 1 в. н.э.: «Еврейский народ рассеян по всей земле среди обитателей разных стран, более же всего он проник в Сирию по причине соседства, и в особенности много евреев в Антиохии из-за большой величины города, тем более что цари, преемники Антиоха, предоставляли им право беспрепятственно там селиться»[116].

В другом месте тот же Иосиф Флавий цитирует не дошедший до нашего времени труд знаменитого греческого историка и географа Страбона: «[Иудеи] проникли уже во все города, и нелегко найти какое-либо место на земле, где не нашлось бы это племя и которое не было бы занято им»[117].

Страбон (ок. 64/63 до н. э. – ок. 23/24 н. э) греческий историк и географ. Его «География» является лучшим источником для изучения географии древнего мира.

В середине XX века известный экономист и социолог Яков Лещинский писал об особенностях еврейского рассеяния: «Окидывая взглядом еврейскую диаспору во всем мире и на всех континентах, мы с удивлением обнаруживаем, что этот почти самый древний в мире народ на самом деле самый молодой, если мерять по земле у него под ногами и небу у него над головой. Больше девяноста процентов еврейского народа рассеяны и разбросаны по новым странам, где евреи поселились не более ста лет назад, а во многих странах, в которых живут большие еврейские массы, – не более 50 – 60 лет. Они рассеяны по всему миру... более чем в ста странах и на всех пяти континентах. Как и сказано в Писании: "И Я разбросаю тебя меж народами и рассею тебя по странам"»[118].

Яаков (Якоб) Лещинский (1876 – 1966)
еврейский социолог, экономист и общественный деятель. Руководил отделом экономики и статистики ИВО (Еврейского Научного Института). Пионер социологических и демографических исследований еврейского народа, в частности советского еврейства, и Катастрофы.

Любопытно, что именно перемешивание с другими народами было нужно для завершения Моисеева исправления. И хотя справедливо, что пока Израиль живет отдельно от других народов, основные идеи иудаизма, о которых мы говорили ранее, никуда не пропадут, верно и то, что изгнание среди других народов немало способствует реализации этих идей. Как сказано в Псалмах: «И смешались они с народами, и научились делам их»[119].

Адам как первый человек и как общая душа

Ари объясняет, что на самом деле мы все являемся частями одной души, которую каббалисты называют «Адам Ришон» («первый человек»), а все остальные люди – просто «Адам». Ари говорит, что изгнание является продолжением процесса исправления. Во «Вратах изречений» он пишет: «Адам Ришон включал в себя все души и все миры. Когда он согрешил, все эти души отпали от него, упав в *клипот* [т.е. в разные формы эгоизма], которые делятся на семьдесят народов, и Израиль должен быть изгнан туда, в каждый народ, чтобы собрать розы святых душ, которые рассеялись среди этих терний. Как сказали наши мудрецы в Мидраш Раба: "Почему Израиль был изгнан среди других народов? Чтобы присоединились к нему иноплеменники"»[120].

Об этом же пишет Нацив из Воложина: «Пророк Исайя сказал: «И буду хранить Я тебя, и дам Я тебя как союз для народа, как свет народам», – что означает установить союз или веру для каждого народа, чтобы отбросили они веру в идолов и поверили в единого Бога. И по этому поводу уже был заключен союз с праотцом Авраамом... А сегодня этот союз существует со всем Израилем. И начало этого было на горе Эвал в том, что Тора написана семьюдесятью языками. И не могли бы они дойти до края этой вершины иначе, чем через изгнание и рассеяние. Как сказано в главе Шлах: «И наполнит слава Творца всю землю». И ради этого удостоились они, что через них раскроется слава Творца на всей земле»[121].

Нетрудно понять, почему для того, чтобы завершить исправление еврейского народа и всего мира, требуется изгнание. Мы уже говорили о том, что когда Авраам предложил свой метод исправления вавилонянам, они отказались. Они были слишком заняты самим собой и самонаслаждением. И тем не менее, если все мы, как утверждал Ари, являемся частями одной общей души, в какой-то момент мы все должны будем прийти к исправлению, став подобными Творцу и раскрыв Его. Это и есть то самое благо, которое Он уготовал всему человечеству.

Итак, исправление, произведенное Авраамом, было лишь началом общего процесса, но ни в коем случае не его концом. Как писал тот же Нацив, «главная причина того, почему большая часть нашей жизни будет проходить в изгнании, объясняется в главе Лех леха, 17:6, где Творец раскрывает праотцу нашему Аврааму, что сыновья его созданы, чтобы быть светом для других народов. А это возможно, только если они рассеяны в изгнании. Аналогично и с праотцом Яаковом, когда он пришел в Египет, где было тогда основное население земли, – там возвеличилось благодаря этому имя Его, когда увидели они Его управление на Яакове и его потомстве»[122].

Чтобы завершить исправление всего человечества, следовало перемешать различные желания – исправленные и неисправленные, – олицетворяемые Израилем и другими народами соответственно. Если каждый отдельно взятый народ представляет собой определенную часть души Адама, каждый из них должен познакомиться с методикой исправления и в какой-то момент принять ее к исполнению. В этом и заключается причина и цель изгнания народа Израиля и его рассеяния по всему миру.

Начало процесса исправления человечества было положено, когда потомство Авраама ушло в египетское изгнание и, войдя туда родовым кланом, вышло оттуда народом. Когда же народ Израиля ушел в изгнание после разрушения Первого и Второго Храмов, он распространил свою методику исправления на весь цивилизованный мир. И хотя очевидно, что предложенная методика пока еще не была воспринята всем человечеством, она посеяла идеи и заложила основы для процесса исправления, готового начаться, как только люди начнут искать ее и требовать.

В статье «Поручительство» Бааль Сулам говорит о том, как процесс исправления должен перейти от народа Израиля к остальным народам: «А рабби Элазар, сын Рашби*, идет в вопросе поручительства еще дальше. Ему мало, что весь Израиль ответственен друг за друга: весь мир должен войти в поручительство. Но тут нет никакого спора. Ведь все признают, что для начала совершенно достаточно, чтобы один народ соблюдал Тору [т.е. закон отдачи] – только чтобы начать исправление мира. Ведь невозможно было начать одновременно со всех народов мира. Как сказали наши мудрецы, что Творец ходил с Торой ко всем народам и языкам, но не желали они принять ее. Иначе говоря, были они по самые уши погружены в трясину эгоистической любви... так что в те времена нечего было и думать о том, чтобы говорить с ними, согласны ли они оторваться от эгоистической любви»[123].

«Однако окончательное исправление мира не сможет наступить до тех пор, пока все живущие в мире не приступят к служению Творцу, как сказано: «И будет Господь царем на всей земле, в день тот будет Господь один, и имя Его – едино»**... «И устремятся к Нему все народы»***».

Однако роль Израиля по отношению ко всему миру подобна роли наших святых праотцов по отношению к народу Израиля. То есть как право отцов дало нам возможность развиться и очиститься, пока не стали мы достойны получения Торы...так же и народ Израиля, занимаясь Торой и заповедями не ради себя [т.е. исправлением эгоизма], должен подготовить себя и людей во всем мире, пока они не разовьются достаточно, чтобы принять на себя эту высокую работу любви к ближнему, которая является лестницей к цели творения, т.е. к слиянию с Творцом»[124].

В другом месте Бааль Сулам пишет: «Знай, что ветвь, происходящая от внутренней части [мира] – это народ Израиля, который был избран для реализации исправления и общей цели [творения]. И в нем есть подготовка, позволяющая ему

---

* Акроним имени рабби Шимона бар Йохая.
** Пророки, Захария, 14:9.
***Пророки, Ишая, 2:2.

развиться и вырасти, пока не дойдет он сам и не побудит другие народы прийти к общей цели [творения]»[125].

Продолжая Бааль Сулама, Рабаш пишет: «В статье «Поручительство» [Бааль Сулама] говорится: "Если слушать будете голоса Моего, будете вы Мне *сгулой* [особенным] из всех народов, ибо Мне принадлежит вся земля, и будете вы царством священников и святым народом (Шмот 19:5-6)" – главное, что объясняется здесь, что благодаря народу Израиля, более других народов способному[*] приблизиться к Творцу, Он будет потом передавать благо остальным народам»[126].

Бааль Сулам и Рабаш, возможно, были последними каббалистами, писавшими о роли народа Израиля в распространении методики исправления среди остальных народов, однако они были далеко не первыми. Существует бесчисленное множество высказываний об этом раввинов, каббалистов и ученых всех поколений. Выше мы приводили слова Ари и Нацива. Приведем еще несколько изречений.

Мидраш Раба говорит, что «Израиль несет миру свет»[127], а Вавилонский Талмуд объясняет, что «Творец поступил с Израилем по справедливости, рассеяв его среди народов»[128]. В книге «Сфат Эмет» написано: «Каждое изгнание, в которое уходят сыны Израиля, нужно лишь для того, чтобы вывести святые искры, находящиеся в других народах... Ведь, получив Тору, сыны Израиля стали гарантами исправления всего мира, и других народов тоже»[129].

Аналогично пишет и рав Кук: «Выйдя из Египта, [сыны] Израиля получили свою свободу, то есть достигли собственного совершенства, однако общее совершенство рода человеческого будет достигнуто во времена Машиаха, и именно благодаря их предшествующему рассеянию, ибо через это рассеяние Творец начал раскрываться миру... А поскольку общее исправление может быть достигнуто только занятиями Торой и

---

[*] Ивр. «месугаль» – производное от слова «сгула».

заповедями [т.е. исправлением эгоизма] среди Израиля, главные действия будут направлены на человечество в целом, и второстепенным будет возвышение частного совершенства Израиля, берущего начало в исходе из Египта, поскольку их собственное совершенство автоматически поднимется благодаря пребывающему на них свету Творца»[130].

Мы хотели бы завершить эту главу еще одной цитатой Бааль Сулама, в которой он подробно объясняет, какова цель творения, в чем состоит предназначение человечества и какая роль во всем этом отводится Израилю. Отвечая на вопрос, почему Тора была дана народу Израиля и в этом не принимали участие остальные народы мира, он пишет: «Ведь на самом деле цель творения должна быть достигнута всем без исключения родом человеческим. Однако из-за низости природы творения [эгоистической по своей сути] и ее власти над людьми у людей не было никакой возможности понять, решить и согласиться подняться над ней, и они не проявляли желания выйти из рамок эгоистической любви и прийти к совпадению по форме, которое означает слияние со свойствами Творца, как сказали наши мудрецы: "Как Он милосерден, так же и ты милосерден и т.д.".

И благодаря праву праотцов сынам Израиля сопутствовал успех: в течение четырехсот лет они развились, получили подготовку и склонили чашу весов на сторону заслуг. И каждый человек из народа Израиля принял на себя любовь к ближнему [как способ достижения исправления].

...Однако народ Израиля был поставлен «проводником», и в той мере, в которой сами сыны Израиля соединяются благодаря соблюдению Торы [закона отдачи], они передают свою силу другим народам, а когда и остальные народы склонят чашу своих весов на сторону заслуг [объединятся и постигнут Творца], раскроется Машиах [сила, вытаскивающая нас из эгоизма], задача которого состоит не только в том, чтобы довести сынов Израиля до конечной цели слияния с Творцом, но и в том, чтобы научить путям Творца [т.е. работе на отдачу] все народы, как сказано: "И устремятся к Нему все народы"»[131].

Глава 5
Гадкий утенок
(Корни антисемитизма)

На протяжении всей истории человечества не было народа, который подвергался бы бо́льшим преследованиям, чем евреи. Нет другого народа, который, каждый раз пройдя через преследования, становился бы только сильнее.

Очевидная непотопляемость еврейского народа породила множество вопросов и обсуждений – по большей части у неевреев, евреям же истоки их жизнеспособности были более или менее ясны, да и некогда им было – надо было тривиально выживать. Великий русский писатель Ф. М. Достоевский при всей неоднозначности своего отношения к евреям писал: «Приписывать Status in Statu* одним лишь гонениям и чувству самосохранения – недостаточно. Да и не хватило бы упорства в самосохранении на сорок веков, надоело бы и сохранять себя такой срок. И сильнейшие цивилизации в мире не достигали и до половины сорока веков и теряли политическую силу и племенной облик. Тут не одно самосохранение стоит главной причиной, а некая идея, движущая и влекущая, нечто такое,

---

* Государство в государстве (лат.).

мировое и глубокое, о чём, может быть, человечество ещё не в силах произнести своего последнего слова»[132].

Выдающийся русский религиозный философ Н. А. Бердяев тоже не в состоянии рационально объяснить неистребимость еврейства: «Таинственна историческая судьба евреев... Ни один народ в мире не пережил бы столь долгого рассеяния и наверное потерял бы своё лицо и растворился бы среди других народов. Но по неисповедимым путям Божьим народ этот должен сохраниться до конца времён. Менее всего, конечно, можно было бы объяснить историческую судьбу еврейства с точки зрения материалистического понимания истории»[133].

Николай Александрович Бердяев (1874 – 1948)
выдающийся русский философ, прошедший путь от марксизма до религиозного экзистенциализма. В своих трудах охватывает широчайший спектр проблем от вопросов свободы творчества до коммунизма и «русской» идеи.

В изящной литературной форме выражает этот недоуменный вопрос, вкладывая его в уста героя одного из рассказов, военного врача Кашинцева, замечательный писатель А. И. Куприн: «Удивительный, непостижимый еврейский народ!.. Сквозь десятки столетий прошёл он, ни с кем не смешиваясь... тая в своём сердце вековую скорбь и вековой пламень. Пёстрая жизнь Рима, Греции и Египта давным-давно сделалась достоянием музейных коллекций... а этот таинственный народ, бывший уже патриархом во дни их младенчества, не только существует, но сохранил... свою веру... сохранил священный язык своих вдохновенных Божественных книг, свою мистическую азбуку... Нигде не осталось следа от его загадочных врагов, от всех этих филистимлян, амалекитян, моавитян и других полумифических народов, а он, гибкий и бессмертный, всё ещё живёт, точно выполняя чьё-то сверхъестественное предопределение. Его история проникнута трагическим ужасом и вся залита собственной кровью... Как мог он оставаться в живых? Или в самом деле у судьбы народов есть свои, непонятные нам, таинственные цели?.. Почём знать: может быть, какой-нибудь Высшей Силе было угодно, чтобы евреи, потеряв свою родину, играли роль вечной закваски в огромном мировом брожении?»[134].

Александр Иванович Куприн (1870 – 1938) русский писатель. После революции эмигрировал. В 1937 г. вернулся на родину по приглашению советского правительства.

И если нам недостаточно близких нам по времени отечественных авторов, вот что писал о евреях в XVII веке великий французский учёный и философ Блез Паскаль: «Народ этот не только необыкновенно древний, но и удивительно стойкий: жизнь его непрерывно длится от зарождения его и доныне; тогда как народы Греции и Италии, Лакедемона*, Афин и другие, пришедшие много позже, давно погибли, он продолжает жить наперекор всем стараниям многих могучих царей, сотни раз пытавшихся его погубить, как о том свидетельствуют его историки и как можно о том судить по естественному порядку вещей на протяжении столь долгих лет. И все-таки он всегда выживал...»[135].

---

* Спарты

Блез Паскаль (1623 – 1662)
знаменитый французский математик, физик, литератор и философ.

Действительно, как отмечали многие выдающиеся люди на протяжении человеческой истории, евреев невозможно уничтожить. На евреев возложена определенная миссия, и пока они ее не выполнят, Природа, Бог, Всевышний, Творец, или как вам будет приятнее называть Его, не позволит этому произойти. И тем не менее, до тех пор, пока евреи упорно продолжают избегать выполнения своей миссии, они, вне всякого сомнения, терпели, терпят и будут терпеть ужасные страдания и преследования, приводящие их на грань уничтожения, но никогда эту грань не переступающие.

Для того, чтобы понять корни еврейского «хождения по мукам», следует обратиться к самому началу творения. Как мы уже писали выше, у Творца есть только одно желание – насладить Свое творение, или, попросту говоря, нас, людей. Однако, поскольку сейчас, в данный момент, мы Его не ощущаем, мы не можем получать от Него это наслаждение.

Когда мы хотим дать кому-нибудь подарок, мы, скорее всего, подойдем и лично вручим его. Это, конечно, не единственный способ, но, как бы то ни было, нужно создать между нами контакт, связь. Точно так же и с Творцом: чтобы мы смогли получить Его дар, творение и Творец должны «связаться» или соединиться. И тогда произойдет то, что так красиво описал Бааль Сулам в уже приводившейся на страницах этой книги цитате: «[постигнув Творца,] человек ощущает чудесное благо, заложенное в замысле творения, заключающееся в том, чтобы насладить Свои создания полной, щедрой и доброй рукой. И благодаря великому благу, которое он постигает, раскрывается между ним и Творцом чудесная любовь, которая льется к нему без перерыва по тем же путям и каналам, по которым раскрывается естественная любовь. Однако всё это приходит к нему, начиная с момента постижения Творца»[136].

Для того, чтобы это произошло, как уже говорилось в Главе 2, мы должны прийти к совпадению с Творцом «по форме» или стать подобными Ему, обретя природу отдачи. К сожалению, подавляющее большинство людей не имеет ни малейшего желания стать отдающими. Мы с негодованием отмахиваемся от этого, если только не рассчитываем получить здесь какую-либо явную или скрытую выгоду. Как пишет Раши, комментируя библейский стих «Побуждение сердца человеческого – худо с юности его»[137]: «Только собрался покинуть чрево матери, а в нем (уже) заложено дурное побуждение». А это, как мы уже объясняли, и есть эгоизм, или желание получать ради самих себя.

Итак, учитывая, что Творец добр, а мы являемся Ему полной противоположностью, конфликт между Богом и человеком представляется нам неизбежным. Как мы можем когда-либо постичь Его, если Он создал нас противоположными Себе по сути? Средство против врожденного эгоизма связано с тем, что ранее на страницах этой книги мы обозначили как «точка в сердце». Безудержное желание понять, что такое наша жизнь и что движет всем этим мирозданием, – это стремление, позволившее Адаму, Аврааму, а за ними Моисею, и всему народу, состоявшему из отверженных экс-вавилонян, разработать методику исправления, способную обратить злое начало в доброе.

Признаки внутреннего конфликта

Можно до потери пульса спорить о том, насколько точно Ветхий Завет, или Танах, отражает исторические события эпохи, однако великие мудрецы Израиля, жившие в разных местах и в разные времена, проявляли очень мало заботы об исторической достоверности Библии. Они скорее рассматривали ее как аллегорию, изображающую внутренние духовные процессы, которые переживает человек на пути своего духовного развития. Для них вавилонский царь Нимрод символизирует бунт*, несогласие со свойством отдачи и с Творцом, а Фараон означает злое начало, которое на более продвинутой стадии духовного развития человека изображается в виде злодея Амана.

В комментарии на Вавилонский Талмуд Раши пишет: «Нимрод: царь в поколении раздора, и имя его было «Нимрод» потому, что он подстрекал («имрид») весь мир в царствование свое против Творца»[138]. В известном письме к сыну Рамбам пишет: «И должен ты знать, сын мой, что Фараон, царь египетский, есть на самом деле злое начало»[139]. Рабби Элимелех из Лиженска упоминает, что Фараон – это злое начало, походя, как что-то само собой разумеющееся. В комментарии на недельную главу «Бешалах» (Шмот 13:17) он пишет: «...Фараон, называемый злым началом – это буквы "ореф" (затылок)...»[140].

Рабби Элимелех из Лиженска (Лежайска) (1717– 1787)
ученик магида из Межирича, принадлежащий третьему поколению хасидских учителей. Основатель польской ветви хасидизма. Автор книги «Ноам Элимелех» и «Молитвы, предваряющей молитву».

---

* Имя «Нимрод» восходит к ивритскому глаголу «лимрод» («бунтовать»).

Объясняя тот же стих, «отпустил Фараон народ» (Шмот 13:17), другой видный хасидский учитель, рабби Яков Йосеф из Полонного, объясняет, что эти слова описывают такой этап духовного развития человека, когда он освобождается от тяжких оков злого начала. «"И когда отпустил Фараон народ" – когда вышли члены человека из-под власти злого начала, как во время исхода из Египта, когда вышли они из сорока девяти врат скверны [т.е. эгоизма] в святость [т.е. в отдачу]»[141].

Рабби Яков Йосеф из Полонного (ок. 1710 – 1782)
ученик Бааль Шем Това и автор первой хасидской книги, «Толдот Яков Йосеф», изданной в 1780 г.

Рабби Моше Иссерлес (ок. 1525 – 1572)
знаменитый ученый, галахист и каббалист из Кракова. Акроним: Рама.

Что касается Амана, есть множество свидетельств, что он считается олицетворением злого начала. Вот, например, что пишет известный ученый и каббалист XVI века Рама: «Из перевода Книги Эстер ясно, что у Амана было еще много сыновей, но повешены были только эти [упомянутые в Книги Эстер], чтобы указать нам на наше намерение, поскольку именно они являются десятью силами злого начала, называемого «Аман»»[142]. Ему вторит Яков Йосеф из Полонного в цитированной выше книге «Толдот Яков Йосеф»[143]. Аналогично пишет и известный каббалист XVIII века рабби Йонатан Эйбеншюц:

«Аман во дворе – это Сатан подстрекатель»[144], а Сатан – это другое название злого начала, как сказано в Талмуде: «Он – Сатан, он – злое начало, он – ангел смерти»[145].

В последние сто лет каббалисты и еврейские ученые стали ощущать, что время поджимает и приближается эпоха исправления. В их текстах начали появляться неявные, а иногда и совершенно очевидные призывы к действию. Так, Бааль Сулам, чувствуя, что практическое использование методики исправления не терпит отлагательств, проводит прямую связь между преодолением злого начала и тем, как это должно быть достигнуто в наше время – через объединение. В одной из статей сборника «Шамати» он прямо говорит: «"Есть один народ, рассеянный и разделенный между народами"[146], – Аман сказал, что, по его мнению, мы [он и царь Ахашверош] сможем уничтожить евреев, поскольку они отделены друг от друга, и поэтому наша сила против них наверняка одолеет, ведь это [взаимное отчуждение] ведет к отделению человека от Творца»[147]. Иначе говоря, эгоизм отделяет евреев от свойства отдачи, или Творца, и поэтому эго, то есть злое начало, «наверняка одолеет». «Поэтому, – продолжает Бааль Сулам, – Мордехай пошел исправлять этот изъян, как объясняется в стихе «Собрались все евреи»[148], «чтобы собраться и встать на защиту жизни своей»[149]. То есть с помощью объединения спасли они жизнь свою»[150].

Отсюда мы можем сделать вывод, что не имеет большого значения, существовали ли в реальности такие личности, как Нимрод, Фараон, Балак, Билам или Аман. Но что гораздо важнее – внутренние свойства, олицетворяемые этими персонажами, на самом деле существуют внутри нас, а Библия в аллегорической форме рассказывает нам об этапах их преодоления.

Преодолев эти эгоистические качества, мы получаем в награду избавление, т.е. свойство отдачи, или соответствие по форме Творцу. А поскольку Творец желает нам добра, после того как мы исправили в себе эти свойства, они больше не будут возвращаться к нам, ведь, обретя свойство отдачи, – присущее только Творцу, – мы избавились от эгоизма.

Если бы кто-либо из библейских персонажей, олицетворяющих эгоизм, жил в наши дни, мы, конечно, отнесли бы его к злейшим антисемитам. Именно поэтому рав Кук предсказывал и одновременно предостерегал: «Амалек, Петлюра, Гитлер пробуждают избавление. А тот, кто не слышал ни звука первого шофара, ни звука второго шофара, привыкнув не желать слышать, потому что уши его глухи, услышит звук нечистого, негодного шофара. Захочет он того или нет»[151].

Два пути – путь радости и путь страданий

Состояние полного избавления, когда все человечество будет находиться в постижении Творца, должно наступить в любом случае. Однако, как пишет Бааль Сулам, мы можем приближаться к этому состоянию двумя способами: путем Торы, когда мы добровольно принимаем на себя закон отдачи ближнему как способ своего существования, или путем страданий, когда сама реальность заставляет нас, хотим мы того или нет, принять на себя этот закон[152].

В Талмуде сказано: «Рабби Элиэзер говорит: «Если [народ] Израиля раскаивается, он спасается, а если нет – не спасается. Сказал ему рабби Йеошуа: "Если не раскаиваются – не спасаются?! Просто тогда Творец ставит над ними царя, законы которого такие же жестокие, как у Амана, и Израиль раскаивается, и Он возвращает их к источнику добра"»[153]. Как бы жёстко ни звучали эти слова, к сожалению или к счастью, – они опираются на твердую почву.

Даже знаменательное событие у горы Синай, когда мы в ходе впечатляющего аудио-визуального шоу коллективно получили Тору, по всей видимости, было не таким уж радостным и праздничным, как это обычно подается. Тот же Талмуд говорит нам, что мы были поставлены в такие обстоятельства, что у нас не оставалось другого выбора, кроме как получить Тору. Цитируя классику, Творец «сделал нам предложение, от которого невозможно отказаться»[154]. «Сказано: "И встали они у подножия горы"[155]. Сказал рав Дими бар Хама: «Это указывает на то, что Творец согнул над Израилем гору, как лохань, и сказал им: "Если вы принимаете Тору [т.е. закон отдачи], хорошо, если нет – там будет место погребения вашего"»[156].

На самом деле никто и не говорил, что прокладывать дорогу другим должно быть легко. А евреи, потомки племени Авраама, как раз и есть такие первопроходцы, которым первым было суждено познать цель творения. И совершенно естественно, чтобы именно они вели всё человечество по этому пути. А пока мы уклоняемся от исполнения своей миссии, мы будем видеть от всех остальных народов только неприятие и ненависть.

Лекарство для мира

Представьте себе, что вы нашли комплекс упражнений, который излечивает рак и предупреждает его повторное возникновение. Представьте себе также, что вы рассказали об этом всему миру, как это сделал со своим открытием наш праотец Авраам в далеком Вавилоне, но не были услышаны по той причине, что упражнения были однообразными и утомительными и никто по-настоящему не ощущал болезни.

Теперь представьте себе, что спустя какое-то время миллиарды людей на земле заболели раком. Они смутно помнят, что вы говорили, что у вас есть какое-то средство, и, доведенные до отчаяния, обращаются к вам, умоляя спасти их от смерти. Вы знаете, что такое средство («сгула́») существует, и слышали от многих людей, что оно обладает мощнейшим действием, но поскольку сами вы живы-здоровы, вы не видите никакой причины заново учиться этим упражнениям и тем более обучать им миллиарды людей. А теперь ответьте себе на вопрос: какие чувства будет испытывать к вам весь мир, что будут думать о вас люди и что они будут делать?

А ведь это достаточно точное описание того, в каких отношениях состоят евреи со всем остальным миром. Мир чувствует, что заболевает, и люди начинают искать выход из сложившейся чрезвычайной ситуации. Они знают, что мы – избранный народ, и что именно мы должны принести им избавление. Люди могут не знать, что избавление ведет к изменению их природы на природу отдачи, однако они знают, что избавление желанно для них.

И христианство, и ислам подчеркивают особенность еврейского народа. Чтобы проиллюстрировать отношение к евреям в христианском мире, приведем лишь две цитаты из Нового Завета. В Евангелии от Иоанна говорится: «Вы не знаете, чему кланяетесь, а мы знаем, чему кланяемся, ибо спасение от Иудеев»[157]. В Послании к Римлянам апостол Павел говорит:

«Итак, какое преимущество быть Иудеем...? Великое преимущество во всех отношениях, а наипаче в том, что им вверено слово Божие»[158]. Когда же мы отказываемся выполнять свою миссию, мы волей-неволей вызываем на себя гнев и ненависть других народов, выражающиеся в том, что мы сегодня называем антисемитизмом.

Отличие нашего народа и его уникальность документально зафиксированы в истории, в наших святых книгах и в священных текстах – как христианства, так и мусульманства. Об этом без конца писали, как ученые, так и писатели, и государственные деятели. В подтверждение наших слов приведем некоторые из их высказываний.

Уинстон Черчилль: «Одним людям евреи нравятся, другим нет, но ни один мыслящий человек не может отрицать тот факт, что они, вне всякого сомнения, являются самой значительной и самой замечательной расой из всех когда-либо существовавших в этом мире»[159].

Н.А. Бердяев: «Еврейство имеет свою миссию в мировой истории, и миссия эта переходит за границу национальных миссий. Оно говорит о существовании более широкого объема, чем существование национальное»[160].

Гильберт Кийт Честертон (1874 – 1936) английский писатель, журналист и религиозный мыслитель. Классик детективного жанра, подаривший миру патера Брауна.

Г.К. Честертон: «Я не хочу углубляться сейчас во все, что говорили по этому поводу, я просто сообщаю исторический факт: особый свет сияет с самого начала на маленьком одиноком народе. В этом парадоксе, в таинственной загадке, разгадка которой была неизвестна столетиями, – миссия и сила евреев»[161].

А.И. Солженицын: «Роль маленького, но энергичного еврейского народа в протяжной и раскидистой мировой истории – несомненна, сильна, настойчива и даже звонка. В том числе и в русской истории. Однако она остаётся – исторической загадкой для всех нас. И для евреев – тоже. Эта странная миссия – отнюдь не приносит и счастья им»[162].

Александр Исаевич Солженицын (1918 – 2008)
русский писатель и общественный деятель. Лауреат Нобелевской премии по литературе.

Евреев называют вечным народом, и мы действительно являемся символом вечности, и это связано с тем, что в наших «духовных генах» заложено свойство отдавать – исконное свойство Творца. И тем менее нам не будет покоя, пока, как в аллегорическом примере с раковым больным и целительным упражнением, мы сознательно не поднимем себя на уровень духовного существования и не вытащим за собой все остальные народы.

Как следует из приведенных выше цитат, мы стоим на пороге эпохи общего исправления. В такое время многие события становятся глобальными, обретая планетарный масштаб. Это произошло с Первой и в еще большей степени со Второй Мировой Войной, зверства и злодеяния которой продолжают жить в нашей коллективной памяти, напоминая нам, кто мы такие и какова наша историческая миссия.

Чтобы избежать подобной катастрофы в будущем, давайте внимательно рассмотрим некоторые предложения и утверждения, высказанные перед Холокостом и вскоре после него. Следующая глава исследует такие высказывания, оценивая их с точки зрения сегодняшней актуальности. Поняв, что говорилось тогда, мы сможем правильно решить, что нужно делать сегодня, чтобы помочь самим себе и всему миру.

Глава 6
Лишние люди
(Современный антисемитизм)

Мы уже говорили, что одно из открытий Авраама состояло в том, что эгоизм, лежащий в основе человеческой природы, имеет тенденцию постоянно расширять свои владения. Метод, разработанный Авраамом, не был направлен на сдерживание эгоизма, так как он знал, что это невозможно, ведь человек создан для бесконечного получения. Единственный вопрос состоял в том, как получить это уготованное для человека изобилие. Авраам открыл способ, позволявший с помощью учёбы и стремления к объединению подняться на другой уровень восприятия реальности. Таким образом его ученики обретали природу Творца – доброту – и способность получить уготованное им бесконечное наслаждение, не становясь при этом избалованными сластолюбцами, опасными как для себя, так и для общества.

Исход из Египта и возникновение народа Израиля ознаменовали собой завершение этапа становления, длившегося пятьсот лет. В течение этого времени Израиль превратился из небольшой группы, состоявшей из семьи Авраама и его учеников, в целый народ, смысл существования которого был в постижении Творца.

Поднимаясь по пути духовного восхождения, евреи никогда не отступались от своей первоначальной цели – передать свое восприятие мира всему человечеству. Это должно было стать их даром другим народам, тем «светом», который они должны были принести им. Поколение за поколением народы мира пытались получить у евреев этот «свет», а его отсутствие являлось скрытой причиной всех преследований.

В прологе к своей «Популярной истории евреев» английский писатель Пол Джонсон ярко описывает тот вопрос, который привел Авраама к его открытиям, вопрос, который и по сию пору озадачивает все человечество. Автор подчеркивает то уважение, которое он испытывает к евреям за их способность найти ответы на эти вопросы, жить согласно установленным ими чётким законам и за их попытки обучить этим законам других.

Пол Джонсон пишет: «Эта книга дала мне еще одну возможность подступиться, объективно опираясь на исследование 4000 лет человеческой истории, к ответу на один из самых трудных вопросов, который задает себе человечество: для чего мы на земле? Является ли наша история всего лишь бессмысленной суммой событий? Существует ли принципиальная моральная разница между историей человеческого рода или, скажем, муравьев? Ни один народ не стоял так твердо, как евреи, на том, что у истории есть цель, а у человечества — судьба. Еще в самом начале своего коллективного бытия они верили, что ими найден заданный свыше путь рода человеческого, поводырем для коего должно послужить их общество. Причем роль свою они проработали удивительно подробно и героически держались за нее перед лицом неимоверных страданий. Многие из них до сих пор веруют в нее. У других она трансформировалась в нечто подобное желанию Прометея даровать людям прогресс силами и средствами самих людей. Взгляд евреев стал прообразом многих великих мечтаний человечества, преисполненных надежд и на Провидение и на Человека. Поэтому евреи оказались в самом центре вечной, неиссякающей попытки дать человеческой жизни достоинство цели»[163].

Дамоклов меч

Тем не менее к началу XX века евреи настолько отдалились от реализации своего исторического предназначения, что в общем и целом либо обратились к педантичному исполнению заповедей на практическом уровне, при этом забывая или отрицая их внутренний смысл, либо целиком погрузились в материальные желания этого мира, забывая или отрицая свое извечное предназначение. Когда эгоизм достиг уровня, представлявшего собой реальную угрозу для мира во всем мире, ни один из этих путей не был желательным, и некоторые духовные лидеры поколения стали выступать с предостережениями, говоря, что наступает критический момент, и мы должны, пока не поздно, пробудиться и начать исполнять свое предназначение.

Великий ученый, каббалист и человек с большой буквы рав Авраам Ицхак Кук тщетно взывал к еврейскому народу, пытаясь раскрыть его глаза на рост антисемитизма в мире. Он предупреждал евреев, что ни одна страна не может гарантировать им безопасность, и единственный надежный вариант – это Израиль. Когда мы знаем, что произошло потом, его предостережение кажется нам чем-то совершенно удивительным. С высоты времен мы имеем возможность ощутить всю глубину и ясность видения таких людей, как рав Кук.

Обращение, в котором он умолял всех евреев мира ехать в Израиль, называется «Великий призыв в землю Израиля». Важно заметить, что это не только просьба, но и предостережение о возможном будущем евреев в странах их проживания: «Идите в землю Израиля, милые братья, идите в землю Израиля. Спасайте свои души, душу своих поколений и душу всего нашего народа. Спасайте ее от опустошения и уничтожения, спасайте ее от разложения и унижения, спасайте ее от всякой скверны и зла, от всякой беды и несчастья, которые могут случиться с вами во всех странах других народов без какой-либо разницы и различия.

"Идите в землю Израиля!" – воззовем мы гласом страшным и громким, гласом грохочущим и громовым, гласом, вызывающим бурю и сотрясающим небо и землю, гласом, разрывающим все перегородки сердца человеческого. Спасайте жизнь свою и идите в землю Израиля. Глас Творца зовёт нас, рука Его распростерта над нами, дух Его в сердцах наших собирает нас и ободряет, и он вынуждает всех нас взывать гласом великим, мощным и ужасным: братья наши, сыновья Израиля, братья дорогие и любимые, идите в землю Израиля. Собирайтесь по одному, не ждите официальных процедур и формальностей, не ждите громких печатных разрешений, сделайте, что сможете. Спасайтесь и собирайтесь вместе. Идите в землю Израиля. Прокладывайте путь для нашего возлюбленного и угнетаемого народа, покажите ему на деле, что путь его уже готов для него и проложен. Нечего ему сидеть сложа руки, нечего ему требовать. Нет у него богатого выбора путей и дорог, один путь есть у него, и именно по нему пойдет он, и по нему и должен идти он – путь в землю Израиля»[164].

Эти слова написаны за 40 лет до Катастрофы. Но не один только рав Кук был озабочен этим. В 1919 г. молодой блестящий судья[*] варшавского религиозного суда – а на тот момент еврейская община Варшавы была самой большой и значительной в Европе – рав Йеуда Ашлаг, позднее получивший известность под именем Бааль Сулам, не ограничился публичным заявлением, что все евреи должны уезжать из Европы. Он заказал в Стокгольме 300 деревянных домиков и нашел подходящее место для поселения в земле Израиля. К сожалению, этим планам не суждено было сбыться. Они были расстроены руководителями еврейской общины, и из всей группы только Бааль Сулам уехал в Палестину[165]. Остальные погибли в огне Катастрофы.

И рав Кук, и Бааль Сулам ясно выразили свои ощущения по поводу прихода к власти фашизма, в особенности Гитлера. Гитлер пришел к власти в январе 1933 года. В тот год

---

[*] Даян

еврейский праздник Рош а-Шана наступил 21 сентября. Как известно, в Рош а-Шана трубят в шофар – специальный рог, издающий особый звук. Вот что сказал рав Кук во время этого праздника.

«Пророк предсказывал большой шофар избавления, и мы молимся о трублении в большой шофар. Именно "большой", потому что существуют разные уровни шофара избавления: есть большой шофар, обычный средний и есть малый шофар. И шофар Машиаха сравнивается с просто шофаром, с шофаром Рош а-Шана.

Закон определяет три уровня шофара Рош а-Шана: 1) Шофар из бараньего рога, как и заповедано; 2) Задним числом любые шофары считаются пригодными; 3) Рог нечистого животного или рог животного, использованного при идолопоклонстве, непригоден. Однако если протрубили в него, заповедь считается выполненной. И разрешено трубить в любой рог, если нет пригодного шофара, нельзя лишь благословлять его. Эти уровни закона по поводу шофара Рош а-Шана аналогичны уровням шофара избавления.

Что такое на самом деле шофар избавления? Под «шофаром Машиаха» мы имеем в виду пробуждение и побуждение, ведущие к воскрешению и избавлению народа Израиля. Пробуждение – это трубление, собирающее потерявшихся и отвергнутых и приводящее их к святой горе в Иерусалиме. Было когда-то в разные времена в Израиле и есть еще сегодня в некоторых частях и людях Израиля пробуждение и желание, источник которого...в вере в предназначение Израиля и в желании исполнять волю Творца, заключающуюся в полном избавлении Израиля [т.е. в общем приходе к свойству отдачи]. Это великий большой шофар, желание народа Израиля быть спасенными, исходящее из возвышенного желания исполнить свое великое предназначение, которое не может быть исполнено, пока он изгнан и жалок.

А иногда это высокое желание ослабевает, нет особого воодушевления от возвышенных духовных идей. Однако, по крайней мере, остается здоровая человеческая природа, источник которой – тоже в духовности. И эта простая здоровая человеческая природа порождает в народе простое и естественное желание установить собственное правление в своей стране, восстать и освободиться, и зажить простой свободной жизнью, как живет любой народ. Это естественное желание, вытекающее из естественного национального чувства, – это обычный средний шофар, который можно найти везде. Это тоже пригодный шофар...

Однако существует также и третий уровень шофара Машиаха, и он тоже имеет свою параллель с шофаром Рош а-Шана: малый, негодный шофар, в который трубят в безвыходной ситуации, когда нет годного шофара. Если пропало стремление к духовности и вытекавшее из него возвышенное желание избавления, и если естественное человеческое национальное чувство и желание достойной национальной жизни тоже исчезли, если нет возможности протрубить в шофар, годный для избавления, появляются враги Израиля и трубят в наши уши об избавлении. Они вынуждают нас услышать звук шофара, они предупреждают и шумят нам в уши, и не дают нам покоя в изгнании.

Рог нечистого животного становится шофаром Машиаха. Амалек, Петлюра, Гитлер пробуждают избавление. А тот, кто не слышал ни звука первого шофара, ни звука второго шофара, привыкнув не желать слышать, потому что уши его глухи, услышит звук нечистого, негодного шофара. Захочет он того или нет... Даже и такое национальное чувство кнута, еврейской беды, является избавлением. Однако этот шофар не нужно благословлять»[166].

Бааль Сулам тоже неоднократно писал о фашизме, в том числе и о том, как, по его мнению, он может быть свергнут. По его словам, «подорвать нацизм можно только с помощью религии альтруизма»[167]. Надо иметь в виду, что под «религией альтруизма» Бааль Сулам имел в виду не соблюдение каких-либо обрядов, а изменение человеческой природы на альтруистическую. При этом независимо от изменения своей природы люди могут по своему выбору оставаться в рамках той или иной конфессии.

Кроме этого, Бааль Сулам оспаривает то мнение, что немецкий фашизм является чем-то уникальным и одноразовым в истории. Если мы не будем делать то, что должны, эта ситуация может повторяться. Он пишет: «Выясняется, что мир ошибочно полагает, что фашизм является чисто немецким явлением... Все народы равны в этом, и бесполезно надеяться на то, что с победой союзников фашизм умрет – ведь завтра фашизм может быть принят англосаксами...»[168].

В свете продолжающегося роста антисемитизма по всему миру было бы разумным серьезно отнестись к словам этих мудрецов. Ведь как бы то ни было, мы воочию видим, что антисемитизм никуда не делся, точно так же как нацизм или заманчивый призыв бить евреев.

Лакмусовая бумажка

На первый взгляд кажется, что за всё, что евреи сделали для мира, – практически во всех областях человеческой деятельности: от лирики до физики и от медицины до политики – человечество платит евреям чёрной неблагодарностью. Однако эта кажущаяся неблагодарность должна служить нам лакмусовой бумажкой того, что мы чего-то недопонимаем, и, возможно, мы даем миру не совсем то, чего он от нас ждет. Или, точнее говоря, совсем не то.

Практически все признают, что еврейский народ – народ особый, только вот используем мы эту «особость» не по назначению – неся в мир то, что хочется нам, а не то, что этот мир хочет от нас получить.

Чтобы попытаться понять, чего, собственно, ждет от нас мир, попытаемся взглянуть на проблему глазами если не антисемитов, то по крайней мере людей, в антисемитизме сильно подозреваемых. Зачастую самые резкие и нелицеприятные сочинения прямо или косвенно, и не всегда осознанно, указывают на эти несбывшиеся надежды или скрытые ожидания.

Ф.М. Достоевский (1821 – 1881)
великий русский писатель и мыслитель, автор знаменитых романов, оказавших влияние на весь читающий мир.

В своем «Дневнике» Ф.М. Достоевский так объясняет историческое долгожительство еврейского народа: «Тут не одно самосохранение стоит главной причиной, а некая идея, движущая и влекущая, нечто такое, мировое и глубокое, о чем, может быть, человечество еще не в силах произнести своего последнего слова... Что религиозный-то характер тут есть по преимуществу – это уже несомненно. Что свой промыслитель, под именем прежнего первоначального Иеговы, с своим идеалом и с своим обетом продолжает вести свой народ к цели твердой – это-то уже ясно. Да и нельзя, повторяю я, даже и представить себе еврея без Бога, мало того, не верю я даже в образованных евреев безбожников: все они одной сути, и еще Бог знает чего ждет мир от евреев образованных!»[169]

Обратимся к скандально известной книге записного антисемита Генри Форда «Международное еврейство», которая в 2009 году была занесена в «Федеральный список экстремистских материалов» Российской Федерации. Попробуем закрыть глаза на оскорбительный тон и объективно рассмотреть его аргументы. Форд пишет: «Каждый рассудительный еврей должен... знать, что во всех христианских церквях, которые признают и изучают древние пророчества, царит живой интерес к судьбам народа Израильского. Ведь там помнят, что это ему были даны известные пророчества о будущем его положении в мире, и верят, что они исполнятся. *Будущность евреев... находится в тесной связи с будущностью нашей планеты* [курсив наш – М.П.], и христианская церковь... верит в возрождение избранного народа. Если бы большинство евреев знало, с каким вниманием и сочувствием наша церковь изучает пророчества, как верит в их исполнение, а равно в то, что *человечеству через евреев суждено еще приобщиться к великому благу* [курсив наш – М.П.], то, наверно, они стали бы смотреть на церковь другими глазами»[170].

Генри Форд (1863 – 1947)
американский изобретатель и промышленник, основатель автомобильного концерна. Убежденный и последовательный антисемит.

Выше он пишет: «По-видимому, все пророчества имели своей целью лишь нравственное просвещение мира при посредстве Израиля»[171]. А в другом месте добавляет: «На еврейском народе лежит обязанность исполнить старые пророчества, гласившие, что через него все народы земли будут благословенны, и для этого он должен начать новую работу, приступить к которой до сих пор мешала ему отчуждённость»[172].

Русский религиозный философ С.Н. Булгаков тоже видит причины всех бед Израиля в том, что он не исполняет то, что на него возложено. Правда, понимает он эту обязанность по-своему, по-христиански. В разгар Второй мировой войны он пишет: «Трагично и антиномично [т.е. противоречиво] самое бытие Израиля, ещё не осуществившего своего призвания и не явившего своего святого остатка. Потому он есть камень преткновения для всех народов...»[173]

Сергей Николаевич Булгаков (1871 – 1944) русский философ, богослов и православный священник. Депутат II Государственной Думы, автор собственного философского учения.

Лучше всех о том, что мир ожидает от евреев, сказал Л.Н. Толстой. Отвечая на вопрос еврейского доктора из Петербурга, как следует воспитывать детей, писатель говорит, что детям нужно прежде всего внушать общечеловеческие идеалы. «Всё несчастие евреев происходит оттого, что они не хотят понять этого. И, казалось бы, евреям-то и не следовало делать эту ошибку. Их мессия, имеющий соединить людей, находится впереди, а не назади. И соединить людей может не бессмысленная в наше время басня о сотворении мира и избранном народе и не постановления талмуда и т.п., а *безразличная братская любовь ко всем людям*... [курсив наш – М.П.]»[174]

Итак, мы видим, что то, чего народы мира хотят от евреев, не сводится к достижениям в науке, финансах или каких-либо других областях человеческой деятельности. То, чего мир хочет от нас, называется духовностью, а точнее, способностью соединять с Творцом. Это единственное, чем мы обладали, и никакой другой народ не обладает, не обладал и не в состоянии обладать, пока мы не восстановим этот свет внутри себя и не передадим его им. А до тех пор, пока мы уклоняемся от исполнения своей обязанности, другие народы будут считать нас лишним, если не просто вредным, элементом или, как чётко сформулировал тот же Генри Форд, «главной проблемой мира»[175].

Лев Толстой (1828 – 1910)
великий русский писатель и мыслитель, автор романов "Война и мир" и "Анна Каренина". Считается одним из величайших писателей мира.

Отверженные

Сейчас мы хотим рассказать лишь об одном историческом эпизоде, который ярко и выпукло демонстрирует, насколько лишними и никому не нужными мы можем быть в этом мире.

Гитлер пришел к власти в 1933 году, и начиная с этого времени он последовательно выдавливал евреев из экономической и социальной жизни Германии. Людей увольняли с работы, врачи и адвокаты бойкотировались, купить или арендовать землю стало невозможно, евреям ограничивались поставки сырья, а выдача торговых лицензий курировалась гестапо. Все это приводило людей к разорению и оставляло их без средств к существованию. Многие пытались уехать, но вскоре выяснилось, что если убежать, практически оставив всё движимое и недвижимое имущество, еще можно, то ехать, в сущности, некуда. Ни одна страна не горела желанием принять еврейских беженцев. В марте 1938 года Германия захватила Австрию, присоединив к своим 350 тысячам еще 180 тысяч евреев.

Открытка с видом Эвиан-ле-Бен во время проведения в 1938 году Международной конференции по проблемам беженцев

Ситуация с беженцами обострялась, и в июле 1938 года для решения этого вопроса была созвана международная конференция. Конференция проходила во французском городке Эвиан-ле-Бен на берегу Женевского озера. Представители 32 стран выразили евреям свое искреннее сочувствие, и затем каждый аргументированно объяснил, почему его страна ничем не может им помочь.

На этой конференции в странном статусе «еврейского наблюдателя из Палестины» присутствовала будущий премьер-министр Израиля Голда Меир. Вот ее живое свидетельство: «Страшное это было дело – сидеть в роскошном зале и слушать, как делегаты тридцати двух стран поочередно объясняют, что они хотели бы принять значительное число беженцев, но что, к несчастью, не в состоянии это сделать. Человек, не переживший это, не может понять, что я испытывала в Эвиане, – всю эту смесь горя, ярости, разочарования и ужаса. Мне хотелось встать и крикнуть всем им: «Вы что, не понимаете, что эти «цифры» – живые люди, люди, которые, если вы не впустите их, обречены сидеть до смерти в концлагерях или скитаться по миру, как прокаженные?» Конечно, я не знала тогда, что этих беженцев, которых никто не хотел, ожидали не концлагеря, а смерть. Если бы я это знала, то не смогла бы молча сидеть час за часом, соблюдая дисциплину и вежливость»[176].

Голда Меир (1898 – 1978)
израильский политический и государственный деятель, неоднократно занимала высшие правительственные посты, в том числе была премьер-министром Израиля (1969 – 1974).

В США действовала квота на немцев и австрийцев в 27 370 человек в год, и в текущем году она уже была исчерпана.

Великобритания оказалась страной перенаселенной и страдающей от безработицы. Какие там евреи! Вопрос о подмандатной Палестине изначально не рассматривался, и единственное, что могла предложить Британская империя – это разместить небольшое число беженцев в своих восточноафриканских колониях. Канаде были нужны только фермеры – врачи и адвокаты их не интересовали. Австралия, живущая под девизом «заселить или погибнуть», оказалась мирной страной, лишенной расовой проблемы и не желающей ее создавать. И так далее и тому подобное. Словом, Эвианская международная конференция предоставила евреям полную возможность испить до дна чашу своих страданий.

Пробовали договориться со Сталиным о размещении евреев в Биробиджане. Но этот проект не получил поддержки советского правительства.

В ноябре 1939 года по всей Германии прошли еврейские погромы, вошедшие в историю под названием «Хрустальная ночь». Еврейский народ стоял на пороге массового уничтожения.

Антисемитизм маскируется

Парадоксальным образом Катастрофа европейского еврейства с ее бесчеловечностью и зверствами помогла еврейскому присутствию в Израиле снискать международное признание и симпатию, что позволило в 1948 году основать еврейское государство. К сожалению, это никак не способствовало исчезновению антисемитизма. Зато антисионизм, который раньше прозябал на задворках мирового сознания, обрел всемирный масштаб и получил второе дыхание.

Некоторые утверждают, что антисионизм и антисемитизм – это совершенно разные вещи. В противоположность этому, Бааль Сулам полагал, что ненависть к евреям остается таковой, какую бы форму она ни принимала. В свойственной ему лаконичной манере он пишет: «Факт, что Израиль ненавистен всем народам – мотивы могут быть религиозные или расовые, капиталистические или коммунистические, или космополитические. Ведь ненависть первична по отношению к любым мотивам, просто каждый находит разрешение своей ненависти в соответствии со своей психологией»[177].

Посмотрим на это явление глазами нееврейских авторов. Последний советский посол в Израиле Александр Бовин в конце 90-х так писал об антисионизме: «Победа сионизма, образование Государства Израиль, подействовала на антисемитов, как красная тряпка на быка. Антисемитизм (теперь уже – антисионизм) стал одним из ключевых направлений внешней политики арабского мира. Такую же линию вели Советский Союз и «социалистическое содружество». Фундаментальные социальные и геополитические передвижки конца XX века существенно изменили обстановку на Ближнем Востоке. Однако антисемитизм, антисионизм остаются непременным элементом идейно-политического ландшафта наших дней. В мире и в России»[178].

Александр Евгеньевич Бовин (1930 –2004) известный советский и российский журналист, спичрайтер Л.И. Брежнева, ведущий телепрограммы «Международная панорама», посол СССР, а затем РФ в Израиле.

А.И. Солженицын так пишет об антисемитизме и антисионизме в Советском Союзе: «В 60-е годы… добавились международные расчёты СССР: требовалась кампания против Израиля. Был найден удобный, двусмысленный и неопределённый термин «антисионизм» – и «он был дамокловым мечом, занесенным над всем еврейским населением страны». Газетная кампания против «сионизма» как будто становилась неуязвимой ширмой, не докажешь, что это – просто антисемитизм. А вместе с тем грозно, опасно: «сионизм – орудие американского империализма». Евреям "косвенно или прямо приходилось доказывать свою лояльность, так или иначе убеждать своё окружение, что они не имеют никакого отношения к собственному еврейству и тем более к сионизму"»[179].

Известный российский журналист и телеведущий Евгений Киселев в свое время так ответил в прямом эфире на вопрос, почему Россия голосует за антиизраильские резолюции ООН: «Наверное, потому что существует определенная антиизраильская традиция в российской дипломатии. Это вещи абсолютно неслучайные. Давайте не будем забывать о том, что долгие годы антисемитизм был, знаете ли, такой неофициальной, полуподпольной религией советской номенклатуры»[180]. Таким образом, Киселев тоже не делает различия между этими двумя явлениями.

Евгений Алексеевич Киселев (род. 1956) российский и украинский журналист и телеведущий. Получил известность в 90-е гг. прежде всего как бессменный ведущий программы «Итоги» (1991 – 2003).

И если нам не достаточно мнения отечественных экспертов, послушаем Мартина Лютера Кинга, знаменитого борца за права негров в США. В 1967 году он опубликовал открытое «Письмо к антисионистскому другу». Прекрасный оратор, он пишет: «Что такое антисионизм? Это отрицание за евреями права иметь собственное государство, того права, которое мы признаём за народами Африки и всеми другими народами на земле. Антисионизм – это дискриминация евреев потому, что они евреи. Короче говоря – это антисемитизм... Я хотел бы, чтобы мои слова отозвались в ваших душах. Когда люди критикуют сионизм, они имеют в виду еврейский народ. Глубоко заблуждается тот, кто думает иначе»[181].

Мартин Лютер Кинг (1929 – 1968) выдающийся борец за гражданские права чернокожего населения США, лауреат Нобелевской премии мира 1964 г. После убийства стал национальной иконой.

Начало XXI века знаменует собой начало новой волны антисемитских настроений по всему миру. Президент Европейского еврейского конгресса (ЕЕК) Вячеслав Кантор пишет: «В мире сложилась парадоксальная ситуация: с одной стороны, ещё никогда в истории во главе крупнейших стран не было столько политиков, относящихся дружественно к Израилю и еврейским диаспорам. С другой стороны, антиизраильские настроения и количество актов антисемитизма постоянно возрастают»[182].

Вячеслав Владимирович (Моше) Кантор (род. 1953)
предприниматель и общественный деятель, с 2007 г. – президент Европейского еврейского конгресса.

В отдельных случаях наблюдается такое любопытное явление, как антисемитизм без евреев. В тихой европейской стране Норвегии, в которой на пять миллионов человек едва ли сыщется тысяча евреев, антиизраильские и антисемитские настроения цветут пышным цветом. Некоторые исследователи сравнивают антисемитизм XXI века с латентным вирусом, который живет в организме, мутируя и маскируясь, при этом постоянно принимая все новые и новые формы.

Если наличие антисемитизма без евреев в Европе еще можно объяснить исторической памятью или, как называют это некоторые специалисты, «культурным ДНК»*, то чем объяснить последовательный и навязчивый антисемитизм в такой далекой от евреев и Израиля стране, как Малайзия?

Антисемитские и антиизраильские высказывания малайского премьера стали притчей во языцех. Они довели Малайзию до того, что в 2003 году Сенат США остановил финансовую помощь этой стране. Однако всегда интереснее информация, полученная из первых рук. Вот, что пишет о Малайзии бывший чемпион СССР по шахматам гроссмейстер Борис Гулько:

---

* Термин, принадлежащий проф. Роберту Вистриху, руководителю международного центра по изучению антисемитизма в Еврейском университете.

«Первое, что я увидел, когда вышел из самолета в аэропорту столицы Малайзии Куала-Лумпур (дело было в 1990 году), — плакат с запретом ввоза в страну чего-либо, произведенного в Израиле. А в апреле этого года в официальной государственной проповеди, направленной во все мечети Малайзии, евреи названы "главными врагами мусульман". Такая позиция не занималась доныне ни одной мусульманской страной. Это при том, что в Малайзии не то что еврей, белый человек – большая редкость. В тот мой приезд, пораженные моей внешностью, малайцы не раз останавливали меня с просьбой вместе сфотографироваться. Так я бы фотографировался с кенгуру, доберись я до Австралии»[183].

Борис Францевич Гулько (род. 1947)
советский, ныне американский шахматист, чемпион СССР (1977), чемпион США (1994, 1999), эссеист и публицист.

Как видно, Катастрофа не изменила отношения других народов к евреям. Антисемитизм XXI века, который некоторые называют «новым антисемитизмом», пустил корни по всему миру. Всплеск сочувствия и сопереживания еврейскому народу, охвативший цивилизованный мир после Второй мировой войны, оказался быстротечным. Сегодня уже вполне ясно, что волна ненависти захлестнула весь мир, и она шире, глубже и изощреннее, чем когда бы то ни было.

Как мы говорили в предыдущих главах, ссылаясь на рабби Натана Нету Шапиро из Кракова, в человеке действует четыре силы: неживая, растительная, животная и говорящая, а у Израиля есть еще одна, пятая составляющая – высшая, или духовная. Принимая за аксиому, что цель творения состоит в том, чтобы все без исключения достигли высшего уровня, которым сегодня обладает только Израиль и к которому Авраам хотел привести весь народ еще в Древнем Вавилоне, получаем, что мы должны передать миру одну очень простую вещь – свойство отдачи. То самое, о котором говорится во всем известном правиле: «Возлюби ближнего, как самого себя». А в ситуации глобального распространения эгоизма по всему миру это свойство является еще и единственным средством избежать общемирового коллапса непредсказуемых и невиданных масштабов.

Таким образом, евреи как на индивидуальном, так и на национальном уровне должны возродить в себе это свойство и привести к нему всё страждущее человечество. В самом деле, обретение свойства отдачи равносильно раскрытию Творца, достигаемому через совпадение «по форме». К несчастью, как будет показано в следующей главе, мы часто пытаемся избежать исполнения своей миссии или по простому незнанию, или из-за активного нежелания ее исполнять. Выходит, что вместо того, чтобы следовать своему призванию, прокладывая всему человечеству дорогу к свету и добру, мы пытаемся ассимилироваться вплоть до полного исчезновения и стать такими же, как другие народы.

Глава 7
Свой среди чужих
(Быть или не быть евреем, вот в чем вопрос)

Иди в Ниневию

В Судный день евреи всего мира читают книгу пророка Ионы. История этого пророка в аллегорической форме выражает всю сложность и неоднозначность отношения нашего народа к его исторической и духовной миссии.

Пророкам и в самом деле вряд ли можно позавидовать. Никто не любит посланца, несущего дурные вести. «Нет пророка в своем отечестве», и мало сыщется людей, благодарных пророку за то, что он спас нас от возможных бед и напастей. Тем более если его, как водится, никто не слушал, и на беду случилось именно то, что он предсказывал. За что ж его теперь благодарить? Знал и не предотвратил! Не настоял, не смог донести до нашего сознания...

И все же пророки всегда исполняли свой долг. Их подгонял страх того, что может произойти с их невинными, ни о чем не подозревающими собратьями, и они не могли молчать.

Ионе было поручено идти в ассирийский город Ниневию, расположенный на левом берегу реки Тигр на территории современного Ирака, и предсказать распоясавшимся жителям, что если они не прекратят свои бесчинства (эгоистического, надо полагать, толка), через сорок дней город будет разрушен. Это наше последнее китайское предупреждение.

Иона как мог старался избежать исполнения этой неприятной миссии. Скрыв свое еврейство, он сел на корабль, направлявшийся в Таршиш. Никто сегодня точно не знает, где находился библейский Таршиш, понятно лишь одно – он решил уехать как можно дальше от того места, куда его посылал Творец. Творец, понятное дело, нашел его на корабле и поднял бурю. В прямом смысле этого слова. Когда моряки обнаружили, кто является источником беды, – а Иона, будучи человеком честным, этого и не скрывал, – чтобы спасти корабль, они скрепя сердце были вынуждены бросить его за борт.

Однако погибнуть было бы слишком просто и как-то неинтересно. Иона был проглочен «большой рыбой» и, в итоге, сдался и раскаялся. Рыба выплюнула его на сушу, и он все-таки заявился в Ниневию и «озвучил» порученные ему пророчества. Как ни странно, жители города прислушались к нему, встали на путь исправления, и город остался цел.

Кстати, Ниневия, как сказано, была городом ассирийским, и жили в нем отнюдь не евреи. Таким образом, перед нами классический случай того, как евреи должны нести исправление и постижение Творца другим народам. Должны, но не хотят. И опять же, очень символично, что эта история в назидание читается у евреев в самый важный для них день в году, день, в который даже самые ярые атеисты вспоминают, что они евреи, и надо сходить в синагогу.

Итак, история Ионы есть аллегорическое выражение извечной дилеммы еврейского народа. С одной стороны, мы – избранный народ, призванный показать всему человечеству дорогу к свету и добру. С другой стороны, прекрасно понимая, что идеи взаимного поручительства и единения идут вразрез с человеческим эгоизмом, и слушать нас никто не будет, мы всеми рогами и копытами пытаемся от этой неблагодарной миссии отказаться. Прямо скажем, без особого успеха.

Тянитолкай

С самых древних времен в еврейском народе существовали две тенденции: тенденция к сохранению и строгому соблюдению заветов Авраама и мудрецов и тенденция к их нарушению, или ассимиляции и уподоблению, означающему растворение среди других народов. Свидетельство тому – многочисленные выступления библейских пророков против соблюдения языческих обычаев и браков с язычниками.

Первый удар по существованию еврейского народа как территориально-государственной целостности был нанесен сразу после смерти великого царя Соломона (Шломо). В конце X в. до н.э. народ разделился на два царства, Израильское и Иудейское, и через два с половиной столетия Израильское царство прекратило свое существование. Десять колен были уведены в ассирийский плен, и об их дальнейшей судьбе нам мало что известно. Через 130 лет после падения Израильского царства пала и Иудея. Навуходоносор сжег и разграбил соломонов Храм, и десятки тысяч евреев были уведены в вавилонский плен. Войны с Ассирией и Вавилоном и крушение Первого Храма положили основу еврейской диаспоры по всему миру. Нет более единого народа на своей земле, зато по всему свету мы находим упоминание о еврейских общинах, в той или иной степени держащихся за идеи Авраама, в той или иной степени поддерживающих связь со своим народом.

Спустя 70 лет после разрушения Первого Храма уже при персидском царе Кире евреи получают возможность вернуться на свою землю, отстроить Храм и продолжить духовное наследие праотцов. Однако на этот призыв откликнулись далеко не все. Согласно библейскому свидетельству, из изгнания вернулись 42 360 человек[184]. Многие предпочли остаться в изгнании. Причем историки не исключают, что к моменту возвращения из вавилонского плена мы должны говорить не только о двух коленах Иуды и Беньямина, как это принято в еврейской традиции, но и о десяти потерянных коленах, частично растворившихся среди местного населения, а частично смешавшихся со своими плененными позже соплеменниками.

Карта древней Александрии

Второй Храм просуществовал почти 6 веков и был разрушен римлянами в 70 г. н.э. В эпоху Второго Храма еврейская диаспора продолжала расти и во многих местах даже процветать. Одним из примеров такой процветающей еврейской общины была Александрия Египетская. Город Александрия, что запечатлено в его имени, был основан Александром Македонским в III в. до н.э. и вскоре стал одним из важнейших центров эллинистического мира. Евреи начали селиться в Александрии почти сразу после ее основания. Два из пяти кварталов города были еврейскими, в городе было множество синагог и микв. С одной стороны, евреи пользовались всеми благами греческой цивилизации, были богаты и обладали самоуправлением. Однако с другой – и это характерно – евреи восприняли греческий язык и культуру чересчур близко к сердцу. Они

перевели Танах на греческий, создав знаменитую Септуагинту*
(«перевод семидесяти толкователей»). Александрийские евреи создали особую эллинистическую субкультуру, в которой учение Авраама было сильно разбавлено греческой философией. Самым знаменитым представителем александрийской общины был Филон Александрийский.

Антиох IV Эпифан (175 – 165 до н.э.)

Серебрянная тетрадрахма.

Важнейшим событием еврейской истории периода Второго Храма является восстание Маккавеев (Хасмонеев). Восстание началось как реакция на зверства сирийского тирана Антиоха IV Эпифана, который не ограничился физическим насилием и убийствами, а ранил еврейский народ в самое сердце, начав гонения на еврейскую религию. Насильственное насаждение ненавистного евреям язычества достигло апогея, когда в Иерусалимском Храме стали приносить жертвы Зевсу Олимпийскому.

**Филон Александрийский
(ок. 25 г. до н.э. – ок. 50 г. н.э.)**
еврейско-эллинистический философ, пытавшийся совместить еврейский подход и греческую философию. Во многом повлиял на становление раннего христианства.

---

* Септуагинта – перевод на греческий язык всех книг еврейского канона Библии и некоторых апокрифических книг, который лёг в основу христианского Ветхого Завета. Православная церковь до сих пор считает её канонической.

Восстание длилось 27 лет и закончилось воцарением династии Хасмонеев и восстановлением иудаизма. Много кровопролитных сражений произошло за это время. Гибли вожди повстанцев, сменялись внешние враги. Однако главный враг был внутренний, и истинная причина борьбы была в нарушении единства народа и отходе его части от основополагающих духовных принципов. Эллинизация, или духовная ассимиляция, работала мягко, не вызывая сопротивление со стороны постоянно растущего эгоизма, и разъедала душу изнутри. Знаменитый историк С.М. Дубнов пишет: «Известной части еврейской молодежи не могла не нравиться открытая и веселая жизнь греков, их публичные игры, театры и зрелища, физические упражнения и состязания... Многим хотелось, чтобы замкнутая домашняя жизнь уступила место вольной и открытой жизни улицы, чтобы... светские развлечения заняли место наряду с религиозными церемониями... С первого взгляда это стремление внести разнообразие в еврейскую жизнь могло казаться... безвредным. Но на деле оказалось иначе. Эллинисты... начинали с заимствования невинных греческих игр и развлечений, а кончали тем, что утрачивали значительную часть своих нравственных добродетелей и религиозных традиций»[185].

Семён Маркович Дубнов (1860 – 1941) выдающийся российский еврейский историк и общественный деятель, автор монументальных трудов по истории мирового и российского еврейства. Погиб в рижском гетто.

Раскол народа и его отход от своей духовной миссии в тот момент удалось перебороть и предотвратить. Однако наметившиеся тенденции продолжали развиваться. Прошло немногим более 200 лет, и вновь единство народа было нарушено. Раскол на партии и фракции и замена братской любви на беспричинную ненависть привели к духовному падению, и в итоге к крушению Второго Храма и изгнанию. Дальнейшая двухтысячелетняя история народа в изгнании есть история двух упомянутых линий: наших попыток смешаться, ассимилироваться и уйти от исполнения своей духовной задачи – с одной стороны, и нашего возврата к себе и стоически-героического удержания в рамках нашей духовной задачи и исторической судьбы – с другой. В чем нам всегда неизменно помогали наши любвеобильные соседи-антисемиты. Расширительно понимая конкретные исторические реалии, можно сказать, что еврейский народ колебался между гетто и ассимиляцией.

Этот колебательный процесс сопровождался тем, что в разных странах евреев то призывали и встречали с распростертыми объятьями, то с позором изгоняли, чтобы снова пригласить, а потом снова изгнать уже окончательно и бесповоротно. Часто этот процесс не имеет удовлетворительного рационального объяснения, но можно попытаться проследить зависимость этого процесса от уровня единства народа, от того, насколько верны остаются евреи своей изначальной духовной миссии нести свет другим народам.

Неудивительно, что этой тенденции сохранения единства и верности духовной идее противостояли многочисленные попытки заставить евреев перейти в христианство или мусульманство. Зато антисемитизм не давал нам забыть свою национальную и духовную принадлежность, и нигде и никогда евреи не поддались полной ассимиляции и исчезновению как народ, или духовная общность.

Под этим углом зрения мы рассмотрим несколько эпизодов из долгой истории еврейского народа после его изгнания из земли Израиля. Не претендуя на доскональное описание событий, постараемся обращать внимание на общие тенденции и исторические параллели, которые способны дать нам пищу для размышлений и служить путеводной звездой в сегодняшних и завтрашних реалиях. Начнем с золотого века еврейства в средневековой Испании.

Испанская баллада: любовь без взаимности

Евреи впервые появились на Иберийском полуострове еще во времена Второго Храма. Последующие полтора тысячелетия жизни в Испании знали взлеты и падения. Тяжело приходилось евреям при вестготах, которые владычествовали здесь вплоть до VIII века. На смену им пришли арабы, при которых еврейские общины расцвели. Наступил первый акт испанского золотого века. Евреи пользовались свободой вероисповедания и обладали судебной автономией. Элиту составляли поэты, писатели, ученые, каббалисты, финансисты и дипломаты. В этот период миру явилась целая плеяда выдающихся личностей, таких как поэт, государственный деятель и законоучитель Шмуэль а-Нагид, поэт и философ Шломо ибн Габироль, знаменитый поэт Йеуда а-Леви, поэт, философ и ученый Авраам ибн Эзра.

Процветание евреев в мусульманской Испании закончилось с приходом в XII в. фанатичных правителей из Северной Африки. Центр еврейской жизни постепенно переместился с юга на север, в христианские королевства, и теперь уже там продолжился второй акт золотого века испанского еврейства. Вначале все шло так же, как и при мусульманах. Еврейские общины процветали, власть нуждалась в евреях, в их финансовых и административных талантах. Теперь уже христианская Испания дарит миру выдающихся законоучителей, писателей и каббалистов. Среди них – знаменитый талмудист, каббалист и ученый Рамбан (Нахманид), комментатор Талмуда и законоучитель Рашба, каббалист Авраам Абулафия. Появляется даже специальное испанское слово «конвивенция», означающее «счастливое сосуществование христиан, мусульман и евреев». Как пишет один из исследователей, Норман Рот, «истинные масштабы "конвивенции" в средневековой христианской Испании еще не до конца оценены»[186].

Несмотря на то, что евреи жили автономными общинами, они были частью большого общества. Однако уровень интеграции еврейских общин в христианское общество, а также влиятельность и богатство еврейской элиты имели свою обратную сторону. Они служили источником напряженности и потенциальных притязаний как со стороны радикально настроенного христианского духовенства, так и со стороны бедных слоев населения. В конце XIV века эта напряженность раз за разом стала выходить на поверхность, но переломным моментом в судьбе испанского еврейства следует считать погромы 1391 г., волной прокатившиеся по христианским королевствам Арагону и Кастилии. Многие еврейские общины были уничтожены, тысячи людей погибли, однако главным историческим результатом «народного гнева» было массовое обращение евреев в христианство. Разные источники оценивают количество обращенных в результате погромов (их называли «конверсос» или «мараны») от десятков до сотен тысяч человек.

Пабло де Санта Мария
(урожд. Соломон Леви, 1350 – 1435), епископ и канцлер Кастилии

Христиане продолжали оказывать на евреев идеологическое и психологическое давление. В 1413 г. был проведен так называемый «диспут в Тортосе», инициатором которого выступил один из самых рьяных христиан еврейского происхождения Херонимо де Санта Фе (бывший Йеошуа ха-Лорки). Диспут, как и ожидалось, закончился полным триумфом христианской позиции, и за первой, насильственной волной крещений последовала еще одна – добровольная. Крестились богатые люди, крестились представители элиты и интеллигенции, и это не могло не сказываться на психологическом климате еврейских общин.

Говоря о «новых христианах», исследователи из Открытого университета Израиля пишут: «Эта группа не была монолитной... Среди выкрестов были насильственно крещенные, или «мараны», которых во время волнений 1391 г. силком привели к крестильной купели, но достаточно было и принявших новую веру по собственной воле – кто из религиозных и идейных соображений, кто ради повышения социального статуса. Некоторые отошли от еврейской традиции еще до крещения, что облегчило им перемену религии»[187].

К началу XV века единству еврейского народа в Испании был положен конец. Теперь по соседству с еврейскими общинами (а иногда и вместо них) мы наблюдаем значительные общины «новых христиан», которые, не будучи скованными запретами и ограничениями, распространявшимися на евреев, начали быстро идти в гору. Мараны могли занимать почетные и прибыльные должности и даже – что было не одиночным явлением – преследовать своих бывших собратьев с позиций «правильной веры» и «чистоты крови».

Тем не менее невозможно порвать со своим народом за один день. В особенности если речь идет о духовной общности. В глазах евреев (и часто в своих собственных) вчерашние евреи все еще оставались частью своего народа. Как пишет один из главных авторитетов по истории испанского еврейства Ицхак Бэр, «мараны и евреи были единым народом, связанным общей верой, судьбой и мессианскими упованиями»[188]. Неудивительно, что со стороны христиан они не вызывали больших симпатий. В итоге получилось, что в результате массовых обращений давление на еврейский народ со стороны христиан не только не ослабло, но даже усилилось. Пыточные камеры и костры инквизиции, которая была учреждена в Испании в 1480 г., были направлены в первую очередь на новообращенных. Были «выявлены» тысячи еретиков, сотни были сожжены заживо. Особое рвение в искоренении ереси проявлял духовник королевы Изабеллы, сам происходивший из семьи маранов, первый великий инквизитор Томас Торквемада. Есть основание считать, что истинной подоплекой деятельности инквизиции была вовсе не декларировавшаяся борьба за чистоту веры, а желание выжить маранов как чуждый элемент из всех социальных сфер христианского общества.

Ицхак Фриц Бэр (1888 – 1980)
немецкий, позднее израильский историк еврейства. Специалист по еврейству средневековой христианской Испании, профессор Еврейского университета, лауреат премии Израиля.

Суды над маранами, обвинения в преступлениях против христианства, преследования и казни непосредственно касались и той части народа, которая сохраняла веру отцов и старалась держаться принципов единства. Христианские власти опасались связей и «дурного влияния» евреев на маранов. Один за другим стали выходить указы об изгнании евреев из городов Испании.

Генрих Грец (1817 – 1891)
выдающийся еврейский историк, автор первого монументального труда по всеобщей истории евреев. «Всеобщая история» Греца оказала определяющее влияние на развитие всей еврейской исторической науки. Ее полный перевод на русский язык был закончен в 1907 г.

В марте 1492, через три месяца после падения Гранадского эмирата, последнего оплота мусульманства в Испании, «католические монархи» Изабелла Кастильская и Фердинанд Арагонский подписали эдикт об изгнании евреев из своих владений. Как пишет в своей знаменитой 12-томной истории Генрих Грец, «испанские евреи должны были оставить страну, с которой они срослись всеми фибрами своего сердца, в которой отцы их покоились в могилах в течение по крайней мере пятнадцати столетий и которая столь много обязана была им своей славой, богатством и образованием»[189].

Католические монархи Фердинанд и Изабелла.
Позолоченый барельеф, Испания, 1632.

Кое-как распродав свое имущество, десятки тысяч евреев (называют цифру до 300 тысяч) покинули некогда гостеприимную для них землю. Так закончилась эта славная страница сосуществования двух народов. Евреи в очередной, но далеко не последний раз не смогли явиться «светочем для других народов». Внутренняя сила, оберегающая народ, живущий по законам единства и братской любви, не могла его больше защищать.

У этой истории есть любопытный полулегендарный постскриптум. Известно, что приближенные к королевской чете дон Ицхак Абраванель и дон Авраам Сениор пытались повернуть колесо истории вспять, предлагая Фердинанду и Изабелле баснословный выкуп. Договор уже был почти подписан, но выскочивший из-за трона, как черт из табакерки, великий инквизитор, потрясая распятием и вспоминая Иуду и его тридцать серебреников, вновь ожесточил сердце Фердинанда. А Изабелла, процитировав библейский стих: «Сердце царя – в руке Господа, как потоки вод: куда захочет, Он направляет его», – добавила: «Неужели вы думаете, что то, что выпало на вашу долю, исходит от нас? Господь вложил это в сердце короля!»[190]. То есть, переводя на современный язык, Изабелла сказала: «Наше решение не поддается рациональному объяснению, и мы сами не знаем, почему мы так делаем».

Ицхак бен Йеуда Абраванель (Абарбанель, 1437 – 1508)
знаменитый государственный деятель, философ и комментатор.

Современное изображение

Показательно, что из двух просителей за еврейский народ блестящий финансист, философ и комментатор Библии и Талмуда дон Ицхак Абраванель разделил судьбы своего народа и ушел в изгнание (хотя король готов был лично для него сделать исключение). 80-летний главный раввин Кастилии и откупщик налогов дон Авраам Сениор торжественно крестился вместе со всей семьей. Дон Авраам был личностью заметной. В частности, именно благодаря его усилиям состоялся брак Фердинанда и Изабеллы, вопреки всем ожиданиям принесший столько горя его народу. Будучи королевским казначеем, дон Авраам финансировал экспедицию Христофора Колумба. Крестившись, он принял новую фамилию Коронель, причем его крестными была королевская чета и кардинал. Впоследствии его потомки занимали ряд высоких государственных должностей. Спустя некоторое время часть Коронелей бежала из Испании и вернулась в лоно иудаизма.

Несмотря на то, что единство народа было нарушено, и многие его сыны забыли заветы Авраама и свое предназначение, из Испании вышел народ. По разным оценкам страну покинуло от 100 тысяч до полумиллиона человек. Они рассеялись по разным странам, и сегодня, когда испанское правительство объявило о том, что оно отменяет позорный эдикт об изгнании евреев, по оценкам ученых, на возвращение испанского подданства может претендовать до трех миллионов человек.

Оглядываясь на причины испанской трагедии, мы ясно видим, что они не носят ни экономического, ни даже религиозного характера. По поводу экономики известно высказывание турецкого султана Баязида II, принявшего значительную часть еврейских беженцев. Он высказался предельно четко: «Вы считаете Фернандо [т.е. Фердинанда] умным королем; однако он разорил собственную страну и обогатил нашу!»[191].

Баязид II (1447—1512)
восьмой султан Османской империи. Вел непрерывные войны с соседями, расширившие и укрепившие границы империи. Отрекся от престола в пользу своего младшего сына Селима. Благосклонно отнесся к массовой иммиграции евреев после их изгнания с Пиренейского полуострова.

Что касается религиозных мотивов, которые принято считать основной причиной изгнания евреев, гораздо большую опасность для христианства представляли «новые христиане». Христиане старались обратить в свою веру как можно больше евреев и мусульман, создавая таким образом «пятую колонну», с которой инквизиция успешно боролась последующие 300 лет. Евреи же никого в свою веру не обращали. Их проблема лежала совсем в другой сфере. Вот как выглядит рецепт лечения этой проблемы, описанный в книге Зоар (которая, к слову сказать, тоже появилась на свет после тысячелетнего сокрытия именно в средневековой Испании – но не смогла изменить ситуацию): «И когда они в едином сердце и едином желании... не будет для них невозможного во всём, что задумают они сделать, и никто не сумеет остановить деяний их»[192].

Итак, нарушение единства привело к нарушению выполнения нашей основной функции: мы перестали нести свет народам. А без этого даже за деньги, даже за очень большие деньги, даже за баснословно большие деньги – мы стали для них невыносимы и н-е н-у-ж-н-ы!

Глава 8
Крах еще одной иллюзии
(Германия превыше всего)

Эпоха гетто* – в хорошем смысле этого слова

Изгнание из Испании произошло 500 лет назад, за прошедшие столетия эта рана немного затянулась, да и мало кто из говорящих и читающих по-русски может с уверенностью сказать, что его предки прошли через Испанию. Зато Катастрофа (или на английский манер «Холокост») еще очень и очень жива в нашей исторической памяти. Говорить о ней отстраненно все еще очень тяжело, но мы попробуем сделать это аккуратно, с осторожностью хирурга, снимающего с пациента бинты после недавней операции на глаза.

Начнем с давней истории. Германия объединилась в единое государство только в 1871 г., а до этого, начиная с римских времен, каких только больших и малых государств тут не было! Было государство франков, была Священная Римская Империя, которая на деле распалась на десятки лоскутных княжеств. Были многочисленные союзы, была борьба между Пруссией и Австро-Венгрией. И всё это и многое другое пережили немецкие евреи.

Евреи впервые появились на этой территории вместе с римлянами. Однако сколько-нибудь стабильные еврейские поселения начали появляться, начиная с X века. Евреи попали в Германию из Франции и поначалу селились в Эльзасе, Лотарингии и вдоль Рейна, постепенно распространяясь на восток. Положение евреев и их права зависели как от светских, так и от церковных властей. Как и в Испании, евреи способствовали развитию экономики и торговли, но далеко не всегда у власти было достаточно силы и воли для их защиты. Относительно безбедное существование общины легко могло закончиться погромом, грозившим не только имуществу, но и вере,

---

* В средние века евреи жили обособленно и пользовались самоуправлением. Позже еврейские кварталы стали называть «гетто».

и жизни, и существованию всей общины. Изгнание евреев из города могло смениться любезным приглашением вернуться, когда местный правитель или епископ приходил к выводу, что евреи полезны и им надо покровительствовать.

Несмотря на нестабильность положения евреев, вскоре Германия становится одним из важных центров еврейской учености. В прирейнской области возникают ешивы, самыми яркими представителями которых являются Рабейну Гершом Меор а-Гола («Светоч Рассеяния») (X в.) и великий комментатор и законоучитель Раши (XI в). Под влиянием этих двух великих людей и их учеников в Северной Франции и Германии складывается особый тип еврейской ашкеназской общины, которая призвана сохранить духовное наследие отцов в переменчивых условиях средневековой христианской Западной Европы. Среди других выдающихся мудрецов были внук Раши Рабейну Там (XII в.), чудом спасшийся от смерти во время погромов, сопровождавших крестовые походы, и рабби Меир из Роттенбурга (XIII в.), заточенный королем в крепость и умерший в заточении.

Еврейский погром во Франкфурте, 1614 г. Гравюра того времени.

Жизнь евреев средневековой Германии и Франции была полна опасностей. Поводом для погромов могли стать и крестовые походы, и междоусобные войны, и эпидемии чумы, а если становилось скучно и поводов не было, их всегда можно было придумать. Так возникали «кровавые наветы» и публичные диспуты. К XVI веку массовые истребления евреев Германии прекратились, но преследования и запреты и, как следствие этого, бедственное экономическое положение гнали евреев все дальше на восток. Приблизительно в это время центр духовной жизни ашкеназского еврейства перемещается в Польшу и Литву, а важнейшим центром духовной жизни немецкого еврейства становится Прага. Самыми известными представителями пражского еврейства были легендарный создатель голема Махараль (Йеуда Лёв) и Шла Кадош, автор знаменитой книги «Две скрижали завета» (оба – XVI-XVII вв.). В первой половине XVIII века в Праге жил уже упоминавшийся на страницах этой книги выдающийся каббалист, талмудист и проповедник Йонатан Эйбеншюц.

С именем Йонатана Эйбеншюца связан диспут, продолжавшийся более 10 лет и потрясший и расколовший надвое весь еврейский мир. Другой выдающийся ученый поколения Яков Эмден, тоже известный талмудист и каббалист, обвинил Эйбеншюца в вероотступничестве (в тайной приверженности саббатианской ереси). Полемика была настолько острой и непримиримой, что стороны обращались за посредничеством к властям Гамбурга (где Эйбеншюц был главным раввином) и к датскому королю*! Несмотря на то, что Эйбеншюц был оправдан, единству немецкого еврейства был нанесен серьезный удар, и некоторые историки полагают, что именно это послужило толчком к дальнейшему отходу от веры отцов и заветов Авраама.

Мы же вслед за выдающимся историком Генрихом Грецем склонны считать, что процессы, начавшиеся в среде немецкого еврейства во второй половине XVIII века, являются показателями духовного нездоровья и разобщенности народа, а не его

---

*   Гамбург в этот момент принадлежал Дании.

причиной. Вот какими «веселыми» словами Грец характеризует состояние немецкого еврейства в это время: «народный организм потерял свою жизненную силу <...> узы, соединявшие отдельные части в служении целому, ослабли <...> внутри наступило разложение, и вдобавок нет деспотической воли извне, которая могла бы по крайней мере механически связывать члены и предохранить от общего распадения – словом, <...> народ как народ уже умер, отпет и лежит в гробу»[193].

Оба участника спора – и Йонатан Эйбеншюц, и Яков Эмден – были хорошо знакомы с учением другого выдающегося представителя поколения, Моисея Мендельсона, и даже выражали ему свое понимание. Никто, включая самого Мендельсона, не мог тогда предположить, у истоков каких процессов он стоит и какие страшные плоды для еврейского народа эти процессы принесут через несколько поколений. Мендельсон был выдающимся философом и деятелем просвещения, личностью европейского масштаба. Его называли еврейским (немецким) Сократом. Он дружил с целым рядом выдающихся деятелей эпохи просвещения, среди которых – основоположник немецкой литературы Лессинг, изобразивший его в своей знаменитой пьесе «Натан Мудрый», философ Кант, историк и писатель Гердер. На конкурсе философских работ прусская Академия Наук присудила ему первый приз, оценив его выше самого Канта. Характерно, что он защищал немецкую литературу от самого короля Фридриха Великого, и злопамятный король этого ему не простил, дважды вычеркивая его из списков кандидатов в Академию. Мендельсон был верным сыном своего народа и не только никогда не забывал о своем еврействе, но был признанным знатоком Библии и еврейского закона и ревностно защищал евреев и иудаизм от внешних нападок. Однако, как пишет С. М. Дубнов, его главная задача «заключалась не в защите евреев перед внешним миром, а в обновлении их внутреннего быта и в приобщении их к европейскому прогрессу»[194]. Пытаясь совместить два мира, он перевел Тору и другие библейские книги на немецкий язык.

Моисей Мендельсон (1729 – 1786)
выдающийся немецко-еврейский философ и деятель просвещения. Основоположник и духовный вождь Гаскалы в Германии. Получил прозвище «немецкий Сократ».

Практически до конца XVIII в. евреи жили обособленными общинами, которые представляли собой «государство в государстве». Как пишет французский историк Лев Поляков в своей «Истории антисемитизма», «основная масса сыновей Израиля <...> составляла особый своеобразный народ, единый и самоопределяющийся в этом качестве»[195]. Деятельность Мендельсона и его берлинского кружка вместе с витавшими в воздухе идеями просвещения и эмансипации открыла евреям двери в другой, нееврейский мир. И в эти открытые двери евреи устремились со всей свойственной им страстью. На практике просвещение означало вхождение в мир немецкой (христианской) культуры, а эмансипация, хоть и означала уравнение в правах, требовала отказа от своей национальной идентификации и, как следствие, потерю единства и духовной общности народа. Начался массовый процесс перехода в христианство и культурной ассимиляции. Характерно, что к середине XIX века почти все потомки самого Моисея Мендельсона крестились. Среди них и его внук знаменитый композитор Феликс Мендельсон-Бартольди, автор свадебного марша, под звуки которого женились наши деды и родители.

Философ Иммануил Кант (1724 – 1804)
немецкий философ, родоначальник немецкой классической философии.

Феликс Мендельсон-Бартольди (1809 – 1847)
немецкий композитор, пианист, дирижёр, педагог еврейского происхождения. Один из крупнейших представителей романтизма в музыке.

XIX век – постепенная победа эмансипации

В XIX веке отход от еврейства и переход в христианство стали массовым явлением. Яркими представителями этого движения в первой половине XIX века являются выдающиеся деятели немецкой (sic!) культуры блестящий публицист Людвиг Бёрне и лучший после Гёте поэт Германии Генрих Гейне. Оба были лидерами свободомыслящего литературного движения «Молодая Германия», оба крестились в молодости, и хотя христианство для них, по выражению Гейне, было лишь «пропуском в европейскую культуру» и они никогда не порывали со своим народом, всё же это никак не способствовало его единству.

Генрих Гейне (1797 – 1856)
знаменитый немецкий поэт, прозаик, публицист, эссеист, главная фигура романтической эпохи в немецкой поэзии. В своих произведениях придал родному языку не виданную ранее лёгкость и «элегантность», музыкальность, позволившую писать песни на его стихи.

Людвиг Бёрне (1786 – 1837)
Выдающийся немецкий публицист и писатель.

В 20-е годы XIX века в Германии возникло движение за обновление иудаизма. Отвергая национальные и духовные основы еврейства, его лидеры хотели приспособить еврейскую религию к нуждам все более ассимилированных евреев. Реформисты увели за собой значительную часть народа и еще больше раскололи и без того больное еврейское общество. Теперь еврейство было низведено до уровня «еще одной религии», а львиная доля евреев стала считать себя «немцами Моисеева закона».

Вместо того, чтобы быть светочем и нести идеи объединения над растущим эгоизмом, евреи превращались в «недо-немцев», а во многих случаях и в «пере-немцев». Страстные и восприимчивые, они ощущали общегерманское дело острее и ближе, чем «узко-еврейское». Многие из них, практически полностью оставив свой народ, становились деятелями европейского и даже мирового масштаба. При этом они испытывали странное, раздвоенное отношение к своему еврейству, от которого каждое следующее поколение отходило всё дальше. Тем не менее и Гейне, и Бёрне всё еще в большой степени ощущали себя евреями. Так, в одном из своих поздних эссе Генрих Гейне пишет: «Я вижу теперь, что греки были лишь прекрасными юношами, евреи же всегда были мужами, могучими, непреклонными мужами, и не только в былые времена, но и до сего дня, несмотря на восемнадцать веков гонений и страданий. <...> я научился лучше ценить их, и если бы всякая гордость происхождением не была дурацкой несообразностью в борце за революцию и ее демократические принципы, то пишущий эти строки мог бы гордиться тем, что предки его принадлежали к благородному роду Израиля, что он – отпрыск тех мучеников, которые дали миру Бога и нравственность, и сражались и страдали на всех боевых полях мысли»[196].

Фердинанд Лассаль (1824 – 1864)
знаменитый революционер и общественный деятель, оказавший влияние на всю социал-демократию XX века.

Но уже в следующем поколении знаменитый революционер и общественный деятель Фердинанд Лассаль (кстати, прекрасно знакомый с Гейне и считавший его своим учителем) в какой-то момент решил совершенно порвать со своим еврейством. В письме к своей русской возлюбленной он пишет: «Я могу смело уверить, что я не еврей, но я без лжи не мог бы уверять, что стал христианином. У нас уже ничего не значит быть евреем, потому что у нас в Германии... это вопрос только религии, а не национальности»[197]. И далее: «[Евреи] приняли от веков, проведенных в рабстве, свойство рабов, а это меня отталкивает от них»[198].

Фердинанд Лассаль сейчас незаслуженно забыт, хотя именно из его идей выросла вся социал-демократия XX века, и, как говорят, вся мировая история могла бы пойти другим путем, не будь он смертельно ранен на дуэли (конечно, из-за женщины) в 39 лет. Русские революционеры ценили его очень высоко, и после революции на Невском проспекте в Петрограде был поставлен бюст Лассаля, а одна из центральных площадей столицы (сегодняшняя площадь Искусств) была переименована в площадь Лассаля.

Карл Маркс (1818 – 1883)
великий немецкий философ, социолог и экономист. Автор «Капитала». Его учение оказало сильнейшее влияние на социально-политическое развитие мира в XX веке.

Чем больше углублялся процесс ассимиляции, тем больше среди недавних евреев наблюдалось и другое неприятное явление – антисемитизм или подчеркнутая ненависть к своим вчерашним собратьям. Как пишет Лев Поляков, «основные фигуры еврейского авангарда первых поколений периода постэмансипации* очень часто находили особое удовольствие в преувеличенном антисемитизме независимо от того, объявляли ли они себя христианами... или безбожниками»[199]. Ярким представителем такой тенденции «самоненависти» является политический противник Лассаля, крещенный в шестилетнем возрасте Карл Маркс. Английский историк Пол Джонсон пишет о нем: «Пожалуй, самое мерзкое упражнение в самоненависти было адресовано Марксом его соратнику социалисту Фердинанду Лассалю... который стал основателем немецкого социализма как массового движения. Его практические достижения в этом направлении были намного значительнее, чем у Маркса. Несмотря на это (или вследствие этого), он стал мишенью невероятной брани в переписке Маркса с Энгельсом. Маркс называл его «барон Ициг», «еврейский негр». Он видел в нем польского еврея, а польских евреев он считал «самой грязной расой»... 30 июля 1862 года [Маркс писал Энгельсу]: "Мне абсолютно ясно, что, как показывает форма его головы и характер шевелюры, он происходит от негров, которые присоединились к Моисею, бежавшему из Египта (если только его мать или бабку со стороны отца не скрещивали с ниггером). От этого союза евреев с немцами, да на негритянской основе обязан был получиться удивительный гибрид"»[200].

В 1871 году произошло объединение Германии и евреям наконец были дарованы все гражданские права. Это явилось началом нового витка ассимиляции и вхождения евреев в немецкое общество. Со всем рвением они принимали участие в строительстве Второго Рейха. Они «не предвидели, что железный молот, ковавший государственное единство, больно ударит и по ним, как ни старались они приспособляться к национальному культу объединенной Германии»[201]. «Они старались не уступать коренным немцам в ультра-патриотизме, в служении идолу великодержавия. Многолетний процесс ассимиляции давно уже вытравил из их душ еврейское национальное самосознание, заменив его суррогатом религиозного единства, которое в свою очередь ослабело после раскола

---

* К этому периоду можно отнести практически весь XIX век.

между ортодоксами и реформистами в общинах. Бесформенное и раздробленное внутри, германское еврейство всегда демонстрировало свое национально-политическое единство с немецким народом»[202].

Вальтер Ратенау как зеркало немецкого еврейства

Одним из тех, кто ковал мощь немецкой государственной машины, был блестящий промышленник, государственный деятель и писатель Вальтер Ратенау. Самый высокопоставленный еврей в Германии – министр иностранных дел Веймарской республики – он был талантлив во всем, чего касался. Подающий надежды физик, он был прекрасным знатоком культуры. Как пишет Стефан Цвейг, «появлялся он всегда там, где возникало движение духовных сил»[203]. К началу Первой мировой войны Вальтер Ратенау не только второй человек в основанном его отцом концерне AEG – через год, после смерти отца, он станет его президентом, – но и член советов директоров и наблюдательных советов более 100 немецких и зарубежных компаний! С началом войны, обнаружив брешь в экономическом потенциале страны, он представляет в военное министерство план создания сырьевого ведомства, которое незамедлительно создается и поручается ему. Сторонник планового хозяйства, он заложил основы обороноспособности Германии, а планы, им разработанные (увы!), стали тем секретным механизмом, который обеспечил военную мощь Третьего Рейха. На посту министра иностранных дел в 1922 г. Ратенау заключил Рапалльский мирный договор с Советской Россией, впервые признававший Советский Союз на международной арене и ставший основой последующей дружбы между двумя заклятыми врагами.

Вальтер Ратенау (1867 – 1922)
выдающийся промышленник, государственный деятель и писатель. Министр иностранных дел Веймарской республики.

Близко знавший Ратенау Альберт Эйнштейн писал о нем: «Он ощущал себя евреем, мыслил интернационально и был одновременно – как, впрочем, многие одаренные еврейские интеллектуалы того поколения – влюблен в пруссачество с его юнкерами [т.е. помещиками] и милитаристскими проявлениями»[204]. Вальтер Ратенау был человеком неординарным и противоречивым, однако в нем, как в зеркале, отразились ассимиляторские настроения интеллектуальной верхушки немецкого еврейства. В обращении к еврейскому народу «Слушай, Израиль!» он говорит, что, по его мнению, нужно сделать для спасения евреев от антисемитизма: «Что же должно произойти? Событие, не имеющее исторического прецедента: осознанное самовоспитание расы до соответствия чужим требованиям. Соответствия не в смысле дарвиновской «мимикрии», означающей способность некоторых насекомых приспосабливаться к краскам окружающей их среды, а адаптация в том смысле, чтобы родовые качества, как плохие, так и хорошие, о которых доказано, что они ненавистны землякам [т.е. немцам], отбрасываются и заменяются на приобретенные. <...> Целью этого процесса должны быть не имитированные германцы, а онемеченные и по-немецки воспитанные евреи»[205]. Оставаясь евреем, забудь, что ты еврей, и стань истинным немцем!

Показательно, что, несмотря на такие настроения, на вклад Ратенау в германское государство и на его немецкий патриотизм, он был убит правыми экстремистами, и не в последнюю очередь за свое еврейство. Его убийство в 1922 году, ставшее одним из прологов наступавшей эры фашизма, показало, что чем больше евреи пытаются быть немцами, при этом теряя из виду свою историческую задачу и само понятие народа, тем хуже это оборачивается для них. Тучи надвигались.

Самоненависть как признак распада нации

В первой трети XX века распад еврейского народа достигает своего апогея. Одним из симптомов болезни нации стало явление ненависти к самим себе, ненависти одних групп евреев к другим – например, немецких и австрийских евреев к евреям из Восточной Европы – ненависти ко всему специфически-еврейскому и ко всему, что связывает народ. Знаменитый немецко-еврейский психолог Курт Левин, после прихода к власти Гитлера бежавший в Америку, писал в 1939 году: «Человек, который не идентифицирует себя с еврейством, но в глазах остальных евреем является, будет с неприязнью относиться ко всему еврейскому, вплоть до ненависти к самому себе, ведь еврейские черты – это то, что мешает ему слиться с удачливым большинством. Ненависть к самому себе возникает из чувства неполноценности, из-за того, что еврей смотрит на себя глазами нееврейского большинства, из-за страха отличаться от большинства, быть другим»[206].

Курт Левин (1890 – 1947)
немецкий, затем американский психолог, разработавший целый ряд научных направлений, прочно вошедших в обиход науки. Основатель динамической социальной психологии. Создал теорию психологического поля.

Еще раньше на это явление обратил свое пристальное внимание еврейский философ Теодор Лессинг, в 1930 году издавший книгу, которая так и называлась – «Еврейская самоненависть». Автор с горечью констатирует плачевное состояние современного еврейства: «Принято повсюду расхваливать, чтó выиграл еврей благодаря своему вхождению в европейскую культуру, и что выиграла Европа благодаря евреям. Однако люди не видят или не говорят вслух, какой ценой евреи стали гражданами Европы: [они заплатили] предательством ви́дения своей надежды. Жертвой своей вечной мечты. Сегодня народом руководят уже не праведные мудрецы, его, скорее, организуют адвокаты и крупные банкиры»[207].

Теодор Лессинг (1872 – 1933)
немецко-еврейский философ и публицист. Выступил против избрания маршала Гинденбурга на пост канцлера, что, как он и предсказывал, привело к власти Гитлера и его клику. Пал жертвой первого политического убийства, инспирированного нацистами.

Он свидетельствует о фактическом распаде еврейского народа: «Современные, свободомыслящие, либеральные, прогрессивные, высококультурные евреи слишком гордятся тем, что в последнее столетие евреи тоже стали государственными канцлерами, министрами, генералами, высшими офицерами, крупными учеными, профессорами, авторитетами, руководителями театров, писателями, поэтами, и я не знаю, кем еще. Лучше было бы, если бы мы стыдились многочисленных штамповщиков монет из нашего народного сокровища. Ведь они, возможно, были только фосфоресцирующим блеском распавшегося тела народа. Они, возможно, были только игрой пламени короткого тусклого европейского дня, на котором сгорело наше духовное достояние»[208].

Он призывал народ объединиться, но, как мы видим из нашего сегодняшнего дня, это был глас вопиющего в пустыне. Ничего уже было не исправить. «Стыд и позор всем сынам, предпочитающим «посвятить себя литературе» или «избрать академическую карьеру» ради комфортного мира западных метрополий, вместо того чтобы таскать камни для дороги в Йерушалаим»[209].

Некоторые считают, что Теодор Лессинг обладал пророческим даром. Ведь за несколько лет до этого он выступил в печати с открытым призывом против избрания Гинденбурга на пост государственного канцлера. Одинокий в своем анализе, философ считал, что престарелый фельдмаршал не обладает свойствами настоящего правителя и в современной ситуации будет джокером, который в итоге приведет к власти совершенно определенные силы. Именно это в итоге и произошло. Однако прежде Теодор Лессинг был подвергнут публичному остракизму, изгнан из родного университета и вынужденно эмигрировал в Чехословакию. Именно там его и настигла рука пришедших к власти фашистов. Он был убит в августе 1933 года, став первой жертвой нового страшного режима. К этому времени того единства еврейского народа – «как один человек с единым сердцем», – которое единственно способно быть «защитной стеной против сил зла»[210], уже давно не существовало. Судьба немецкого и всего европейского еврейства была предрешена.

* * *

Свойство Творца, которое было у еврейского народа до его изгнания и которое он должен нести в мир, – это любовь и отдача. Выход евреев из гетто и последовавшие за этим процессы показали, что этого свойства среди них больше нет. Получалось, что вместо того, чтобы нести в окружающее их общество солидарность и взаимную ответственность, евреи несли то свойство, которое теперь возобладало в них, – эгоизм. А он является разрушительным для любого общества и инстинктивно вызывает неприятие и отторжение. Отсюда – рост антисемитизма, достигший в Германии своего логического завершения. Ведь еще в XIX веке выдающийся немецкий философ Людвиг Фейербах заметил: «Свои особенности евреи сохранили и до настоящего времени. Их принцип, их бог есть самый практический принцип в мире – эгоизм, и притом эгоизм в форме религии. Эгоизм есть бог, не дающий своих слуг на посрамление. Эгоизм есть по существу монотеизм, поскольку он имеет целью только одно – себя самого»[211].

Совершенно естественно, что всякое уважающее себя общество попытается противостоять подобной угрозе. Именно эгоизм, над которым еврейский народ не смог подняться на новом витке его развития, и является той причиной, по которой любой принявший нас народ сначала задумывается, а потом сожалеет о своей первоначальной открытости и пытается ее опротестовать.

Людвиг Андреас Фейербах (1804 – 1872) выдающийся немецкий философ-материалист, в частности оказавший глубокое влияние на учение Маркса и Энгельса.

В самом деле, свойство, сделавшее евреев таким особым и таким сильным народом в древние времена, – это наше единство и наш альтруизм. Как мы уже говорили, это и есть то великое достояние, которое Авраам и после него Моисей хотели передать миру. Народы мира, подсознательно рассчитывая на то, что мы поделимся с ними этим свойством, сначала приветливо принимают нас в свою среду, однако, когда через некоторое время выясняется, что мы несем им совершенно обратное, их первоначальная приветливость сменяется на разочарование и досаду. И до тех пор, пока мы будем их разочаровывать, ситуация будет повторяться, причем, как показывает практика, демонстрация их досады от раза к разу становится всё жёстче и бескомпромиссней.

Глава 9
Страна неограниченных возможностей... ассимиляции

Соединенные Штаты Америки изначально строились как страна иммигрантов. Религиозные и этнические меньшинства здесь тоже были обычной частью социального ландшафта. Вечные скитальцы, всюду другие и всюду чужие, евреи с самого начала неплохо вписались в общую картину. Поначалу они, как и в Европе, жили общинами, причем ашкеназы и сефарды не отделяли себя друг от друга. Однако уже в 20-е годы XIX века, когда общая численность евреев США не превышала 6 тысяч человек, они добились практически полного равенства в правах, и процессы ассимиляции, американизации или, если хотите, плавильного котла, призванного переплавить евреев в американцев, пошли полным ходом.

Испанская гордость

Кроме общего процесса американизации и такого естественного для нашего народа желания быть бо́льшими американцами, чем сами американцы, благо для этого не требуется креститься или вставать на голову, – для еврейства США, и чем дальше, тем больше, характерна высокая степень раздробленности. Первые еврейские поселенцы в Америке были в основном из сефардов. В середине XIX века волны эмиграции из Германии и Австрии в несколько раз увеличили еврейскую общину[*]. Однако теперь евреи делились на «аборигенов», некоторые из которых жили в стране по сто лет и более, и «немцев». Кроме этого, волна немецкой иммиграции привезла в Америку реформизм, который на фоне уже тогда стоявшей проблемы ассимиляции расколол еврейское общество на реформистов и ортодоксов.

В своей книге «Наш круг», посвященной выдающимся еврейским семьям Нью-Йорка, писатель Стивен Бирменгем объясняет, почему устоявшаяся и хорошо устроенная сефардская община не могла принять немецких эмигрантов. Поначалу они действительно пытались абсорбировать «немцев», но очень скоро их стало слишком много. Помимо противостояния «коренного населения» и «чужаков», конфликт носил ярко выраженный социальный характер. «Сефарды были купцы и банкиры; немцы занимались уличной торговлей вразнос»[212]. Немцы «были бедны, имели грязный вид и плохо питались... они приплывали на пароходах самым низшим классом. Если они вообще осваивали язык, они говорили на английском с тяжелым и гортанным акцентом... Они были малообразованны. Они казались некультурными и – из-за бедности – агрессивными»[213].

Итак, гордые сефарды, считавшие себя евреями «первого сорта», не приняли «немцев» в свое общество, и «немцы»

---

[*] К 1860 г. община насчитывала 150 тыс. человек.

были вынуждены образовать отдельную общину, а некоторые, стремясь поскорее достичь положения в свете, и вовсе отказались от своего еврейства. Как пишет Бирмингем, «если неевреев нью-йоркского общества немецкие евреи нашли равнодушными, сефардских евреев они нашли почти совершенно недоступными»[214].

Огюст Бельмонт (1813 – 1890)
американский банкир, финансист, политик и конозаводчик.

В середине XIX века в течение пятидесяти лет всё нью-йоркское общество плясало под дудку человека, которого звали Огюст Бельмонт. Начав как представитель дома Ротшильдов в Америке, он вскоре основал собственный банкирский дом, стал политиком и финансовым советником президента. До приезда в Америку его звали Аугуст Шёнберг, но он перевел свою фамилию (означающую по-немецки «красивая гора») на французский манер, «и теперь уже не был ни евреем, ни немцем, а, как начали поговаривать в Нью-Йорке, "какой-то вроде француз"»[215].

Не будучи принятым в высшее сефардское общество и страстно желая покорить нью-йоркский высший свет, Огюст Бельмонт женился на протестантке и вскоре вовсе отказался от своего еврейства. Жена Бельмонта Кэролайн была дочерью известного морского офицера, основателя американского парового флота и, что важнее, племянницей сенатора, который, как и рассчитывал Бельмонт, помог ему войти в политику. Сегодняшним американцам имя Бельмонта может быть известно по престижным Бельмонтовским скачкам*, которые он основал и которые ежегодно проходят в одноименном Бельмонт-парке на Лонг Айленде в непосредственной близости от Нью-Йорка.

---

* Бельмонт Стейкс.

Евреи воюют против евреев

Во время Гражданской войны в США 1861– 1865 годов евреи выступали по обе стороны баррикад. Причем разделение в основном проходило именно по принципу «аборигены» – «немцы». «Старейшие поселенцы Америки, преимущественно из сефардов, эмигрировавших туда в прежние века, выросли в традициях плантаторства и наравне со своими христианскими согражданами на юге отстаивали рабство негров. Поселенцы же позднейшего времени, выходцы из Германии, стояли большею частью в рядах борцов против невольничества»[216].

Братья Эдвард и Чарльз Джонас, воевавшие друг против друга. Собрание Венди Веллс и собрание Американского Еврейского Исторического Общества.

В гражданскую войну случается, что брат идет войной на брата в самом буквальном смысле слова. Авраам Джонас иммигрировал в Америку из Англии в начале 1800-х. Старшие из его десяти сыновей родились и были воспитаны в южном штате Кентукки и полностью разделяли симпатии южан, а младшие – в северном Иллинойсе, где вместе с самим отцом семейства стали горячими приверженцами северян и их лидера, другого Авраама – Линкольна. Четверо братьев Джонас доблестно сражались в армии южан, тогда как младший, Эдвард, воевал за северян. Четверо из пяти братьев за доблесть были произведены в офицеры. В ходе боев старший из братьев, Чарльз, попал в плен к северянам. Когда он был в плену, умирающий отец пожелал увидеть сына, и Чарльз был отпущен под честное слово по личному приказу Линкольна, хорошо знавшего всю семью. Отец умер в день приезда сына, а Чарльз, сдержав свое слово, вернулся в плен[217].

Семья Джонас была не единственной еврейской семьей, члены которой сражались друг против друга. Очевидно, что для этих людей воспитание и вновь приобретенные ценности значили больше, чем ценности еврейского народа, не говоря уже о семье. Они стремились быть американцами и, по сути дела, уже были ими. Свет, зажжённый еще одним Авраамом четыре тысячи лет назад, уже не грел их души.

Авраам Линкольн (1809 – 1865)
выдающийся американский политический деятель, 16-й президент США, борец с рабством и национальный герой американского народа.

Русские идут

Волна немецкой эмиграции принесла с собой идеологию реформизма. «В Западной Европе реформизм был связан с идеологией ассимиляции, которой в Америке предстоял еще более пышный расцвет, если бы там над пластом германского еврейства не выросла с 80-х годов [XIX века] гораздо большая русско-еврейская формация, насыщенная огромным запасом национальной энергии»[218].

Вот что пишет о масштабах этой эмиграции историк С.М. Дубнов: «Через 400 лет после Колумба странствующий Израиль вновь открыл Америку как обетованную землю массовой иммиграции. До 1881 года североамериканские Соединенные Штаты были дальним глухим углом диаспоры... за последние же двадцать лет XIX века число евреев возросло до полутора миллиона, а за первые десятилетия XX века до четырех миллионов. С лихорадочною быстротою совершался этот процесс пересадки миллионов людей. В муках рождался центр диаспоры за океаном. Кто видел из года в год океанские пароходы, вокзалы железных дорог и морские гавани всего мира, переполненные бедствующими эмигрантами с женами и детьми, кто слышал стоны этой обездоленной массы, гонимой людскою враждою и голодом на край света, где ей предстояла жестокая борьба за существование, тот знает о муках родов новой еврейской Америки»[219].

Ко времени начала массовой эмиграции из России немецкие евреи уже хорошо обосновались и основательно американизировались. Как пишет Стивен Бирмингем, они «были солидными, хорошо одетыми, буржуазно выглядящими и состоятельными... Новые иммигранты из Восточной Европы были оборванными, нищими, активно несущими заряд своей культуры, ожесточенными многолетними страданиями, они были идеалистами и социалистами. Если бы не единственный факт общей религии, немцы и русские не могли быть более разными»[220].

Противостояние этих двух больших частей народа шло сразу по нескольким направлениям. Их положение как низшего, рабочего класса определило социальную ось этого противостояния. «Для большинства состоятельных немцев одной из самых страшных вещей в русских был их интерес к созданию профсоюзов. Это угрожало бумажникам немцев – месту, которое в анатомии всякого богатого человека является самым уязвимым. Так для немцев... русский... стал врагом. Разрыв между двумя лагерями стал шире. Это было рабочий против босса, масса против класса, плебей против аристократа, «приезжий» против «американца», русский против немца, еврей против еврея»[221].

Лидер реформистов раввин Айзек Майер Вайз писал «изнутри» этого разрыва: «Не только лондонский «Еврейский мир»* ожидает, что результатом наплыва русских и румынских евреев в Соединенные Штаты будет деградация иудаизма до средневекового и полукаббалистического стандарта «Шульхан Аруха»; в нашей стране есть довольно много умных господ, которые ждут сходных результатов для религиозной и социальной репутации американских израилитов от наплыва настолько совершенно чуждого и во многих случаях абсолютно чужеродного элемента»[222]. «Добрая репутация иудаизма должна будет безусловно существенно пострадать, что обязательно понизит наш социальный статус»[223]. В тщетных попытках дистанцироваться от своих соплеменников «немцы» обвиняли русских в «средневековости» и сравнивали новую волну иммиграции с нашествием восточных орд. Одна из «немецких» газет, словно бы извиняясь за «русских» и открещиваясь от них, писала в те дни: «Хорошо укоренный американский еврей... не имеет с ними ничего общего ни в религиозном, ни в социальном, ни в интеллектуальном плане. Он ближе к христианским настроениям, бытующим вокруг него, чем к иудаизму этих жалких, тёмных иудеев»[224].

---

* Еженедельник, выходивший в Лондоне с 1873 по 1934 гг.

Макс Хеллер (1860 – 1929)
раввин, один из лидеров американского реформизма в иудаизме. Одним из первых выступил в защиту сионизма.

Позиция еще одного реформистского раввина, Макса Хеллера (1860 – 1929), только подчеркивает общую атмосферу нетерпимости к «русским». Выпускник Хибру Юнион Колледжа (см. ниже) и ученик Вайза, Хеллер был раввином на юге – в Новом Орлеане, бывшей столице черного рабовладения. В своих выступлениях он осуждал лицемерие своих собратьев, публично выражающих «добрые чувства», а за глаза оскорбляющих «несчастных шлимазлов». Поход «немцев» в Йом Кипур «на экскурсию» в «русскую» синагогу он сравнивал с походом на негритянское крещение. В обоих случаях вы «слепо смеетесь над собственным позорным невежеством». Продолжая аналогию русских евреев с неграми, он призывал и тех, и других вернуть себе мужество и самоуважение, «мужественно неся свое знамя», «зная свою историю» и «придерживаясь своих обычаев, как религиозных, так и других»[225]. Неординарность фигуры Хеллера проявилась и в том, что вопреки своим учителям и своему окружению он был пламенным сионистом. Но о сионизме чуть позже.

Кирк Дуглас (Иссер Даниелович, род. 1916)
выдающийся американский актер, прославившийся в роли Спартака. Обладатель почётного "Оскара".

Знаменитый актер Кирк Дуглас (отец не менее знаменитого Майкла Дугласа), прославившийся в роли Спартака, был сыном русско-еврейских иммигрантов из-под Могилева. Зная о конфликте с «немцами» из первых рук, он писал в своих мемуарах «Сын старьевщика»: «Думаю, что самый сильный антисемитизм иногда бывает среди евреев. По сей день [первое издание книги – 1988 г.] немецкий еврей часто ненавидит русских или польских евреев. В этой стране повсеместно есть немецко-еврейские клубы, не принимавшие русских или польских евреев в начале своей деятельности. Некоторые несколько смягчили свои требования, но не все. Я уверен, что, когда Гитлер начинал, многие немецкие евреи не возражали против того, что он делал с другими евреями. Они не ожидали, что он обратится на них»[226]. Это горькие слова, но это выстраданные слова человека, прожившего почти столетнюю жизнь, вкусившего славу голливудской звезды и никогда не забывавшего о своем еврействе.

Альберт Эйнштейн во время поездки по США, 1921 г.

О единстве самих русских евреев замечательно рассказал немецкий еврей Альберт Эйнштейн, в 1921 году участвовавший в поездке по Соединенным Штатам для сбора средств в пользу будущего Еврейского университета в Иерусалиме. Тогда он еще не подозревал, что вскоре и сам станет американцем. Выступая на сионистском митинге в Берлине, он сказал: «Самым сильным впечатлением оказалась встреча с еврейским народом, который я увидел впервые в жизни. Дамы и господа! Я повидал невероятно много евреев (смех в зале), но ни в Берлине, ни в любом другом уголке Германии мне никогда не доводилось сталкиваться с еврейским народом. Тот еврейский народ, который я увидел в Америке, прибыл туда из России и Польши, вообще из Восточной Европы. Эти мужчины и женщины все еще сохраняют здоровое национальное чувство, по сю пору не уничтоженную процессом дробления, превращающим народ в изолированные одиночки. Я обнаружил, что они полностью готовы к самопожертвованию и практическому созиданию... Я обнаружил также, что в подавляющем большинстве это представители среднего класса и даже совсем простые люди, а не те, кто обладает общественным положением или одарен особыми талантами. Именно в их среде лучше всего сохранилось здоровое чувство принадлежности к единому целому и готовность к самопожертвованию»[227].

Эйнштейн увидел русскую общину как народ. Но даже относительное единство «русских» должно было столкнуться с семенами вражды со стороны «немцев» и отчужденностью со стороны других общин Восточной Европы: венгерской, польской, литовской, чешской, галицийской... Это общество «кишело идеологиями и движениями... Там были социалисты, анархисты, сторонники свободной мысли и сторонники свободной любви»[228]. Всем вместе им предстояло пройти «плавильный котел» Америки и взамен общинных черт приобрести черты ассимилированного американского еврейства, мало связанного со своим народом, раздробленного и разделенного по самым разнообразным признакам.

Айзек Майер Вайз – объединение или разъединение?

Фигура отца и вдохновителя американского реформизма Айзека Майера Вайза (1819 – 1900) удивительным образом отражает тенденции и противоречия американского еврейства, каким оно вошло в XX век.

Айзек Майер Вайз (1819 – 1900) выдающийся общественный и религиозный деятель, основатель американского реформизма в иудаизме.

Приехав в Америку из Богемии в 25 лет, Вайз стал раввином небольшой общины в Олбани, столице штата Нью-Йорк. Очень скоро он впитал американские ценности и стал проповедовать необходимость реформы ортодоксального иудаизма в духе современного американского общества. Для распространения своих идей, которые поначалу не были приняты даже его собственной общиной, он начинает издавать еженедельник «Israelite». Чтобы полнее охватить аудиторию, через год после первого Вайз начинает издавать еще один – немецкоязычный – еженедельник «Deborah», формально предназначенный для женщин. Для укрепления и дальнейшего распространения своих идей Вайз издает собственный молитвенник «Минхаг Америка», который он «продвигает» со свойственным ему энтузиазмом.

Человек огромной энергии, харизматичный лидер и блестящий оратор, Вайз призывает к объединению еврейских общин и лично ездит по всей Америке, собирая своих сторонников.

Хотя Вайз формально относился к «немцам», проповедуемый им реформизм не вырос напрямую из немецкого реформизма, а явился порождением американского понимания роли религии в современном обществе. Пытаясь объединить еврейский народ на некой «нейтральной земле», Вайз вступает в конфликт и с ортодоксами, и с реформистами.

Тем не менее в 1874 году Вайз создает Союз Американских Еврейских Конгрегаций*, который поначалу включал 34 общины. Следующим детищем Вайза становится основанный им в 1875 году и процветающий и поныне Хибру Юнион Колледж, институт воспитания реформистских раввинов. Третьим важным институтом стала Центральная Конференция Американских Раввинов, президентом которой Вайз был с момента ее основания в 1889 году до самой своей смерти.

Приезд сотен тысяч единоверцев из Восточной Европы никак не входил в его планы. Он старается объединить и воспитать евреев в духе реформизма, а тут приезжает целый народ со своими «варварскими» ортодоксальными традициями и своим пониманием еврейства! «Появление в Соединенных Штатах этой второй еврейской общины делало бессмысленным те формы, согласно которым работал Вайз, и это его раздражало»[229]. Еще задолго до приезда «русских» он призывает со страниц своего еженедельника «Deborah»: «Пусть не имеющие полезного ремесла останутся в Европе», «у нас достаточно своих нищих и жаждущих надуть тебя бродяг», это люди, вырванные «из всех форм современной цивилизации»[230].

В 1887 году Вайз пишет: «Никак нельзя ассоциировать или отождествлять нас с [этой] полуцивилизованной ортодоксией... Мы – американцы, а они – нет. Мы либералы, гуманисты, космополиты и держимся широких принципов, а они – нет. Мы эмансипированные мужчины и женщины, свободные, стабильные и по-братски относящиеся друг к другу, а они – нет.

---

* Union of American Hebrew Congregations существует и по сей день, изменив название на Union for Reform Judaism (Союз Реформистского Иудаизма). На 2012 г. Союз объединял 900 синагог.

Мы просветители, а они – мракобесы. Мы взываем к разуму, а они – к дедовским обычаям. Мы – израильтяне девятнадцатого века и свободная страна, а они гложут мертвые кости прошедших столетий. Кроме имени, у нас с ними очень мало общего. Во имя американского иудаизма и нашей защиты против просвещенного мира мы не хотим иметь даже этого общего; пусть они будут евреями, а мы – американские израилиты»[231].

Несмотря на стремление объединить под своими знаменами всех американских евреев, Вайз выступал с резкой, уничижительной критикой своих противников. А в его противниках оказался сионизм, который шел вразрез с его трепетным отношением к Америке и с его пониманием роли евреев в мире и самой сути еврейского народа. Враждебность Вайза к сионизму, который он считал порождением тех же «несчастных» русских евреев, определила отношение к нему всего реформистского движения вплоть до пересмотра реформистской платформы в 1937 году. Вайз охотно и подробно обосновывал свои антисионистские взгляды.

В 1897 году в Базеле проходил Первый Сионистский конгресс. За месяц до этого в президентском обращении к Центральной Конференции Американских Раввинов Вайз писал: «Мы совершенно удовлетворены нашей политической и социальной позицией. Для нас не может иметь значения, в какой форме наши сограждане поклоняются Богу или какое конкретное место земной поверхности мы занимаем. Мы хотим свободы, равенства, правосудия и справедливости, чтобы руководить и управлять общиной, в которой мы живем. Это у нас есть в такой полной мере, что никакое, каким бы оно ни было, государство не смогло бы улучшить это. Это новое заокеанское мессианское движение совершенно нас не касается. Однако те же лишённые родины, преследуемые и подвергнутые вопиющим страданиям люди в огромном числе приехали и к нам и, всё еще охваченные привезенными из дома идеями, идеалами и убеждениями, заявляли об этих прожектах между собой и среди своих друзей так громко и так страстно, что этот предмет довольно бурно обсуждался на публичных собраниях, и некоторые мелкие политики этого класса были назначены делегатами, как мы узнали, на Базельский конгресс, и на каждом из этих собраний...столько-то раввинов защищало эти политические схемы, компрометируя весь американский иудаизм, как фантастические глупцы, обманутые бездумной утопией, являющейся для нас фата-морганой, кратковременным опьянением нездоровых умов и проституированием святого дела Израиля в угоду сумасшедшему танцу слабоумных политиканов»[232].

К сожалению, мы должны констатировать, что позиция такого видного политического и религиозного деятеля, каким, безусловно, был Айзек Майер Вайз, на деле вносила раскол в ряды евреев. Многие годы заняло примирение «русских» и «немцев», а на антисионизм Вайза как крупнейшего лидера реформизма до сих пор оглядываются как наши друзья, так и наши враги.

Кто виноват в Катастрофе

Одним из самых важных для нашего народа событий XX века стала Катастрофа европейского еврейства. Многие историки и просто люди, у которых болит сердце за 6 миллионов невинно погибших евреев, задают вопрос, всё ли было сделано для их спасения. В условиях фашизма, распростершего свои черные крылья почти над всей Европой, единственной силой, способной спасти евреев от неминуемой гибели, стали страны-союзницы: Советский Союз, Великобритания и США. Центр мирового еврейства переместился в Америку. При той экономической и политической роли, которую играло американское еврейство, оно, казалось бы, могло способствовать успешному спасению своих собратьев. Почему же этого не произошло?

Может быть, это было физически невозможно, и страны-союзницы были не в состоянии этого сделать? Историки утверждают, что существовало несколько способов остановить гибель европейского еврейства, начиная от предоставления евреям свободных территорий и кончая бомбардировками Освенцима или немецких городов. Однако до конца войны не было сделано почти ничего, включая систематическое и намеренное недоиспользование и без того достаточно скромной квоты на иммиграцию в Америку. Куда же смотрели американские евреи?

Американский историк Генри Файнгольд посвятил несколько работ исследованию этого вопроса. «Не вызывает сомнения, – пишет он в статье «Кто несет ответственность за Катастрофу?» – что [еврейство США] не было готово к внезапно выпавшей на его долю роли лидера мирового еврейства. В рядах евреев США отсутствовал фундамент для единства действий в качестве общины и наблюдался раскол... Американское еврейство той поры характеризовали глубокие разногласия в отношении действий, которые следовало предпринять в сложившейся кризисной ситуации, и борьба между многочисленными политическими и религиозными фракциями»[233].

Звучащие сегодня обвинения в адрес американских евреев исходят из двух предположений. Первое – что было к кому обращаться за помощью, будь это Ватикан, президент Рузвельт, британское правительство или мировая общественность. Второе – что существовала «единая еврейская община, объединенная общим историческим наследием и стремлением к единству действий». Не касаясь первого предположения, мы, к сожалению, должны признать, что второе предположение «является не более чем плодом фантазии»[234].

В 30-е годы в США не было такой общины. Тонкие нити, связывавшие «немецкую»» и «русскую» общины и позволявшие им иногда действовать сообща, к этому времени практически исчезли. Еврейство США было раздираемо на части множеством разногласий, которые сегодня «представляются нам удивительно мелочными и несерьезными»[235]. «Представляется трагическим то, как в отсутствие единого фронта каждая отдельно взятая еврейская организация была вынуждена обращаться в Вашингтон с тем, чтобы отдельно просить именно за своих подопечных беженцев»[236].

Рабби Джейкоб Розенхайм (1870 – 1965) один из лидеров американской еврейской ортодоксии и один из основателей религиозного движения Агудат Исраэль ("Союз Израиля").

«В 1944 году рабби Джейкоб Розенхайм, директор комитета по спасению от имени ортодоксального крыла, объяснил, почему он считал, что лучше действовать в одиночку. Он заметил, что арена борьбы за спасение "была миром, где человек человеку – волк, где интересы религиозных евреев всегда находятся под угрозой из-за доминирования богатых и привилегированных еврейских организаций, в особенности Еврейского Агентства и Джойнта". Очевидно, что для Розенхайма нацисты были не единственным врагом»[237].

Человека, которому мы обязаны систематическим недоиспользованием иммиграционных квот, – что легко переводится в десятки тысяч загубленных жизней, – звали Брекинридж Лонг. Он занимал влиятельный пост помощника госсекретаря США и почти полностью определял политику госдепартамента по спасению евреев. И до этого не питая к ним нежных чувств, в 1944 году он записывает в своем дневнике: «Еврейские организации целиком раздираемы противоречиями... вместо единства или сочувственного взаимодействия... есть скорее соперничество, ревность и вражда»[238].

Брекинридж Лонг (1881 – 1958)
американский дипломат и политик, заслуживший титул "повелителя американской иммиграции".

Насколько все это было правдой, подтверждает удивительная история так называемой «группы Бергсона». Изначально эта группа была делегирована в Америку подпольной военной организацией Эцель, действовавшей в Палестине. Целью делегации был сбор средств, а с приездом В. Жаботинского и Гиллеля Кука в 1940 г. – создание еврейской армии для войны с фашистами. Гиллель Кук был племянником рава А. И. Кука и, чтобы не компрометировать свою семью, он взял псевдоним Питер Бергсон. Ядро группы составляли пятеро молодых активистов Эцеля*, причем один из них, обладая всеми необходимыми качествами революционера-подпольщика, не знал ни английского, ни немецкого. Правда, он в совершенстве владел идишем.

Гиллель Кук (Питер Бергсон, 1915 – 2001) один из лидеров еврейской военной организации Эцель, соратник Жаботинского и представиель Эцель в США. Позже – политический деятель, член Кнессета. Племянник рава А.И. Кука.

Арье Бен-Элиезер (1913 – 1970) впоследствии один из командиров Эцеля, член Кнесета с 1-го по 5-ый созыв.

В 1942 году после публикации свидетельств о гибели 2 миллионов евреев группа решила изменить свою цель и сосредоточилась на спасении европейского еврейства. Действия группы Бергсона были самыми решительными и, по всей видимости, самыми эффективными из всего, что делали еврейские организации. Группе удалось набрать десятки тысяч сторонников,

---

* Эцель (ивр. сокращение от названия Иргун цваи леуми, Национальная военная организация) – еврейская организация, действовавшая в Палестине с 1931 по 1948 гг. и боровшаяся с Британским Мандатом. Идеологически связана с партией сионистов-ревизионистов В. Жаботинского. С 1943 г. во главе Эцеля стоял будущий премьер-министр М. Бегин.

заручиться поддержкой влиятельных людей и собрать значительные средства.

Группа действовала активно, стараясь достучаться до сердец как политиков, так и сотен тысяч простых американцев. Поставив своей целью прорвать «заговор молчания», она регулярно публиковала в центральных газетах страничные объявления с душераздирающими призывами спасти евреев. Среди заголовков были такие: «Гуманитарная распродажа: 70 000 евреев, люди с гарантией – 50$ за штуку» – это по поводу готовности румынского правительства отправить своих евреев при условии, что союзники оплачивают все расходы; «Хорошо ли вам спится?», «Время наперегонки со смертью» – это когда Сенат тянул с резолюцией о создании комиссии по спасению беженцев. Об эффективности этих объявлений свидетельствуют слова президента Рузвельта об объявлении, обвинявшем непосредственно его, переданные Куку первой леди Элеонор Рузвельт: «А это было уже ниже пояса!»[239].

В марте 1943-го группа Бергсона поставила грандиозный спектакль под названием «Мы никогда не умрем», посвященный гибели (на тот момент) двух миллионов евреев. В первый же вечер в Нью-Йорке эту постановку увидело 40 000 человек.

Спектакль "Мы никогда не умрем!", 1943 г.

Спектакль с успехом прокатился по пяти важнейшим городам США, причем в Вашингтоне его посмотрели первая леди Элеонор Рузвельт, 300 сенаторов и конгрессменов и 6 судей Высшего Суда.

Результатом деятельности группы было создание – к сожалению, слишком поздно – Совета по делам Военных Беженцев*, спасшего 200 000 венгерских евреев, и Еврейской бригады, воевавшей в Италии.

Тем более поражает тотальное неприятие группы Бергсона со стороны американских еврейских организаций. Как только они ни боролись против нее, обвиняя в финансовой нечистоплотности, в опасности возбуждения антисемитизма и даже в еврейском фашизме. Они неоднократно обращались к властям с просьбой депортировать "этих экстремистов" из США. Через много лет после войны Гиллель Кук вспоминал: «Мы не думали, что реакция будет настолько враждебной, как это произошло... Было время, когда казалось, что еврейские лидеры больше ничем не занимаются, кроме борьбы с нами»[240].

Против них были все еврейские организации, включая сионистские, но последним ударом для членов бергсоновской группы стало отношение к ним сионистов-ревизионистов, к которым они себя тоже относили. «Даже ревизионисты, как и все остальные сионисты, всегда были против нас. Когда я приехал в Америку, – вспоминал Гиллель Кук, – мне сказали, что у нас есть некоторые сложности с ревизионистами. В чем заключались эти сложности с ревизионистами? Что, что бы мы ни пытались делать, они считали это нежелательным»[241].

В октябре 1943 года Гиллель Кук организовал марш четырехсот ортодоксальных раввинов к Белому дому в Вашингтоне. Торжественная процессия длиннобородых людей в длинных черных лапсердаках с громкими молитвами проследовала от железнодорожного вокзала к Капитолию. Там их встречали

---

* War Refugee Board

Марш раввинов, 1943

вице-президент и несколько десятков конгрессменов. Пока зачитывалась петиция на иврите и на английском, некоторые раввины рыдали в голос. Петиция призывала открыть ворота Америки для преследуемых евреев. У Мемориала Линкольна раввины помолились за американских солдат, скорейшую победу и оставшихся в живых евреев. Финальной точкой и главной целью всей акции должна была стать встреча с президентом Рузвельтом в Белом доме. Однако в результате происков одного из еврейских советников президента встреча не состоялась, и раввины разъехались, ограничившись вручением петиции секретарю президента[242]. Таковы были горькие плоды междоусобной борьбы еврейских организаций друг с другом.

Из всего вышеописанного очевидно, что Катастрофа европейского еврейства находится в трагической связи с неспособностью американского еврейства объединиться. Как в сердцах заметил однажды президент Рузвельт, «жаль, что у евреев нет своего Папы»[243]. «Папа» у евреев есть, но жестоковыйный народ Его Его не слышит.

На краю пропасти

Еврейская Америка конца XX – начала XXI века стоит перед вопросом своего выживания. Никто не уничтожает евреев физически, и, тем не менее, становится все труднее говорить об американских евреях как единой общности. Народ распылен между политическими и религиозными течениями. Ассимиляция, смешанные браки и уровень рождаемости позволяют говорить о «тихой Катастрофе»[244].

Известный адвокат и писатель Алан Дершовиц посвятил этой проблеме книгу под названием «Исчезающий американский еврей». Дершовиц бьет в набат. К сожалению, практического решения проблемы сохранения еврейства – причем даже в собственной семье – он так и не нашел. Зато он много рассказывает о том, как хорошо евреям в Америке и что Америка конца XX века – это вам не гитлеровская Германия образца 30-х годов.

Алан Дершовиц (род. 1938)
американский адвокат и публицист, профессор Гарвардского университета. По меткому выражению Б.Гулько, «когда богатый мерзавец попадает в передрягу, первым делом он спешит за помощью к Дершовицу» (Синдром Дершовица, Интернет-газета «Еврейский мир», 14 мая 2013).

Он, наверное, пока прав, адвокат, защищавший О. Джей Симпсона и Клинтона, но история – не коллегия присяжных, она – дама капризная, и некоторые тревожные симптомы мы всё же отметим.

О.Джей.Симпсон (род. 1947)
американский футболист, больше знаменитый тем, что обвинялся в двойном убийстве, но избежал смертной казни. Профессор Алан Дершовиц входил в группу его защиты.

О самоненависти как признаке распада народа мы уже писали в разделе о Германии. В современной еврейской Америке это явление расцвело пышным цветом, и хотя оно видоизменилось, приняв характер болезненной, доходящей до ненависти, критики Израиля как еврейского государства, суть осталась неизменной. Тот же Алан Дершовиц в другой своей книге, «Слово в защиту Израиля», считает это неким иррациональным феноменом: «В еврейской общине всегда существовал небольшой процент людей, которые по трудно объяснимым причинам гиперкритично относились ко всему, связанному с иудаизмом, евреями или еврейским государством»[245]. Мы склонны считать это явление одним из свидетельств деградации народа и отсутствия единства в его рядах.

Ноам Хомский (род. 1928)
американский лингвист и политический публицист, профессор лингвистики Массачусетского технологического института

Не претендуя на исчерпывающий анализ темы, приведем лишь несколько иллюстраций. Видимо, самым известным антисионистом среди американских еврейских интеллектуалов является профессор лингвистики Массачусетского технологического института Ноам Хомский. Он считает Израиль «агрессивно-экспансионистским инструментом американского империализма, игнорирует проблемы его безопасности и выступает против его существования как еврейского государства»[246]. В публичных выступлениях перед студентами он говорит, что «основание государства Израиль было ошибкой и чревато катастрофой», и что «концепция демократического еврейского государства содержит внутреннее противоречие»[247]. В своей недавней книге «Газа в кризисе: размышления о войне Израиля против палестинцев», написанной в соавторстве с Иланом Паппе, Хомский заявляет, что требование, чтобы Хамас «признал Израиль, или в более резкой форме право Израиля на существование» есть «легитимация изгнания палестинцев из их домов»[248].

Илан Паппе (род. 1954)
израильский историк и политик крайне левого толка. Один из лидеров партии Хадаш. Как историк принадлежит к школе «новых историков», переписывающих историю создания государства Израиль. За свою деятельность был публично осуждён с трибуны Кнессета и уволен из Хайфского университета.

Хомский проводит разветвлённую параллель между Израилем и нацистской Германией и говорит об израильских «концентрационных лагерях». Вслед за другим «выдающимся» еврейским антисионистом, профессором международного права Ричардом Фальком Хомский называет израильскую политику в Газе «прелюдией к геноциду»[249]. Несмотря на свой преклонный возраст, Хомский не ограничивается антисионистской риторикой. Он активно встречается с арабскими антиизраильскими лидерами и выражает им свою солидарность. Так, в октябре 2012 года он ездил на конференцию по лингвистике в исламский университет Газы и даже получил почётную докторскую степень этого университета. Прибыв во главе делегации не менее выдающихся западных антисемитов от науки, Хомский не преминул встретиться с палестинскими политическими и общественными деятелями. На открытии конференции он сказал, что наконец-то вблизи увидел то, о чём мечтал долгое время. В 2010 году выдающийся лингвист современности нанес визит вежливости злейшему врагу Израиля – террористической организации «Хизбалла» в Южном Ливане. В этом, правда, для профессора уже не было элемента новизны, ведь в 2006 году он встречался и обедал с лидером «Хизбаллы» Хасаном Насраллой.

Церемония вручения Хомскому диплома почётного доктора Исламского университета в Газе

Будучи известным ученым и профессором Массачусетского технологического института, Ноам Хомский является одним из главных вдохновителей академической кампании по бойкоту израильских ученых и израильских университетов. Как пишет Алан Дершовиц, «эта кампания преследует цель делегитимизировать и изолировать Израиль как государство-парию. Организаторы этой кампании также считают нужным донести до студентов высших учебных заведений ложное представление о том, что Израиль – один из крупнейших нарушителей прав человека в мире, что он виновен в геноциде, пытках, расизме, этнических чистках и применении нацистской тактики, тогда как палестинцы и их сторонники из числа арабов являются жертвами израильской агрессии»[250].

Не ограничиваясь антисионистской деятельностью, Хомский отличился и на поприще отрицания Катастрофы. Наш «борец за правду» выступил в защиту другого профессора, – французского, – Робера Фориссона, который написал одиозную книгу, отрицающую Катастрофу, за что подвергся справедливым преследованиям за антисемитизм и был лишен права преподавания в родном Лионском университете. Фориссон был уличен в откровенной фальсификации и подлоге, что, конечно, не помешало неонацистам «взять на вооружение» изыскания почтенного профессора. Защищая коллегу, Ноам Хомский, в частности, пишет: «Я не вижу антисемитской подоплеки в отрицании существования газовых камер и даже в отрицании Холокоста. Не будет антисемитской подоплеки в самом по себе заявлении, что Холокост (вне зависимости от того, был он на самом деле или нет) стал объектом эксплуатации, причем злостной, со стороны апологетов израильских репрессий и насилия»[251].

К слову сказать, само существование антисемитизма в Америке Хомский тоже отрицает. Он говорит: «К счастью, антисемитизм больше не является проблемой. Он процветает, но процветает из-за того, что привилегированные люди хотят гарантировать себе абсолютный контроль, а не только 98% контроля»[252].

Мы уделили так много внимания профессору Хомскому, поскольку его фигура является знаковой и типической для целого ряда еврейских интеллектуалов. Среди них – автор нашумевшей книги «Индустрия Холокоста: размышления на тему эксплуатации еврейских страданий» Норман Финкельштейн; профессор международного права Принстонского университета, специализирующийся на обвинениях Израиля, Ричард Фальк; бойкий публицист, автор книги «Кризис сионизма» Питер Бейнарт и многие-многие другие.

Алан Дершовиц недоумевает, откуда берется эта разрушительная ненависть к своему народу. Ведь «Хомский – еврей, родители которого были учителями иврита, – в сердцах восклицает он. – Он ездил в тот же ивритоязычный летний лагерь, куда и я»[253]. К сожалению, мы должны признать, что явление самоненависти и болезненного самобичевания присутствует в нашем народе, и свидетельствует о его глубоком кризисе.

Целая плеяда еврейских антисионистов является пламенными сторонниками и идейными вдохновителями одиозного движения BDS («Бойкот, лишение прав и санкции»), направленного против самого существования государства Израиль. Это движение по праву называют: «Евреи против самих себя»[254]. Лицом и рупором BDS в США долгое время является недавно ушедший с поста спецпредставителя ООН по правам человека в ПА профессор Ричард Фальк. Этот «эксперт» регулярно клевещет на Израиль, поливая его грязью, с самых высоких трибун. Удивительным образом его «попросили» уйти с поста наблюдателя ООН после сомнительных высказываний о том, что истинными причинами взрывов во время Бостонского марафона* являются «американский проект мирового господства» и «агенты Тель-Авива»[255]. В 2011 году, видимо, исчерпав запас собственного ядовитого красноречия, Фальк поместил в своем блоге карикатуру, изображающую собаку в кипе, которая мочится на фигуру Правосудия[256].

Карикатура из блога профессора Р. Фалька

---

* Теракт, произошедший 15 апреля 2013 года на финише Бостонского марафона, в его зрительной зоне. В результате двух взрывов погибло три человека и пострадало более 280.

Ричард Фальк (род. 1930)
профессор права Принстонского университета. Занимал должность спецпредставителя ООН по правам человека в Палестинской Автономии.

Джудит Батлер (род. 1956)
американский философ, концентрирующаяся на вопросах феминизма, философской фантастики и сексуальности.

Одним из программных документов движения BDS является эссе известной феминистки и ненавистницы Израиля Джудит Батлер, озаглавленное «Нет, это не антисемтизм». Жонглируя фактами, демонизируя Израиль и призывая к его бойкоту, Батлер не желает жить на одном земном шаре с еврейским государством. Вообще же отношение левых еврейских интеллектуалов к движению BDS неоднозначно. Так, профессор Питер Бейнарт считает его «хитрой тактикой», отвлекающей общественное мнение от палестинского терроризма[257]. Но вот профессор Хомский думает, что BDS может повредить «палестинскому делу», чрезмерно акцентируя внимание на «праве на возвращении» палестинцев – идее, не имеющей должного отклика у мирового сообщества[258].

* * *

В начале этого раздела мы говорили о твердокаменной уверенности Алана Дершовица в том, что сегодняшняя Америка не похожа на Германию 30-х годов, однако всё громче слышны голоса, предупреждающие о возможности фашизации Америки. Ведь и в зловещие 30-е годы евреи не осознавали надвигающейся опасности. На выборах в немецкий рейхстаг в сентябре 1930 г. национал-социалистическая партия во главе с Гитлером увеличила количество мандатов с 12 до 107, придя к финишу второй, а на следующий день после выборов американская еврейская газета «Форвард» писала: «Последняя речь Гитлера демонстрирует, что он не более чем болтун, набитый *хуцпой** дурак, но не тот, о ком стоит волноваться. Нет сомнения, что его сторонники скоро осознают, что имеют дело с поверхностным, бессильным демагогом, человеком, не представляющим совершенно никакой опасности, склонным к возбужденным словесным излияниям скорее, чем к разумной речи, лицемером – словом, персонажем несерьезным»[259]. Через 3 года этот «несерьезный персонаж» пришел к власти, а еще через 5 – начал «окончательное решение» еврейского вопроса.

Сегодняшняя американская идеология была заложена еще в конце XVIII века Томасом Джефферсоном, одним из отцов-основателей США и автором Декларации независимости. Он называл ее «американизмом». Как пишет Борис Гулько, «американизм представляет собой теорию создания общества на основе Танаха, по сути религиозен и фактически является «иудаизмом для неевреев»»[260]. Американизм – это особая форма демократии, ставшая господствующей в США после Американской революции 1775 – 1783 годов. Тот же Борис Гулько, чемпион СССР и США по шахматам, усматривает в общественной и политической жизни США постепенное наступление «контрреволюции», скатывание к фашизму – идеологии, противоположной американизму. Он говорит о том, что

---

* «Хуцпа» – ивр. наглость, дерзость.

«изменение идеологии американского общества от американизма в сторону фашизма», которое начиналось незаметно, в последние годы стало стремительным[261]. Что ж, очень может быть, что гроссмейстер видит партию лучше других. Единственное, что представляется ему загадкой, это почему «все формы фашизма – от нацистов Германии и коммунистов СССР, и до «неволящих свободой» в США – постепенно или сразу сбиваются на антисемитизм»[262].

Матч на звание чемпиона СССР 1977 г. с Иосифом Дорфманом, закончившийся вничью. Чемпионами стали оба.

Чтобы ответить на эту загадку, нам придется обратиться к первооснове еврейского народа. Народ Израиля является коллективным носителем идеи отдачи, идеи духовного альтруизма, к которой пришел еще праотец Авраам. Идеология альтруизма является единственной возможной альтернативой идеологии фашизма. Как пишет Бааль Сулам, «подорвать нацизм можно только с помощью религии альтруизма»[263]. Получается, что евреи как народ являются естественными противниками фашизма в любых его формах, и, подсознательно чувствуя это, «все формы фашизма... постепенно или сразу сбиваются на антисемитизм».

Кстати, каббалисты тоже считают, что именно фашизм (а не социализм) как форма устройства общества является прямым продолжением капиталистической демократии. В статье «Нация», написанной в 1940 году, Бааль Сулам пишет: «[Карл Маркс] думал, что ближайшим к капиталистическому строю этапом является коллективное правление пролетариата. Но в итоге мы являемся живыми свидетелями того, что если капиталистический демократический строй развалится, на его месте сейчас же возникнет нацистско-фашистский строй. И не обязательно путем сегодняшней войны, а просто когда развалится демократический строй, ему будет наследовать нацистско-фашистский режим»[264].

Высказывая слабую надежду, что, «может быть, победа американской контрреволюции ещё не окончательна»[265], Борис Гулько не связывает противостояние нарастающему фашизму с еврейским народом. Он признаёт, что фашизм фактически «отрицает учение Танаха», т.е. учение Авраама об отдаче, однако на активность евреев он не рассчитывает. Тем не менее, как указывают каббалисты, евреям достаточно объединиться под знаменами своей древней духовной идеи, и ветер подует в другую сторону. Фашизма можно будет избежать. Как ни странно, евреи опять виноваты, и даже спасение Америки – в их руках!

Глава 10
Россия – мать или мачеха?

Рассеяние еврейского народа распространялось на восток. После изгнания из Испании и расцвета еврейских общин Германии в XVI веке пальма первенства еврейской духовности переходит в Польшу. Здесь жили и распространяли свое влияние такие выдающиеся мудрецы, как каббалист и галахист Моше Иссерлес (Рама), рабби Натан Нета Шапира из Кракова, знаменитый талмудист Йоэль Сыркес. Из Польши еврейское присутствие распространилось в Белоруссию, Малороссию и Прибалтику.

Йоэль Сыркес (1561 – 1640)
выдающийся каббалист, галахист и раввин целого ряда польских общин.

В тех или иных формах евреи стучались в ворота Российской империи в течение всего «просвещенного» XVIII века. Россия, однако, не горела желанием их впускать. Известна знаменитая резолюция императрицы Елизаветы Петровны на просьбу Сената допустить евреев в Малороссию для оживления местной торговли. «От врагов Христовых не желаю интересной прибыли»[266], – заключила императрица. В итоге, однако, не евреи пришли в Россию, а Россия пришла к евреям. В результате разделов Польши к России отошли обширные территории, на которых жило почти миллионное еврейское население.

Хасидизм и его противники – две стороны одной медали

Вплоть до середины XIX века евреи жили закрытыми общинами, объединенными единством языка, религии и системы самоуправления. Существование народа базировалось на принципах, установленных духовными лидерами еще на заре двухтысячелетнего изгнания и обновлявшихся в каждом поколении. Время вхождения восточно-европейских еврейских общин в состав России совпало с эпохой расцвета и распространения хасидизма.

Хасидизм возник в 30-е годы XVIII века как духовное движение, внесшее новую струю и дополнительную глубину в подчас застывшие и окаменевшие за сотни лет формы религиозной и духовной жизни народа. Подход хасидских учителей позволял простому народу коснуться глубинной сути иудаизма, каббалы и тех базовых идей, разработанных еще праотцом Авраамом, которые изначально вывели еврейский народ на уровень единения друг с другом и Природой. Основным новшеством было непосредственное обращение к человеческой душе, ставившее формальную книжную ученость на второй план или еще дальше.

Быстрое распространение нового течения вызвало к жизни ответную реакцию сопротивления. Духовные учителя традиционной школы, и прежде всего великий каббалист и духовный лидер поколения Виленский Гаон Элиягу, считали преждевременным распространение каббалы среди широких народных масс. Они полагали, что время избавления еще не наступило, а духовная работа в условиях Изгнания (Галута) должна все еще выполняться избранными учеными.

Каковы бы ни были внутренние разногласия между двумя каббалистическими школами, раввины так называемой литовской школы стали бороться с «инакомыслием» всеми доступными им способами. В конце XVIII века во многих общинах развернулась настоящая «охота на ведьм», грозившая полным расколом народа.

«Еретиков» преследовали, подвергали херему (отлучению от общины), заставляли публично каяться в грехах, подвергали телесным наказаниям. Хасидские рукописи сжигали. Столицей борьбы с хасидами была Вильна, «литовский Иерусалим». В одном из посланий виленского религиозного истеблишмента еврейским общинам говорится: «Все вожди народа должны облечься священным рвением как одеждой для того, чтобы истребить, искоренить сих отступников и поразить их громом отлучений и опал. С помощью Божией мы уже здесь (т.е. в Вильне) вырвали зло с корнем, и как мы искоренили их здесь, так да будут они искоренены во всех местах, и да исчезнет самое имя их навеки! И где только найдется малейший отпрыск их, да будет он истреблен, дабы не укоренилось в земле семя их. И если даже они будут умолять вас (о пощаде) голосом своим, не верьте злодеям и не полагайтесь на них, ибо много мерзостей в сердце их. И до тех пор надо гнать их, пока они сами не покаются всем сердцем»[267].

Давид Гилариевич Маггид (1862 –1942) происходил из семьи потомственных раввинов, гебраист, искусствовед, историк и генеалог.

Зачастую раскол между хасидами и их противниками – митнагдим* – проходил внутри одной семьи. Известный историк и искусствовед Давид Маггид пишет о своем прадеде раввине Пинхасе Маггиде, что для него, «стоявшего весьма близко к

---

* Митнагдим – ивр. «противники».

виленскому Гаону и обучавшего детей последнего, отпадение сына в хасидизм было страшным ударом и позором. На основании родительского права, с которым в то время очень считались, р. Пинхас заставляет сына отречься от хасидизма, и для этой цели он образует Бесдин [т.е. бейт-дин, раввинский суд] (группу из трех раввинов), в который входят виленский Гаон, чаусский раввин, р. Клонимус, слывший тогда великим благочестивцем, и он сам»[268]. Маггид приводит полный текст присяги, подписанный сыном рабби Пинхаса и полностью исключающий возможность какой-либо связи с хасидами.

Хасиды реагировали на эти гонения по-разному. Вождь хасидского движения, преемник основателя хасидизма Бааль Шем Това, рабби Дов Бер (Магид) из Межерича занимал примирительную позицию. Считается, что с целью выяснения истины и прекращения распри он посылал к Виленскому Гаону двух своих видных учеников: Менахема Мендла из Витебска и будущего основателя Хабада Шнеура Залмана из Ляд. Однако Гаон отказался принять их. Согласно легенде, ученики Магида не были столь сдержаны и, собрав миньян, «провозгласили обратный «херем» против гонителей хасидизма», объявив все их «враждебные... меры незаконными и недействительными»[269].

Бааль Шем Тов (Исраэль бен Элиэзер, 1698 – 1760) каббалист, основатель течения хасидизма.

Портрет, приписываемый Бааль Шем Тову

В 1781 году в столице галицийского еврейства городе Броды противники хасидизма публично сожгли первую печатную хасидскую книгу «Толдот Яков Йосеф», которую мы неоднократно цитируем в этой книге. Сожжение происходило на площади перед домом одного из главных вождей галицийских хасидов Михеля из Злочова. В одном из раввинских посланий, обличающих опальную книгу, говорится: «Цель автора этой книги состоит в том, чтобы соблазнить всех евреев, склонить их к отступничеству от веры и упразднить занятие как явной, так и тайной мудростью [т.е. каббалой]»[270].

**Шнеур Залман из Ляд
(Алтер Ребе – Старый Ребе, 1745 – 1812)**
глава белорусских хасидов, основатель движения Хабад, автор «Тании» и основатель династии любавичских цадиков.

По портрету работы
К. И. Гловачевского (1798)

Особым преследованиям подвергся Шнеур Залман из Ляд, основатель Хабада и вождь белорусских хасидов. В 1784 году большой съезд раввинов, собравшийся в Могилеве, осудил белорусских хасидов и объявил их вне закона. Всем правоверным «дана была воля делать хасидам жизнь несносной, лишать их средств к существованию и доканать всевозможными способами»[271]. Только после оглашения приговора решили послать за Шнеуром Залманом, который на съезд не явился, но передал уважаемому собранию раввинов письмо, в котором он призывает их к справедливости и примирению. В своем замечательном письме он в частности пишет: «Приличествует ли вам в такую пору сидеть скрытыми в домах ваших и из своей засады метать ядовитые стрелы языка по всей земле, дабы кровь лилась рекой, дабы напустить человека на человека и брата на брата?! Неужели это по-вашему называется «водворением мира во Израиле»? Небеса содрогнутся от этого!»[272] «Не отвергайте слов моих, но да проникнут эти слова в ваш слух и возбудят в вас доброе чувство к нам, да заставят вас смотреть на нас взорами кротости и жалости, ибо ведь вы – братья и кровные родные нам. Тот же, в чьих руках мир, да поселит мир в ваших сердцах, и да внушит вам жить с нами братски и дружески, как мы этого от души желаем»[273].

К концу девяностых годов XVIII века борьба сторон достигла такого ожесточения, что появились случаи физической расправы с противниками. Двадцатипятилетняя борьба митнагдим с хасидами достигла своего апогея, когда в 1798 году по доносу правительству и ложному обвинению Шнеур Залман был заточен в Петропавловскую крепость. Как пишет историк С.М. Дубнов, «религиозное усердие сделало возможным даже такое необычайное в былые времена явление, как коллективный донос одной части евреев на другую... Еврейская история знала только один аналогичный пример»[274]. Убедившись, что деятельность Шнеура Залмана не представляет угрозы обществу, Тайная канцелярия императора Павла, отпустила его, сохранив за ним «строгое наблюдение»[275]. В 1800 году митнагдим предприняли еще одну отчаянную попытку добиться перевеса в борьбе, подав новый донос на имя императора Павла. Шнеур Залман снова был заточен в крепость и окончательно освобожден уже по смерти Павла новым императором Александром I.

Хаим из Воложина (1749 – 1821)
вождь митнагдим после смерти Виленского Гаона, основатель знаменитой воложинской ешивы.

Вмешательство правительства и полное оправдание вождя белорусских хасидов привело к формальной легализации хасидизма и к его постепенному признанию как законной формы проявления иудаизма. На этом этапе острота противостояния между двумя частями еврейского народа начинает спадать, уступая место реальности существования двух подходов к постижению духовности. Уже ученик и преемник Виленского Гаона р. Хаим из Воложина занимал примирительную позицию и, по преданию, во время исторической встречи со Шнеуром Залманом в Минске извинялся за неподобающие преследования хасидов со стороны митнагдим.

В первой половине XIX века еврейский народ уже воспринимается как единое целое. Так, например, найденный в архиве III отделения* недавно опубликованный «Проект о благоустройстве расстроенного положения народа еврейского...», написанный в 1829 году, содержит «отсутствие разделения еврейского общества на высшие и низшие слои и характеристику еврейского населения как единого целого»[276]. В 40-е годы хасиды и митнагдим выступали единым фронтом против попыток правительства провести реформу еврейского образования. Так, в 1843 году в Петербурге была собрана «Комиссия для образования евреев в России», в деятельности которой принимали активное участие как глава хасидов Хабада рабби Менахем Мендл Шнеерсон, так и руководитель воложинской ешивы рабби Ицхак из Воложина. Центростремительные, объединительные тенденции в народе были еще достаточно сильны. Следующий этап разделения народа, начало движения еврейского Просвещения, Гаскалы, окончательно соединил все ортодоксальное общество по одну сторону баррикад.

Менахем Мендл Шнеерсон (1789 – 1866)
третий любавичский цадик, внук Шнеура Залмана из Ляд.

---

* Третье отделение Собственной его Императорского величества канцелярии – охранное отделение.

 **Ицхак Воложинер (1780 – 1849)**
сын рабби Хаима из Воложина, второй руководитель Воложинкой ешивы и духовный лидер литовских и белорусских митнагдим.

Ранняя Гаскала: пока еще едины

Движение еврейского просвещения в России, Гаскала, начиналось постепенно. Первый период Гаскалы, начавшийся во второй половине 20-х годов XIX века и исчерпавший себя к началу 60-х, во многом напоминает начальный этап немецкого Просвещения периода Мендельсона. Мы наблюдаем небольшие кружки просветителей-маскилим, желающих обновить «застывшую» родную культуру и внести в нее европейский дух. Однако в отличие от идей своих немецких собратьев деятельность русских просветителей первой волны не несла ассимиляторского духа. Маскилим развивали новую светскую еврейскую литературу на иврите, издавали газеты и журналы. Однако, по выражению писателя И.Л. Гордона, эти «просветившиеся» были оторванными от народа одиночками[277].

Как пишет известный израильский историк Б. Динур, несмотря на начавшиеся процессы эмансипации, «жизненный уклад русского еврейства остался в основном прежним и сохранил свои типичные черты»[278]. «Приспособление народа к новым условиям было в значительной мере коллективным приспособлением. Личность не исключалась из группы, не становилась изгоем, а вносила коррективы, только выправляя формы коллективного существования, и в известной мере тоже становилась фактором внутренней консолидации»[279].

Бенцион Динур (1884 –1973)
еврейский историк, педагог, общественный деятель российского происхождения, автор многотомной истории еврейского народа.

Забегая чуть вперед, приведем здесь слова вдохновителя сионизма и провозвестника еврейского государства Теодора Герцля. На Первый Сионистский конгресс, проходивший в Базеле в 1897 году, Россия послала 70 делегатов из 200. Впервые столкнувшись с русскими евреями «вживую», Герцль был поражен. Он писал: «Для меня, признаюсь, самым большим событием конгресса стало присутствие русских евреев... И какой стыд это для нас, считавших, что мы стоим выше их... Если попытаться выразить это впечатление – а оно было очень сильным – одним словом, я бы сказал: они обладают внутренним единством, которое большинство европейских евреев потеряло... Их не тревожат мысли об ассимиляции, их сущность проста и цельна... Глядя на них, мы поняли, что давало нашим предкам силу выдерживать самые тяжелые времена. Необычайно живой предстала перед нами наша история в их образе»[280].

Теодор (Биньямин Зеев) Герцль (1860 –1904)
основатель политического сионизма, провозвестник еврейского государства и создатель Всемирной сионистской организации.

Итак, еврейский народ сумел сохранить свое единство вплоть до 80-х годов XIX века, то есть до времени, когда духовный посыл хасидизма, с одной стороны, и литовского направления, с другой стороны, резко пошел на спад. Хасидизм почти полностью превратился в систему династического правления цадиков, придававших большее значение традициям своего двора, чем истинному духовному обучению своей паствы. Параллельно этому подход литовских ешив также становился всё более формальным, отходя от настоящего внутреннего наполнения и ограничиваясь внешним морализаторством («мусаром»).

Волны погромов.
Интеллигенция на распутье

Траур по еврейским погромам

В 1881–1882 годах по всему югу России прокатилась волна погромов, которая затронула 150 городов и местечек и длилась около года – «как один бесконечный черный день»[281]. За первой волной следовали другие, но именно она взбудоражила весь еврейский мир. Она явилась первым толчком к процессу еврейской эмиграции в Америку, продлившемуся больше 30 лет и перенесшему за океан полтора миллиона еврейских судеб. Принимая еврейскую депутацию, пришедшую просить помощи у правительства, министр внутренних дел гр. Игнатьев начал со слов: «Я не хотел вас принимать вместе, т.к., конечно, не могу признать солидарность еврейских интересов русских подданных Моисеева закона, живущих в разных городах», и закончил словами: «До тех пор, пока вы сохраняете свое кагальное устройство [т.е. организованную общинную жизнь], вашу сплоченность... вам нечего рассчитывать... на льготы, на расширение прав или места оседлости...»[282] Волна погромов, как любое бедствие, сваливавшееся на еврейский народ, поначалу как раз наоборот – еще больше сплотила его и привела к сближению уже сформировавшейся к этому времени интеллигенции с народом.

Еврейская интеллигенция периода поздней Гаскалы неизменно переживала драму разрыва со своими корнями. Зачастую это был отрыв не только от религии предков и простого народа, но и от семьи. Характеризуя культурную ситуацию среди еврейской интеллигенции 60-х–70-х, подпавшей под обаяние русской культуры, историк С. М. Дубнов пишет: «Головы, еще недавно склоненные над Талмудом в хедерах и иешивах, наполнились новыми идеями позитивизма, эволюционизма, социальных реформ. Резок был переход от раввинской схоластики, от усыпляющей хасидской мистики в этот мир идей, ярко освещенный солнцем науки, к новым откровениям, вещавшим о свободе мысли, о разрушении оков старой традиции, об уничтожении всех религиозных и национальных перегородок, о всечеловеческом братстве... Началось крушение старых кумиров: послышался вопль преклоненной перед ними массы: пошла трагическая борьба «отцов и детей», борьба непримиримая, ибо на одной стороне стоял обскурантизм или ортодоксизм, а на другой – отрицание всех исторических форм иудаизма, не только религиозных, но и национальных»[283].

Сам прошедший через кризис самоопределения, в своих воспоминаниях С.М. Дубнов не раз сравнивает себя с Ахером* – талмудическим мудрецом Элишей Бен Абуя, отпавшим от веры

---

*   «Ахер» – букв. «другой» (ивр.)

и ставшим символом вероотступничества. Одиозность его фигуры в еврейской традиции может быть сравнима только с одиозностью фигуры Иуды Искариота в христианстве. Парадоксальным образом в глазах тех, кто стремился отбросить традиционные ценности, предатель Ахер, видимо, становился символом свободомыслия и смелости. О приезде в родной город и встрече с матерью Дубнов пишет: «Добрая женщина радовалась возвращению сына к родным пенатам, не зная, что эти пенаты давно уже перестали быть для него богами-покровителями, что он стал Ахером, иным»[284]. О встрече с дедом: «Прошло десять лет с тех пор, как я сидел рядом с ним на синагогальной скамье, целая вечность для меня, превратившегося за это время из верного Элиши в отступника Ахера. Знал ли дед точно об этом превращении? К счастью для него, он не мог читать мои мятежные статьи, где я отвергал все святое для него»[285]. И далее о восприятии молодого интеллигента-маскила еврейской общиной: «Если бы не авторитет деда в городе, меня бы забросали камнями на улице»[286].

Любопытно суждение «Ахера» С.М. Дубнова о своем предке, каббалисте XVII века Йосефе Йоске из Дубно, авторе каббалистического труда «Йесод Йосеф». Считая книгу своего предка нравоучительной, Дубнов пишет: «При таком высоком нравственном уровне рабби Иосиф... не поднимается над низким умственным уровнем своего времени. Он осуждает всякое проявление свободомыслия: "Пусть человек совершенно удаляется от изучения философии, ибо она есть та блудная женщина, о которой сказано: все приходящие к ней не вернутся назад"»[287]. С позиции просвещенного интеллигента Дубнов просто не в состоянии понять, что для каббалиста изучение философии означает привлечение чуждого («греческого») элемента в его чистую внутреннюю работу, опирающуюся на учение Авраама.

Итак, после погромов начала 80-х и еще больше – начала 90-х еврейская интеллигенция лихорадочно пыталась найти решение «еврейского вопроса». В крупных еврейских центрах, таких как Петербург, Вильна, Одесса, Киев, Харьков образовывались кружки, общества и неформальные «партии». «Националисты» противостояли ассимиляторам. «Националисты» делились на палестинофилов или – позднее – сионистов и «автономистов», считавших, что нужно бороться за права евреев в России. Сионизм разделился на духовный сионизм Ахад-Гаама, считавшего, что в Палестине надо создать лишь духовный центр, и политический, стремившийся к созданию еврейского государства. В воздухе витали мечты об обетованной земле – не важно, на берегах ли Иордана или Миссисипи. Шли жаркие дебаты о том, как и что нужно преподавать в еврейских школах; какой язык, идиш или иврит, должен быть языком еврейской культуры, какой язык должен быть языком еврейского государства в Палестине.

Ахад-Гаам(псевдоним, наст. имя Ашер Гинцберг) (1856 – 1927)
выдающийся публицист и философ, противник и критик «политического», или «практического» сионизма и идеолог «духовного» сионизма. Писал на иврите.

Тем не менее, несмотря на остроту споров и несговорчивость сторон, 80-е, 90-е и даже 1900-е годы были временем относительно травоядным. Слишком многое объединяло еврейскую интеллигенцию в ее поисках. Стороны, враждующие на страницах журналов или в общественных собраниях, в жизни часто были близкими друзьями. Борьба мнений не превращалась в открытую вражду и ненависть.

Как иллюстрацию приведем отрывок из воспоминаний С.М. Дубнова о замечательном еврейском писателе, «дедушке» еврейской литературы, Менделе Мойхер-Сфориме, который в клубке разнообразных мнений и идеологий «соблюдал нейтралитет». Дубнов, сам убежденный «националист», пишет: «Его нейтралитет обрекал его на идейное одиночество... Я ставлю ему вопрос... как может он не примкнуть к числу борцов против опасности ассимиляции молодого поколения? Я, может быть, при этом употребил несколько сильное выражение. Менделе рассердился. Взволнованный, поднялся он с места, чашка кофе дрожала в его руке, и он воскликнул: «Значит, я плохой еврей, потому что не числюсь среди националистов! Нет, вы все – евреи с ярлыками: националисты, сионисты, палестинцы, а я просто еврей..., но из таких простых евреев состоит весь народ». Что мог сказать я обиженному другу? Конечно, Менделе органически лучший, более подлинный еврей, чем мы все, но в национально-политической борьбе интеллигенции он по своей натуре обречен стоять в стороне: он служит нации своим литературным творчеством»[288].

Менделе Мойхер Сфорим (псевдоним, наст. имя Соломон Моисеевич Абрамович, 1835 – 1917) выдающийся писатель, основоположник новой еврейской классической литературы. Классик литературы на идиш и на иврите.

А вот отрывок воспоминаний Дубнова о своем идейном враге, одном из властителей дум еврейской молодежи, Ахад-Гааме. Остро отвечая на статью Дубнова на страницах одного из журналов, Ахад-Гаам «усмотрел» «в западном идеализме... следы внутреннего рабства тех ассимилированных евреев, которые ищут оправдания своего существования в миссии иудаизма, потому что не считают себя членами живой еврейской нации, не нуждающейся в таком оправдании. По существу, мысли о рабской психологии ассимиляторов я мог бы еще тогда согласиться с Ахад-Гаамом..., но с чем я не мог согласиться – это с мнением, что весь западный идеализм... вытекает из рабской психологии... Позже я выдвинул против отрицательного вывода «рабство в свободе» положительный: свобода в рабстве в форме национальной автономии, которая сохранила еврейство в эпохи гражданского бесправия и может его сохранить при современных условиях эмансипации»[289]. Однако идейные враги на поверку оказываются друзьями: «Вообще при всем различии наших воззрений тогда и позже мы оба чувствовали наше духовное родство, что привело к многолетней личной дружбе»[290].

Поиск пути и подъём национального самосознания происходил не только на уровне народа или его интеллигенции, ломка проходила и на уровне личности[291]. Деятели Гаскалы, вчерашние ассимиляторы и русификаторы, разочаровавшись в своих недавних «богах», возвращались к своему народу. Так, «мятущаяся душа» одного из столпов поздней Гаскалы, Моше Лейба Лилиенблюма, успокоилась, найдя «разрешение проблемы еврейства сначала в палестинофильстве, идеологом которого он сделался, а затем в политическом сионизме»[292]. Писатель и публицист Лев Леванда был известен как «бард просвещения и русификации».

Лев Осипович Леванда (1835 – 1888)
русско-еврейский писатель и публицист. Занимал пост «ученого еврея» при виленском генерал-губернаторе.

В своих произведениях он «метко вышучивает» «старомодный еврейский быт». «Только кризис 1881 года, потрясший душу Леванды, заставил его разбить старый кумир ассимиляции; не успев еще выработать себе полное национальное мировоззрение, он в конце жизни примкнул к палестинскому движению…»[293]. Отдельная страница в истории русского еврейства – это евреи, принимавшие активное участие в русском социал-демократическом движении. Но и среди них произошли сдвиги. Так, например, революционер и социалист Григорий Гуревич порвал с народовольцами «именно из-за разногласий по еврейскому вопросу»[294]. Переоценив свое прошлое, он стал активным борцом за права евреев.

Моше Лейб Лилиенблюм (1843 – 1910)
писатель и публицист периода поздней Гаскалы., один из идеологов движения Ховевей Цион. Его роман-исповедь «Грехи молодости» оказал сильное влияние на целое поколение еврейской интеллигенции.

**Григорий Гуревич
(псевд.: Гершон Баданес, 1850–?)**
революционер, социал-демократ, соратник П. Аксельрода, позднее борец за права евреев.

Сидят Хаим Черновиц, Моше Лейб Лилиенблюм, Иешуа Равницкий, Ахад-Гаам, Менделе Мойхер Сфорим, Аарон Левински. Стоят - Аарон Борохов (Борхияху), Йосеф Клаузнер, Хаим Нахман Бялик. Одесса, 1910.

Каждый тянет на себя: дальнейшая политизация и раздробленность

В конце XIX – начале XX века в России полным ходом шли процессы отхода еврейства от старых, традиционных форм существования. Стены «гетто» рухнули, и евреи в массовом порядке стали отходить от религии, уезжать в город, идти в торговлю и промышленность. По данным на 1897 год, из 5 миллионов 200 тысяч евреев империи 3 миллиона 800 тысяч занято в торговле и промышленности[295]. Это во много раз превосходит относительную долю других народов, пока еще плотно сидящих на своей земле.

Бер (Дов) Борохов (1881 – 1917)
общественный деятель, лидер социалистического сионизма.

Такое положение вещей неизбежно должно было привести к образованию еврейских социалистических партий. И действительно, в 1897 году на нелегальном съезде в Вильне был создан Бунд, что означает на идиш «союз», – Всеобщий Еврейский Рабочий Союз в России, Польше и Литве. Интересно, что программой Бунда стал доклад Ю. Цедербаума «Поворотный пункт в еврейском рабочем движении» – того самого Цедербаума, который вскоре взял псевдоним «Мартов» и который был ближайшим соратником Ленина, пока в 1903 году РСДРП не раскололась на две фракции, и сторонников Мартова стали называть «меньшевиками».

Юлий Осипович Мартов (Цедербаум) (1873 – 1923)
революционер, соратник Ленина, один из лидеров меньшивизма.

Бунд был самой мощной еврейской социалистической партией*, но далеко не единственной. Среди сионистов выделилась партия Поалей-Цион, идейно вдохновляемая Берлом Бороховым. Борохов был харизматической личностью, мыслителем и лидером, который пытался скрестить марксизм и сионизм. В сионизме было еще множество течений, и социалистических и несоциалистических. Образовалась и не сионистская социалистическая еврейская партия СЕРП во главе с Хаимом Житловским, впоследствии одним из лидеров эсеров.

Хаим Осипович Житловский (1866 – 1943)
публицист, политический деятель, идеолог идишизма.

После революции 1905 года «буржуазные» (т.е. попросту не социалистические) еврейские партии на какое-то время объединились в «Союз для достижения полноправия еврейского народа в России». В него входили Еврейская Народная Группа

---

* Для сравнения: в 1905 г. Бунд по количеству членов превосходил РСДРП в 4 раза.

М. Винавера – впоследствии еврейская часть партии кадетов (конституционных демократов), Народная Партия С.М. Дубнова (Фолкспартей), базировавшаяся на его идеях автономизма, и сионисты.

М.М. Винавер – политик и человек

Максим Моисеевич Винавер был крупным юристом и политическим деятелем всероссийского масштаба. В 1905 году он – один из основателей и впоследствии второй человек в Конституционно-демократической партии, депутат 1-й Государственной думы. В кругах его родной кадетской партии о нем говорили, что он «до неприличия умный человек»[296]. Неофициальный лидер еврейских депутатов, он умел объединить еврейских представителей разных партий при голосовании по важным для евреев вопросам. Будучи борцом за гражданские права вообще, в одном из своих выступлений в Думе он, в частности, сказал: «Мы, евреи, представители одной из наиболее мучаемых национальностей, ни разу и ни слова не сказали только о себе, так как считаем неподходящим говорить об этом, а не о гражданском равенстве для всех. Все, что мой народ просит, – это нормализовать жизнь каждого жителя империи». Кадеты приветствовали его овацией.[297]

Максим Моисеевич Винавер (1863 – 1926)
юрист и политический деятель.

После февральской революции Временное правительство назначило его сенатором, а после октябрьской – большевики врывались в дома в поисках прокламаций, подписанных его фамилией. Большевистскую революцию он не принял и до эмиграции во Францию успел побывать министром внешних сношений в правительстве Крыма.

Марк Захарович Шагал (1887 – 1985) знаменитый еврейский художник, работавший в России и во Франции. Один из самых известных художников-авангардистов XX века.

Принимая активное участие в делах еврейства, он способствовал продвижению еврейских талантов, в частности, очень помогал молодому художнику Марку Шагалу. Когда он умер, Шагал писал: «С большой грустью скажу сегодня, что с ним умер и мой близкий, почти отец. Всматривались ли вы в его переливчатые глаза, его ресницы, ритмично опускавшиеся и подымавшиеся, в его тонкий разрез губ, светло-каштановый цвет его бороды пятнадцать лет тому назад, овал лица, которого, увы, я из-за моего стеснения так и не успел нарисовать. И хоть разница между моим отцом и им была та, что отец лишь в синагогу ходил, а Винавер был избранником народа, – они всё же были несколько похожи друг на друга. Отец меня родил, а Винавер сделал художником. Без него я, верно, был бы фотографом в Витебске и о Париже не имел бы понятия»[298].

Политическая позиция Бунда

Еврейские «буржуазно-демократические» силы старались выступать единым фронтом. Так, в 1914 году уже при IV Государственной думе было создано «Политическое совещание» из «представителей всех еврейских партий, кроме Бунда, с постоянным участием трех еврейских депутатов Думы и случайным участием русской думской оппозиции»[299]. Бунд держался особняком, считая своим долгом поддерживать классовую борьбу, а не защищать интересы всего еврейского народа в целом. Сторонников общенациональной политики бундовцы и другие социалисты даже осмеивали, придумав презрительный термин «клал-исроел-политик»[300].

В этой бундовской позиции национальной партии, выступающей против национальной политики, изначально было заложено противоречие, блестяще раскрытое прекрасным журналистом и одним из лидеров российских сионистов В. Жаботинским в статье «Бунд и сионизм» (1906). Жаботинский приходит к парадоксальному выводу: что бы там ни говорили бундовцы о классовой борьбе, «Бунд и сионизм – это не два ростка из одного корня: это большой ствол и один из его побегов. Это не два самостоятельных течения, эволюционирующих по собственным путям: под формами эволюции Бунда объективно эволюционировал в сознании еврейских рабочих масс идеал сионизма»[301].

Владимир Евгеньевич (Зеэв) Жаботинский (1880 – 1940)
лидер правого сионизма, основатель и идеолог движения сионистов-ревизионистов, создатель Еврейского легиона (совместно с И. Трумпельдором) и организаций Эцель и «Бейтар»; журналист, поэт и переводчик.

В. Жаботинский в форме офицера английских королевских стрелков.

Бундовцы пропагандировали классовую борьбу на «еврейской улице». Однако существенным было участие евреев и в общероссийских политических партиях. Кадетскую партию мы уже упоминали, но не менее значительной – как в руководстве, так и «на местах» – была доля еврейского участия и среди эсеров, и среди анархистов, и среди социал-демократов. В сущности, евреев можно было встретить на любом полюсе широкого спектра российской политики, кроме разве что черносотенного «Союза русского народа». Да и в нем, если хорошо поискать, наверняка можно было найти бывшего еврея на должности штатного антисемита.

Владимир Андреевич Грингмут (1851 –1907) один из основателей и главных идеологов черносотенного движения.

Ассимиляция идет на подъём

Два последних десятилетия Российской империи – время усиления ассимиляторских тенденций. Для отходящей от своих корней еврейской молодежи религия предков уже не имеет большого значения, и всё, что отделяет такого молодого человека от вожделенного университета или престижного служебного места – это тонкая моральная грань «формального» отказа от иудаизма. Об этой тонкой грани всё тот же В. Жаботинский писал в статье «Наше «бытовое явление»» (1911): «Этическое познается не рассуждениями, а ощупью, и в ком этого таланта ощупи нет – тот калека. Бывают, конечно, калеки разной степени... Я не награжден от Б-га... той снисходительностью, которая считает переход в чужую веру ради голой выгоды за нечто невинное. Думаю, что этот акт ясно и непреложно говорит о нравственной глухоте субъекта. И в особенности тогда, когда он совершается в наших здешних условиях, над поверженным и израненным телом затравленного, окруженного повсюду врагами и беззащитного российского еврейства»[302].

Со страниц другого журнала с не меньшей страстностью выступил против «эпидемии крещений» идейный противник

Жаботинского историк С.М. Дубнов: «Кто отрекся от своей нации, заслуживает того, чтобы нация от него отреклась»[303]. Обращаясь к потенциальным предателям своего народа, он писал: «Вы стоите на пороге измены. Остановитесь, одумайтесь! Вы приобретете гражданские права и личные выгоды, но вы навсегда лишитесь великой исторической привилегии – принадлежать к нации духовных героев и мучеников»[304]. Однако время уже было не то. Это такие люди, как М.М. Винавер, могли годами сидеть в помощниках присяжного поверенного, но не предавать свой народ, а сейчас тысячи людей, чтобы продвинуться по службе, принимали православие или протестантство без малейшего зазрения совести. Правда, российское общество не всегда принимало выкрестов с «должным» пониманием. В статье Жаботинского упомянут случай, когда двум выкрестам отказали в выдаче адвокатских свидетельств именно по тем соображениям, что «перемена веры ради выгоды свидетельствует о беспринципности и имморальности»[305].

Любопытно в этой связи отношение к своему еврейству двух великих русских поэтов – Осипа Мандельштама и Бориса Пастернака. Антиподы в поэзии, они родились с разницей в один год, и юность обоих пришлась на рассматриваемое нами время. Оба происходили из ассимилированных еврейских семей, которые никогда не порывали со своим еврейством и не скрывали его. Оба фактически отошли от еврейского народа, став явлением русской культуры. Осип Мандельштам крестился для того, чтобы поступить в Петербургский университет, и всю жизнь относился к своему еврейству как чуть ли не враждебному, «хаотическому» элементу своего сознания. Поэт, однако, существо сложное, и иудейские мотивы в немалой степени присутствуют в поэзии Мандельштама.

Борис Пастернак, наоборот, формального крещения не принимал, зато, в отличие от своего отца, известного художника Леонида Осиповича Пастернака, который в своем творчестве постоянно обращался к еврейским мотивам и был близок к сионистам, всегда ощущал себя русским. Еврейские корни Пастернак воспринимал как мучительную трагедию, мешающую ему быть «целиком» русским. При этом он неоднократно высказывался за полную культурную ассимиляцию евреев и даже заслужил обвинение в великодержавном шовинизме. Подобная позиция была характерна для целой прослойки русско-еврейской интеллигенции как до революции, так и после.

***

Итак, 1900-е и 10-е годы – годы бурления еврейских умов, образования и уточнения самых разных идеологий, на любой вкус и цвет. Созвездие ярких личностей и блестящих талантов. Все они пытаются бороться за еврейскую улицу с большим или меньшим успехом, и всем им не хватает только одного – единства. Ассимиляторы против «националистов», социалисты против буржуазных демократов, сионисты разных оттенков друг против друга, идишисты против приверженцев иврита. Таким входит еврейство в годы русской смуты XX века.

Русское еврейство в свете русской революции

Как известно, в феврале 1917 года самодержавие было свергнуто, и в России произошла буржуазно-демократическая Февральская революция. Евреи, которым наконец были дарованы все гражданские права, с восторгом встречали новую жизнь. Политическая жизнь бурлила, партии росли как на дрожжах. Летом 17-го возникли еврейские религиозные партии, добавившие масла в огонь борьбы за еврейские голоса. Тем не менее по результатам всех выборов большая часть еврейства поддерживала сионистов, к октябрю насчитывавших в своих рядах до 300 тысяч членов. Это особенно много, если учесть, что к этому времени из-за Первой мировой войны и немецкой оккупации из 6-миллионного еврейского населения на территории России осталось лишь 3 миллиона.

В течение 17-го года было несколько попыток созвать всеобщий еврейский съезд, однако единства не было. На многочисленных форумах Бунд открыто выступал против сионистов и ортодоксов, превращая их в «непрерывное оказательство раздоров среди русского еврейства»[306]. Характерный эпизод описан в «Киевских воспоминаниях» А.А. Гольденвейзера. «На трибуне стоял бердичевский общественный раввин – яркий и темпераментный народный оратор. Речь его была призывом к национальному сплочению на основе общих скрижалей веры. «В начале съезда, – сказал он между прочим, – все мы поднялись с мест в память погибших борцов за свободу. Поднимитесь же теперь в честь Торы!» Аудитория поднимается с мест, за исключением группы бундистов. Воцаряется необразимый шум, большинство требует удаления представителей Бунда, оскорбивших религиозные чувства собрания. Президиум бессилен внести успокоение... И вот у ораторской кафедры появляется прекрасная седая голова писателя С. А. Ан-ского. Он поднимает руку, зал стихает. Он говорит, что Тора – не только религиозный символ, но и символ вековой еврейской культуры. И в честь этой культуры, составляющей нашу национальную гордость и символизируемую свитками Торы, он предлагает всем присутствующим встать с мест. Все встают... Инцидент улажен»[307]. Однако финальное шоу произошло на следующем заседании областного совещания, когда представитель Бунда Рафес демонстративно вывел свою фракцию из зала, на прощание заклеймив оставшихся «черно-голубым блоком».

Алексей Александрович Гольденвейзер (1890 – 1979)
юрист и писатель, деятель русской эмиграции. Сын знаменитого юриста А.С. Гольденвейзера и двоюродный брат выдающегося пианиста А. Б. Гольденвейзера.

**С. Ан-ский
(Семён Акимович Раппопорт,1863 – 1920)**
выдающийся писатель и этнограф, автор пьесы «Диббук», до сих пор не сходящей с мировой сцены.

Как и раньше, евреи проявляли повышенную политическую активность не только «на еврейской улице». Они обязательно входили – и были очень заметны – в верхушку практически всех политических партий. Так, на заседаниях Петросовета – органа власти, пытавшегося наряду с Временным правительством управлять страной после Февраля – выделялись анархо-марксист Стеклов, меньшевики Мартов и Дан, бундовец Либер, эсер Абрам Гоц. Федор Дан и Марк Либер так часто выступали с трибуны, что острословы придумали специальное оскорбительное словечко «либерданить». Как пишет участник тех событий философ Федор Степун, «"либерданить" означало нести ерунду. Ерунды ни Либер, ни Дан не несли, оба были очень неглупыми людьми, но беспредметность их мышления была поистине потрясающа»[308].

**Марк Либер
(Михаил Исаакович Гольдман 1880 – 1937)**
революционер, один из основателей и лидеров Бунда.

Федор Ильич Дан (Гурвич, 1871 – 1947)
революционер, один из основателей РСДРП и лидеров меньшевизма.

Среди большевиков

Война, разруха и нерешительность Временного правительства позволили большевикам в октябре 17-го года захватить власть в свои руки. Октябрьский переворот был встречен в штыки практически всеми еврейскими партиями и группировками. «Солдатский заговор», «безумие», «большевистская напасть» – таковы характерные эпитеты, которыми награждала Великую Октябрьскую Социалистическую Революцию еврейская пресса тех дней[309]. Судьба этих организаций и их деятелей в результате оказалась незавидной.

Буржуазно-демократические партии при большевиках очень быстро оказались вне закона, и их деятели были выдворены сначала из политической жизни, а потом и из страны. Судьба социалистических партий была двойственной. Те из их членов, кто по идейным или карьерным соображениям (или просто чтобы выжить) решили примкнуть к большевикам, разделили судьбу творцов Октября. Остальные подверглись репрессиям или были изгнаны. Как известно, постепенно, но решительно в Советском Союзе воцарялась однопартийная система, и инакомыслящим в ней места не было.

Октябрьская революция, как луч прожектора, выявила все те противоречия и конфликты, которые давно зрели в еврейском народе. В русском еврействе уже давно не существовало былого единства, и то, что революция и последующие годы советской власти привели его на грань гибели, совершенно закономерно.

В верхушке красного руководства было чересчур много режущих слух еврейских фамилий и еще больше бросавшихся в глаза еврейских лиц. И тут не помогает то, что деятели, по-настоящему преданные своему народу, считали их отщепенцами. Так, еще до Октября, выступая на одном из еврейских митингов, С.М. Дубнов говорил: «...И из нашей среды вышло несколько демагогов, присоединившихся к героям улицы и пророкам захвата. Они выступают под русскими псевдонимами, стыдясь своего еврейского происхождения (Троцкий, Зиновьев и др.), но скорее псевдонимами являются их еврейские имена: в нашем народе они корней не имеют...»[310]. А много позже В. Жаботинский напишет об увековеченных в названиях петербургских улиц и площадей большевистских вождях: «Урицкий, Володарский, Нахимсон... Три имени сопровождают вас в Петербурге повсюду. Они нагло лезут в глаза. Они назойливо звучат в ушах. Урицкий, Володарский, Нахимсон... Три ничтожества! И надо же им было родиться евреями...»[311].

Не спасает и то, что сами они считали себя «интернационалистами» и от своего еврейства открещивались. Известен следующий полулегендарный эпизод. Когда в стране начались погромы и незаконные реквизиции, к наркомвоенмору Троцкому пришла делегация еврейских просителей, и после того как всесильный нарком отказался помочь своим соплеменникам, московский раввин Я. Мазе, якобы возглавлявший делегацию, спросил Льва Давидовича, кем он считает себя: евреем или русским. Согласно легенде, Троцкий якобы ответил, что он не еврей, не русский, а интернационалист. Раввин тоже не растерялся и сказал, что революцию делают Троцкие, а отвечать за нее потом приходится бронштейнам.

Яков Исаевич Мазе (1858 – 1924)
еврейский общественный деятель, главный раввин Москвы с 1893 года по 1924 год.

Лев Давидович Троцкий (Бронштейн, 1879 – 1940)
выдающийся революционный деятель, председатель Реввоенсовета, народный комиссар по военным и морским делам.

Легенда есть легенда, но нет сомнения, что она отражает дух того времени. Сам Троцкий позже писал в своих воспоминаниях: «...Национальный момент, столь важный в жизни России, не играл в моей личной жизни почти никакой роли. Уже в ранней молодости национальные пристрастия или предубеждения вызывали во мне рационалистическое недоумение, переходившее в известных случаях в брезгливость, даже в нравственную тошноту. Марксистское воспитание углубило эти настроения, превратив их в активный интернационализм... Если в 1917 г. и позже я выдвигал иногда свое еврейство как довод против тех или других назначений, то исключительно по соображениям политического расчета»[312].

Не только в верхушке большевистского руководства, но и в среднем звене, и среди служащих было много евреев. Некоторая часть из них пошла на службу к большевикам по идейным соображениям, но гораздо большая – по карьерным или просто потому, что надо было что-то есть, а новая власть обещала кормить и защищать.

Семен Осипович Португейс (1880 – 1944) один из псевдонимов – Степан Иванович. Российско-еврейский журналист и публицист, меньшевик; в эмиграции – основатель научной советологии.

К сожалению, классовая пропаганда привела к тому, что еврей поднял руку на еврея. Как пишет основатель научной советологии С.О. Португейс, «за века своих скитаний, мучительства и истязательства, выпадавшие на долю еврейских масс, всегда для них персонифицировались в образе национально чуждой и по самой вере своей изначально враждебной силы. Это всегда были «гои», это были органически, почти что биологически чуждые "они", "те", и несказуемый "довер-ахер"* был их прародителем. Между тем казни египетские, посыпавшиеся на евреев «не как на евреев», а как на буржуев, осуществлялись в значительной мере при помощи еврейской же агентуры из числа еврейских большевиков и ренегатов-евреев

---

*   «Давар ахер», ивр. «другая вещь» – выражение, означающее нечто абсолютно чуждое, использовавшееся, например, как эвфемизм свинины.

из других партий. В огромном большинстве случаев этих "буржуев" гнали, терзали и мучили дети той же еврейской улицы, соблазненные в большевизм. Этот гонитель и мучитель был не "довер-ахер", а тот самый "наш Янкель", сын реб-Мойше из Касриловки, невредный паренек, который в прошлом году провалился на экзамене в аптекарские ученики, но зато в этом году выдержал экзамен по политграмоте»[313].

По воспоминаниям современников, горячими сторонниками «классовой борьбы» выступала в основном еврейская «ассимилированная полуинтеллигенция» (приказчики, фармацевты, студенты)[314]. Основная же масса евреев думала о том, как выжить между красными, белыми, голодом, погромами и другими прелестями войны и революции.

По ту сторону баррикад

В результате октябрьского переворота еврейский народ оказался разделенным по разные стороны баррикад. Уже 25 октября 17-го года среди защитников Зимнего мы находим немало еврейских имен. Февральская революция открыла евреям дорогу в военные училища, и они не преминули этим воспользоваться. К лету 1917 года среди юнкеров – в том числе по долгу службы защищавших законную демократическую власть Временного правительства – было 20–25% евреев[315].

Пётр (Пинхас) Моисеевич Рутенберг (1878 – 1942)
инженер и политический деятель, активный участник российских революций 1905 и 1917 годов. Создатель и первый руководитель израильской Электрической компании.

Среди защитников Зимнего дворца выделяется имя Петра Моисеевича Рутенберга (1878 – 1942), эсера, известного своей террористической деятельностью и в 1906 году принимавшего участие в убийстве «попа Гапона». Летом 1917 года Рутенберг возвращается из Америки, где он занимался активной сионистской деятельностью, и почти сразу назначается гражданским заместителем главнокомандующего Петроградским военным округом. Занимая эту должность и защищая правительство, он и был арестован вместе с другими министрами Временного правительства и заключен в Петропавловскую крепость. Освобожденный по ходатайству Горького, в 1919 году он оказывается в объятой хаосом Гражданской войны Одессе. Здесь, под властью Добровольческой армии Деникина, Рутенберг занимает должность члена Совета (Комитета) обороны и занимается налаживанием хозяйственной жизни города. В конце концов Одесса была эвакуирована, и на этом сопротивление Рутенберга новой власти заканчивается. Теперь его кипучая деятельность направляется на налаживание еврейской промышленности в подмандатной Палестине. Здесь он становится знаменитым как организатор и основатель Электрической компании («Хеврат Хашмаль»).

Гораздо меньше известно имя Александра Виленкина, офицера-кавалериста, Георгиевского кавалера и блестящего адвоката. В Первую мировую на фронте доблестно сражалось 400 тысяч евреев, которые никак не были объединены. В 1917 году Виленкин создал и возглавил московское отделение Союза евреев-воинов, позже был избран председателем всероссийского Союза. Убежденный кадет и противник большевизма, оставаясь в Москве, в 1918 году Виленкин вступает в подпольный Союз Защиты Родины и Свободы, руководимый известным революционером и политиком Борисом Савинковым. Александр Абрамович Виленкин был арестован по доносу и расстрелян большевиками. Существует рассказ о последних минутах Виленкина. «Когда его поставили, тот, кто командовал расстрелом, вдруг узнает в нем своего бывшего товарища по училищу. Он подходит к нему проститься и говорит: Уж ты, Саша, извини их, если они не сразу тебя убьют: они сегодня в первый раз расстреливают. – Ну, прости и ты меня, если я не сразу упаду: меня тоже сегодня в первый раз расстреливают...»[316].

Вообще-то Виленкина не должны были расстрелять. Блестящий адвокат, защищавший «политических», в двухчасовой «беседе» со своими палачами он убедил в своей невиновности самого Дзержинского, и «железный Феликс» отменил ему смертную казнь. Сохранился рассказ самого Виленкина. «Я был в царском суде защитником политических. За свою практику я произнес 296 речей в защиту других. Теперь, в 297-й раз, говорю в свою защиту и думаю, эта речь будет неудачна. Лица у сидящих за столом, до этого строгие, все расцвели улыбками. Стало легче. Говорю долго. Называю некоторые имена их товарищей, которых я защищал. Тут же вызывают по телефону двух-трех из тех, которых я назвал. Те приезжают и подтверждают мои слова. Меня уводят опять в ту комнату, где остались мои товарищи. Их уже нет здесь – увезли. Сижу один. Через час-два вызывают. Опять ведут к Дзержинскому. Теперь он один и объявляет, что смертная казнь мне постановлением президиума отменена. Долго еще мы с ним беседуем. Говорим о тюрьме, о политике»[317].

Александр Абрамович Виленкин (1883 – 1918) юрист, офицер и политический деятель, председатель Московской организации Всероссийского союза евреев-воинов.

И все-таки Виленкина расстреляли. В отсутствие Феликса Эдмундовича на это решился его заместитель Петерс, спровоцировавший его на неудачную попытку побега. Виленкин пал жертвой «красного террора», который был объявлен официальным декретом Совнаркома. Поводом к нему послужили два «еврейских» выстрела, прозвучавших в один день, 30 августа 1918 года. В этот день эсерка Фанни Каплан стреляла в Ленина, а бывший юнкер Леонид Каннегисер застрелил председателя петроградской ЧК Моисея Урицкого.

Леонид Каннегисер происходил из богатой еврейской семьи, получившей потомственное дворянство. Его отец фактически возглавлял металлургическую отрасль всей Российской империи. Подававший большие надежды поэт, Леонид Каннегисер был близким другом Сергея Есенина. В 17-м году поступил в юнкерское училище и был председателем Союза юнкеров-социалистов. В день октябрьской революции он был одним из защитников Зимнего дворца. К большевикам Каннегисер вначале отнесся сочувственно, но его отношение резко изменилось после заключения позорного Брестского мира и, в особенности, после ничем не обоснованного расстрела его друга, тоже бывшего юнкера, Владимира Перельцвейга. Как пишет близко знавший Каннегисера писатель Марк Алданов, психологическая основа убийства была сложной. «Многое туда входило: и горячая любовь к России, заполняющая его дневники; и ненависть к ее поработителям; и чувство еврея, желавшего перед русским народом, перед историей противопоставить свое имя именам Урицких и Зиновьевых; и дух самопожертвования...»[318].

Леонид Иоакимович Каннегисер (1896 – 1918)
поэт, юнкер, студент Петроградского политехнического института. Убийца Урицкого. Расстрелян.

Участие евреев в борьбе с большевиками, конечно, не исчерпывалось террористическими актами. Евреи, разделенные на два лагеря, как и вся страна, принимали деятельное участие в белом движении. О М. М. Винавере, который был министром внешних сношений во втором крымском правительстве, мы уже писали. На этом посту он вел переговоры с представителями стран Антанты, мобилизуя помощь армиям Деникина и Колчака. Винавер и другие российские евреи пытались мобилизовать международное еврейское мнение, в частности, убеждая влиятельных еврейских деятелей опубликовать антибольшевистский манифест. Однако им не удалось убедить своих зарубежных собратьев, что это действительно пойдет на пользу русскому еврейству. В качестве альтернативы английский представитель мистер Вольф выступил со смешным предложением «опубликовать письмо на имя Винавера с выражением симпатии делу демократии и либерализма, представляемого в России партией кадетов»[319].

Даниил Пасманик (1869 – 1930)
видный сионист, антибольшевик, член крымского правительства.

Еще одним ярым противником большевиков был известный еврейский деятель Даниил Пасманик (1869 – 1930). До революции видный сионист, идеолог партии «Поалей Цион», в 1917 году Пасманик примкнул к партии кадетов. Был членом крымского правительства и председателем союза еврейских общин Крыма. Правые взгляды привели его к сближению с черносотенцами, а его ставший знаменитым обмен рукопожатиями с лидером «Черной сотни» Пуришкевичем вызвал негодование всей еврейской общественности и отречение от него сионистов. Раздвоенность души Пасманика, разрываемой между любовью к России и любовью к еврейству, заставила В. Жаботинского написать о нем следующие проникновенные слова. «Ненавидел большевиков не только за то, что они – черная сотня [т.е. антисемиты], как ненавидим мы, но прежде всего за унижение России. Поскольку он свою деятельность контролировал рассудком, «обосновывал», постольку, я думаю, он отдавал примат еврейскому, а не русскому моменту: считал, что и через русское свое служение служит еврейству. Но в сфере непосредственного переживания примата не было. Ту особенную, непередаваемую воспаленность души, которая была самой «восточной» его чертою, он отдавал одинаково и нам, и России»³²⁰.

Михаил Львович Мандельштам (1866 – 1939)
известный адвокат и участник революционного движения, с 1905 г. член ЦК конституционно-демократической партии. После Гражданской войны жил в эмиграции, но вернулся, был арестован и умер в тюрьме.

Борьба евреев за белое дело постоянно ставило их перед выбором: Россия или еврейство. Очередной раз поднимая «еврейский вопрос» на заседании «южного» состава ЦК кадетской партии, единственный еврей в нем М. Л. Мандельштам вынужден был начать свою партийную речь со слов: «Я люблю Россию больше, чем еврейство»³²¹. Участие евреев в белом движении было осложнено непрекращающимися погромами и антисемитизмом, доставшимся белогвардейцам в наследство от самодержавия. Тем не менее евреи помогали армиям Деникина и Колчака как финансово, так и на полях сражений.

Яркий документ эпохи – рапорт отставного прапорщика Абрама Хаима-Рувиновича Шафира, поданный на имя главнокомандующего Вооруженных Сил Юга России генерала Деникина. «Прослужив в русской армии 3 с половиной года, в Добровольческой Армии 8 месяцев (по 22 августа 1919 г.), когда был уволен в отставку только за то, что я еврей, я понял, что Россия для евреев мачеха, и мне как лишнему, выброшенному за борт, остается причалить к другому берегу в надежде, что в другом месте отношение будет по достоинству и не по национальному признаку, а потому прошу распоряжения о выдаче мне документа в том, что со стороны Добровольческой Армии не встречается препятствия для выезда моего за границу и что я, прослуживший в рядах Добровольческой Армии с 25 декабря 1918 г. – противник большевизма. Представив такой документ Английской миссии в Константинополе, я получу от миссии пропуск на выезд в Палестину, где я думаю найти применение своим физическим и духовным силам»[322]. Как сложилась судьба доблестного боевого офицера, трижды раненного в боях с красными и уволенного в отставку за еврейство, неизвестно, но ситуация «белого» еврейства предстает нам из его рапорта во всем своем драматизме.

Главнокомандующий Вооружёнными силами Юга России генерал А. И. Деникин (1872 - 1947) с подчиненными и представителями местного населения

Летом 1919 года еврейская делегация, представлявшая четыре общины, обратилась к генералу Деникину с просьбой остановить погромы и восстановить справедливость по отношению к офицерам-евреям. Белые офицеры были не готовы терпеть евреев в своих рядах, и делегация заявляла, что страсти улягутся после первого боевого крещения. Еврейские представители говорили, что «не страшно, если даже иногда евреи-офицеры получат пулю в спину. Такое положение, такая неприязнь долго длиться не будет, но принцип равенства нам слишком дорог»[323]. Как красноречиво сказано в стенограмме встречи, «генерал Деникин молчал».

※ ※ ※

Революция и Гражданская война высветили и выявили противоречия, которые накапливались в российском еврействе годами и десятилетиями. Здание российского еврейства пошатнулось и начало разваливаться. Пришедшая на смену самодержавию и буржуазной демократии советская власть была настроена решительно и собиралась полностью уничтожить его, превратив его обломки в серую массу «советских людей». К счастью, этого не произошло.

В плену у красного фараона: евреи при советской власти

С приходом к власти большевиков еврейский центр в диаспоре, стоявший во главе мирового еврейства, перестал существовать. Под угрозой оказался не только еврейский народ как духовная общность, но и само его физическое существование.

Находясь в эмиграции и не обладая всей полнотой информации, в 1939 году С.М. Дубнов писал о советских евреях: «Евреи терпят те же материальные лишения, как и все граждане...; но духовно они страдают гораздо больше: они вымирают как часть [еврейской] нации. В стране, где фабрикуют человеческую душу и нивелируют мысли и нравы под тяжелым прессом диктатуры, растет духовно обезличенное поколение, оторванное от своих исторических корней. В государстве нацистов под этим прессом раздавливают еврея физически, отнимая у него кусок хлеба, а в деспотии большевизма коверкают его национальную личность. Вырастает поколение, которое не знает своего происхождения и многовекового прошлого, лишенное трехтысячелетнего культурного наследства. Человек, лишившийся памяти, перестает быть индивидуальностью, становится отдельным звеном, вырванным из цепи жизни; народ, лишенный своего вчера, не имеет и своего завтра. Еврейство в Советской России в настоящее время не творит свою историю, ибо у него нет динамики, свободного развития, нет вольного воздуха исторической жизни»[324].

Это объективный взгляд историка, не обремененного советской пропагандой, взгляд не столько в прошлое, сколько в будущее. К сожалению, мы должны констатировать, что он оказался совершенно прав.

Дубнов пишет: «Если нынешний режим продержится еще долго, то следующие поколения не будут иметь никакой национальной связи с мировым еврейством, как Советская Россия не имеет духовной связи с культурным человечеством»[325]. Режим продержался еще 50 лет, а отрыв советских евреев от мирового еврейства был лишь небольшой частью огромной национальной катастрофы. «Два миллиона евреев, совершенно ассимилированных и "непомнящих родства", потонут в бесформенном конгломерате народов «Союза Социалистических Советских республик»»[326]. Должны были потонуть и, если бы это был любой другой народ, так наверняка и произошло бы. Евреи выжили, но об этом позже.

Без руля и без ветрил

Для начала советская власть обезглавила еврейский народ, лишив его национально настроенной интеллигенции. В 1939 году историк и журналист Саул Гинзбург писал: «Русско-еврейская интеллигенция – ныне понятие историческое, далекое от современности. Она разделила судьбу интеллигенции русской: катастрофа, постигшая Россию с захватом власти большевиками, уничтожила социально и русско-еврейскую интеллигенцию, частью ее физически истребила, частью же выкинула ее за пределы страны»[327].

Саул Моисеевич Гинзбург (1866 – 1940) публицист и фольклорист, историк российского еврейства, основатель первой ежедневной газеты на идиш. С 1930 г. жил в эмиграции.

В первые годы советской власти были закрыты все еврейские партии. Зная, что сионисты пользуются поддержкой большинства еврейского народа, большевики поначалу «заигрывали» с ними, но уже в 1920 году чекисты арестовали весь съезд сионистов, проходивший в Москве, в полном составе.

«Забрали всех присутствующих, и делегатов и гостей. Домой отпустили только престарелого раввина Мазе. Арестованные под конвоем чекистов шли по улицам Москвы с пением Хатиквы и в сопровождении огромной толпы»[328]. На заявление, что их съезд совершенно легален, один из чекистов усмехнулся: «Вы знаете законы, но еще не знаете порядков в ЧК. Посидите и познакомьтесь»[329]. Так начались преследования сионистов.

Ликвидация еврейских партий и общественных организаций проводилась руками самих евреев. Для этой цели был образован Еврейский Комиссариат (Евком), позже вытесненный Евсекцией (еврейской секцией Коммунистической партии). Евсекция должна была стать проводником коммунистических идей в еврейские массы и единственным представителем интересов евреев перед новой властью.

В 1926 году В. Жаботинский писал в фельетоне «Черная сотня»: «Ссылки сионистов в России продолжаются. Около года тому назад... высказано было мнение – довольно распространенное, – что виновниками облавы являются не сами большевики, а только их еврейская прислуга из (специальной) евсекции. Но приходится пересмотреть это утешение. Прислуга прислугой; но когда хозяевам уже сто раз жаловались на похождения челяди и все-таки поход продолжается, то, по-видимому, не в псаре только дело. Сионистскому обществу, быть может, придется поставить на очередь вопрос об отношении ко всей черной сотне, управляющей ныне Россией. Евсекция – мелочь; душат еврейскую молодежь большевики»[330].

Интересную характеристику типу евреев, уничтожающих собственный народ, дает С.О. Португейс: «...значительные части еврейской молодежи, в которой условия политического и гражданского бесправия накопили слишком большой процент безнадежных неудачников, дезориентированных вечных экстернов, непризнанных действительных и мнимых дарований и т.п. социально и культурно развинченных элементов, имеющих очень тяжелые и сложные счеты с существующим строем [царизмом], – ...многие из них были втянуты в большевизм внезапно открывшимися соблазнами власти, карьеры – для одних, «мировой пролетарской революции» – для других, и трудно определимой смесью авантюристического идеализма с жестковатым делячеством – для третьих»[331].

Действуя по принципу «разделяй и властвуй», большевики смогли расколоть еврейские социалистические партии, некоторая часть которых примкнула к РКП(б). В основном эти «новообращенные» большевики погибли в годы «большого террора» (1937 – 1938).

В 1919 году в рамках борьбы с религией были упразднены еврейские общины. По меткому выражению историка Леонарда Шапиро, «еврейское население оказалось в положении корабля, плывущего без руля и без ветрил»[332]. Ассимиляторское течение, берущее свое начало задолго до революции, приобрело теперь угрожающие масштабы. Однако теперь к ассимиляции по собственной воле прибавилась ассимиляция насильственная. Как пишет об этих процессах С.О. Португейс, «еврейская коммунистическая молодежь в лучшей своей части использовала свое положение просто для того, чтобы окончательно оторваться от еврейства и через коммунизм окончательно ассимилироваться с русской средой. А та, которая осталась в еврейской среде на еврейской улице, взялась доказывать свой коммунизм на спинах и головах своих отцов, внося в процесс насильственного разрушения старого еврейского быта все ожесточение борьбы двух поколений, из которых старое безропотно умирает, а новое отстукивает молодыми копытцами победный марш своего биологического и социального торжества»[333].

Одной из своих первоочередных задач Евсекция ставила уничтожение иврита, который был объявлен языком «клерикалов и эксплуататоров». Все издания на иврите были закрыты, преподавание запрещено, а типографии отданы в руки идишистов. В 1921 году Россию покинула большая группа ивритских писателей во главе со знаменитым поэтом Хаимом Нахманом Бяликом. В 1926-ом не вернулся с гастролей замечательный ивритоязычный театр «Габима». Иврит, имевший за плечами 3 тысячи лет развития, язык с огромной литературой и традициями, был заклеймен и надолго забыт. И это при том, что в СССР развивались языки, до этого вообще не имевшие письменности и литературы, такие как чувашский или мордовский.

Феликс Львович Шапиро (1879 – 1961)
составитель уникального иврит-русского словаря на 28 тыс. слов.

В 1953 году после смерти Сталина в нескольких московских ВУЗах решили начать преподавать иврит – конечно, для дипломатов и кагэбэшников. Пригласили преподавателя – Феликса Львовича Шапиро. Для пожилого преподавателя настал звездный час, и, поняв это, Феликс Львович уже по собственному почину решил составить большой иврит-русский словарь. Закончив труд своей жизни, Шапиро стал обивать пороги ЦК и других инстанций, чтобы словарь разрешили напечатать. Всем чиновникам он говорил: «Этот словарь не нужен евреям, евреи не собираются учить иврит, они учат русский, в крайнем случае, идиш. А такой словарь необходим палестинцам, чтобы они могли изучать язык врага»[334]. Словарь был издан в 1963 году, уже после смерти автора. По нему потом учили иврит многие отказники, в том числе и внук Феликса Львовича, известный московский отказник Владимир Престин.

В рамках борьбы с религией

С начала 20-х годов Евсекция вела непримиримую борьбу с еврейской религией. «По просьбе трудящихся» синагоги закрывались и превращались в рабочие клубы и склады.

Имущество реквизировалось. Еврейские кладбища превращались в народные парки. Еще одним издевательством над еврейскими традициями были «йомкипурники» – аналог субботника, проводившийся специально в Судный день с оркестром и торжественным шествием по улицам города.

Евсеки инсценировали показательные суды то над еврейской религией, то над хедерами или ешивами. В них участвовали ряженые «свидетели»: раввины, буржуи и рядовые евреи. Суд, естественно, должен был вынести «обвиняемому» смертный приговор. В конце одного такого фарса, проходившего в 1921 году в зале бывшего Окружного суда в Киеве, местный общественный деятель Моше Розенблат встал и мужественно сказал: «Вы, красные судьи, ничему не научились и ничего не забыли. Десять лет тому назад черная сотня посадила в этом зале на скамью подсудимых Менделя Бейлиса по обвинению в кровавом навете. Черносотенные судьи пытались очернить еврейскую религию, Тору, Талмуд – все, что дорого еврейству. Теперь вы как истые антисемиты и ненавистники евреев повторяете те же наветы на еврейскую религию и на еврейские духовные ценности»[335]. Смельчака увели прямо из зала суда.

Далеко не всегда евреи встречали борьбу с религией с «должным пониманием». Когда в Витебске, в котором почти половина жителей были евреи, а в городе действовало 77(!) синагог, стали закрывать синагоги, собралась большая толпа, и евреи оказали сопротивление. Завернутые в талиты верующие встретили отряд евсековцев градом камней и комьями грязи. Сломить сопротивление толпы удалось только с помощью срочно прибывшего на место происшествия эскадрона конной милиции[336].

Взлет и падение идишизации

В противоположность ивриту, идиш был объявлен языком трудящихся масс. В 20-е – начале 30-х годов главным образом на Украине и в Белоруссии проходил процесс насильственной идишизации всех сторон жизни еврейского населения. За этим масштабным экспериментом стояла идея советизации и отрыва евреев от своих религиозных и исторических корней. Идиш был противопоставлен ивриту и использован как рупор светской власти.

Хотя идиш действительно был разговорным языком евреев в местах их компактного проживания в бывшей черте оседлости, он совершенно не был приспособлен к тому, чтобы на нем велись официальные документы, заседания суда и преподавались все школьные предметы. Дело доходило до гротеска. Побывавший в Советской России в 1926 году писатель Исраэль Йеошуа Зингер (брат будущего Нобелевского лауреата Ицхака Башевиса-Зингера) описывает заседание суда в Минске. Истец, пожилой еврей Каган вместо положенного «гражданин судья» («биргер рихтер») произносит «товарищ судья» («хавейрим рихтер»), а после того как его поправляют, смущается и переходит на отчаянную смесь идиша и русского[337].

Исраэль Йеошуа Зингер (1893 – 1944)
еврейский писатель и журналист. Писал на идиш. Старший брат И. Башевиса-Зингера.

Какое-то время казалось, что теперь для евреев должен наступить рай на земле. Тот же И. Й. Зингер, приехавший из Варшавы, был поражен, встретив в Минске четыре государственных языка, и идиш в их числе. «Эти четыре языка, белорусский, русский, польский и идиш встретили меня на вокзале. Они глядели на меня сверху с серой стены. И позже я встречался с ними снова и снова на каждом шагу, во всех комиссариатах и конторах, повсюду висят таблички на этих четырех языках»[338].

Однако уже в конце 20-х годов стало ясно, что эксперимент с идишем не удался. Старшее поколение не без основания видело в идишизации борьбу с традиционными еврейскими ценностями и внедрение коммунистической идеологии. Молодые видели в этом попытку загнать евреев в гетто, оторвав от главного языка и культуры страны. Они стремились к ассимиляции с русским населением и даже писали письма с просьбами разрешить им отдавать детей в русские школы.

Герб БССР с одной из ленточек на идиш. 1920-е гг.

К концу 30-х сомнительный процесс насильственной идишизации практически прекратился. Почти все еврейские школы, в которых, к слову сказать, кроме языка преподавания, еврейского было очень мало, были закрыты. К этому времени относится и волна репрессий, захлестнувшая еврейских коммунистов, деятелей печально знаменитой Евсекции.

Несмотря на то, что ролью Евсекции было проведение политики партии в еврейские массы, Евсекция удивительным образом стала превращаться в орган, консолидирующий и собирающий вокруг себя еврейскую жизнь. Таково, очевидно, центростремительное действие объединяющих сил, подспудно живущих в нашем народе, даже когда он стоит на краю разрушения. Так или иначе, Евсекция была обвинена в «националистическом уклоне» и уничтожена как административно, так и физически. Путь к тотальной ассимиляции был открыт.

Литература разделяет судьбу языка

Иврит был запрещен, однако в Советском Союзе работала, трудясь «на благо социалистического отечества», целая плеяда выдающихся писателей-идишистов. Среди них поэт Перец Маркиш, прозаик Давид Бергельсон, поэт Лев Квитко, драматург Самуил Галкин. Многие из них вернулись в Советскую Россию из эмиграции, наивно полагая, что их таланты будут востребованы для строительства новой жизни и новой литературы. Прозрение наступило быстро, но теперь они уже должны были выполнять «социальный заказ», больше или меньше считаясь со своей совестью и ее творческими муками. Вдова Переца Маркиша Эстер писала о муже через много лет: «Разумеется, Маркиш был "подкован политически" в той мере, в какой требовалось, но продумать политическую ситуацию до конца и сделать выводы он не умел. А может быть, и не хотел, потому что, продумав и сделав выводы в такой ситуации, как, скажем, заключение сталинско-гитлеровского пакта 1939 года, надо было покончить с собой или, по малой мере, перестать писать, а перестать писать было бы для Маркиша той же смертью»[339].

«В ноябре 1948 года советская власть положила конец существованию еврейской литературы, хотя литература пыталась верно служить советскому режиму почти тридцать лет. Запрет распространялся и на еврейский алфавит. От Балтийского моря до Тихого океана нельзя было ничего печатать еврейскими буквами. Даже в истории еврейского изгнания, знавшей немало наветов и гонений, это случилось едва ли не впервые. А 12 августа 1952 года самые выдающиеся еврейские писатели были расстреляны после короткого и тайного «процесса»»[340].

О не эвакуации

В 1939–1940 годах Советский Союз присоединил к себе обширные территории, на которых в общей сложности жило 1 800 тысяч евреев[341]. Эти евреи, так же как и 3 200 тысяч евреев, живших в СССР до 1939 года, представляли собой группу повышенного риска в случае войны с Германией. Однако, поскольку Советский Союз был лучшим другом Германии, а не своих евреев, информация об ужасах, творимых фашистами по всей Европе, замалчивалась. Речь не только не шла о заблаговременной эвакуации из районов возможных военных действий – эвакуация как таковая не была подготовлена вообще! Как пишет известный историк советского еврейства Соломон Шварц, «о планомерной эвакуации евреев как особенно угрожаемой группы населения нигде не было и речи. Бегство евреев перед наступающими немецкими армиями носило... массовый характер, но... оказалось почти безрезультатным: немецкие передовые части быстро обгоняли бегущих, и они либо погибали, либо оказывались вынужденными возвращаться туда, откуда бежали. <...> В новоприобретенных советских областях практически всё еврейское население оказалось захваченным немцами»[342].

По подсчетам Соломона Шварца, за годы войны погибло около 3 миллионов советских евреев. «При абсолютном уменьшении населения Советского Союза... за годы войны на 15-16, может быть, 17 процентов, – тоже чудовищная величина, – численность еврейского населения Советского Союза уменьшилась за тот же период более, чем на 60 процентов»[343]. Получается, что прямо или косвенно Советская власть повинна в гибели половины из 6 миллионов евреев, погибших в Катастрофе...

По иронии судьбы от рук фашистов удалось спастись тем евреям из новоприобретенных областей, которые были еще до войны арестованы НКВД и отправлены в ГУЛАГ как бундовцы, сионисты или просто «агенты империализма» и «социально-опасные элементы». Последнее обвинение было, в частности, предъявлено будущему премьер-министру Израиля Менахему Бегину.

Еврейский Антифашистский Комитет

С началом Великой Отечественной войны советское руководство решило, что хорошо бы иметь своих «ручных» евреев для пропаганды и сбора средств на Западе. Идея создания Еврейского Антифашистского Комитета (ЕАК) была «подсказана» НКВД двум находившимся в советских застенках лидерам польского Бунда Генриху Эрлиху (зятю историка С.М. Дубнова) и Виктору Альтеру, которые и разработали проект создания представительства советского еврейства на Западе. Эрлих и Альтер были приговорены к расстрелу, но неожиданно освобождены с извинениями, помещены в лучшую гостиницу, обуты и одеты. Вместе со всем Советским правительством в октябре 1941 г. они были эвакуированы в Куйбышев. Однако через два месяца оба были снова тайно арестованы и погибли в тюрьме. Есть сведения, что на меморандуме Эрлиха и Альтера товарищ Сталин собственноручно написал: «Расстрелять обоих»[344].

Генрих Моисеевич Эрлих (1882 – 1942)
видный деятель Бунда, зять С.М. Дубнова. Бежал из Польши. Был обвинен в связях с немецкой разведкой, покончил с собой в советской тюрьме.

Виктор Альтер (1890 – 1943)
видный деятель польского Бунда. В 1939 году бежал в СССР. Был обвинен в связях с немецкой разведкой и расстрелян в советской тюрьме.

Тем не менее ЕАК был создан. В него вошли видные деятели еврейской культуры, а во главе его был поставлен великий еврейский актер Соломон Михоэлс. При всей неоднозначности роли ЕАК как проводника просоветской политики на Западе ЕАК и Михоэлс лично все больше становились адресом для всех евреев Советского Союза. У разбитого и разрозненного еврейского народа при всех коммунистических оговорках снова стала появляться «голова».

Соломон Михайлович Михоэлс (Вовси, 1890 – 1948)
великий еврейский актер, режиссер и общественный деятель. Был злодейски убит по приказу Сталина.

В планы Сталина и его клики это, однако, не входило. Война была кончена, ЕАК сыграл свою роль, можно было смело закончить то, что не успел или не смог закончить другой великий диктатор XX века, Адольф Гитлер. В январе 1948 г. по указанию Сталина был злодейски убит Соломон Михоэлс. Когда Перец Маркиш, тоже член ЕАК, вез из Минска тело убитого актера, он обронил следующие слова: «Гитлер хотел нас уничтожить физически, а Сталин хочет духовно»[345]. Однако он явно недооценил Сталина. В 1948 г. ЕАК был распущен, все его члены арестованы. После долгого следствия 13 членов ЕАК были расстреляны 12 августа 1952 г.

Перец Маркиш – поэт и человек

Имя великого еврейского актера Соломона Михоэлса сегодня у всех на слуху. О нем знают, и его помнят. Именно поэтому хочется сказать несколько слов о другом руководителе ЕАК, друге Михоэлса, выдающемся еврейском поэте и писателе Переце Маркише, сегодня незаслуженно забытом. Человек с большой буквы, не раз отдававший последнюю копейку или кусок хлеба для спасения собрата-еврея, поневоле вовлеченный в водоворот общественной деятельности на «еврейской улице», он всю жизнь оставался писателем, причем писателем именно еврейским. Как вспоминал его сын Симон, «не о своих личных интересах шумели люди в доме Переца Маркиша и не про интересы «многонациональной социалистической родины», а о том, что важно для евреев, еврейской культуры, еврейской судьбы, еврейского будущего»[346]. Ради своего народа он жил и за него погиб в сталинских застенках.

Перец Давидович Маркиш (1895 - 1952)
Выдающийся еврейский поэт, писатель и общественный деятель.

В декабре 1952 года семья Маркиша, которая, конечно, ничего не знала о его гибели, была арестована и по этапу отправлена в ссылку в казахские степи. Там жена поэта Эстер впервые почувствовала тот народ, ради которого жил и писал ее муж. «На Йом-Кипур (Судный день) я была в синагоге – чуть ли не впервые в жизни и, во всяком случае, впервые – всерьез. Всерьез – потому, что я пришла не полюбопытствовать на чужие молитвы и чужое покаяние, но почувствовать себя среди своих, среди тех, кто необходим мне и кому, в свою очередь, необходима я, ибо судьба наша – общая. Мы разделяем муки, кровь и скитания прошлого и настоящего, но мы разделяем и свет будущего. Конечно, каждый волен выйти из этой общности (впрочем, Советская власть такой воли не дает), но каждый уходящий уносит с собой частичку будущего света – и он меркнет»[347].

И далее: «Тесный, приземистый дом, всего две комнаты, разделенные коридором, – вот и вся кзыл-ординская синагога. В одной комнате – "бессарабцы" (т. е. все европейские евреи), в другой – "бухарцы" (такое разделение... неизбежно: бухарские евреи не только говорят на своем языке – диалекте персидского, но и обряды у них не совсем те же; однако, разделенные коридором, мы чувствовали себя одной общиной, одним народом). Здесь... глядя на лица вокруг, такие разнообразные, такие несхожие друг с другом, разглядывая исподтишка... "бухарцев" – величественных седобородых стариков, юношей, словно с персидской миниатюры, неправдоподобно красивых девушек и столь же неправдоподобно тучных женщин, – я почувствовала и поняла, что такое ЖИВОЕ еврейское общество с его сплочением и взаимопомощью, не интеллигентная верхушка (писатели, актеры, художники), отделенная от народа и уже в силу одного этого отчужденная от него, несмотря на всю свою любовь к народу, но сам народ, объединяющий ученых и малограмотных, зажиточных и неимущих, благочестивых и далеких от религии (таких, как я)»[348].

Сразу после убийства Михоэлса прямо в театре, где лежало его исковерканное тело, Маркиш написал пронзительные, мощные и очень возвышенные и светлые по духу стихи памяти друга, актера, еврея, человека. Вернувшись из ссылки и работая над литературным наследием мужа, Эстер Маркиш искала равного по величине русского поэта, который смог бы их перевести. Евтушенко сказал, что «Маркиш слишком могуч и мощен для него»[349]. Ахматова перевела несколько лирических стихотворений. Борис Пастернак был очень дружен с Маркишем. В письме к вдове поэта он писал: «Помимо своего художественного значения Маркиш был слишком необыкновенным явлением самой жизни, ее улыбкой, ее лучом, который прикосновением красоты, радующим знаком ложится всюду, куда он являлся»[350]. Но и он отказал. Великие русские поэты отказались передать великое еврейское горе. Вот это стихотворение в переводе Аркадия Штейнберга.

Михоэлсу – неугасимый светильник

1

Прощальный твой спектакль среди руин, зимой...
Сугробы снежные, подобные могилам.
Ни слов, ни голоса. Лишь в тишине немой
Как будто все полно твоим дыханьем стылым.
Но внятен смутный плеск твоих орлиных крыл,
Еще трепещущих на саване широком;
Их дал тебе народ, чтоб для него ты был
И утешением, и эхом, и упреком.
В дремоте львиная сияет голова.
Распахнут занавес, не меркнут люстры в зале.
Великих призраков бессмертные слова
В последнем действии еще не отзвучали.
И мы пришли тебе сказать: «Навек прости!» –
Тебе, кто столько лет, по-царски правя сценой,
С шолом-алейхемовской солью нес в пути
Стон поколения и слез алмаз бесценный.

2

Прощальный твой триумф, аншлаг прощальный твой...
Людей не сосчитать в народном океане.
С живыми заодно у крышки гробовой
Стоят волшебные ряды твоих созданий.
К чему тебе парик? Ты так сыграешь роль.
Не надо мантии на тризне похоронной,
Чтоб мы увидели – пред нами Лир, король,
На мудрость горькую сменявшийся короной.
Не надо вымысла... На столике твоем
Уже ненужный грим, осиротев, рыдает.
Но Гоцмах, реплику прервав, упал ничком,
Хоть звезды в небесах не падают – блуждают.
И, пробужденные зловещим воплем труб,
Вдоль складок бархатных плывут их вереницы,

Столетиям неся твой оскверненный труп,
Шурша одеждами и опустив ресницы.

3

Разбитое лицо колючий снег занес,
От жадной тьмы укрыв бесчисленные шрамы.
Но вытекли глаза двумя ручьями слез,
В продавленной груди клокочет крик упрямый:
– О Вечность! Я на твой поруганный порог
Иду зарубленный, убитый, бездыханный.
Следы злодейства я, как мой народ, сберег,
Чтоб ты узнала нас, вглядевшись в эти раны.
Сочти их до одной. Я спас от палачей
Детей и матерей ценой моих увечий.
За тех, кто избежал и газа, и печей,
Я жизнью заплатил и мукой человечьей!
Твою тропу вовек не скроют лед и снег.
Твой крик не заглушит заплечный кат наемный,
Боль твоих мудрых глаз струится из-под век.
И рвется к небесам, как скальный кряж огромный.

4

Течет людской поток – и счета нет друзьям,
Скорбящим о тебе на траурных поминах.
Тебя почтить встают из рвов и смрадных ям
Шесть миллионов жертв, замученных, невинных.
Ты тоже их почтил, как жертва, пав за них
На камни минские, на минские сугробы,
Один, среди руин кварталов ледяных,
Среди студеной тьмы и дикой вьюжной злобы.
Шесть миллионов жертв... Но ты и мертвый смог
Стать искуплением их чести, их страданий.
Ты всей Земле швырнул кровавый свой упрек,
Погибнув на снегу, среди промерзших зданий.
Рекой течет печаль. Она скорбит без слов.
К тебе идет народ с последним целованьем.

Шесть миллионов жертв из ям и смрадных рвов
С живыми заодно тебя почтят вставаньем.

5

Покойся мирным сном, свободный от забот, –
Ведь мысль твоя жива и власть не утеряла,
Реб Лейви-Ицхока свирель еще поет,
Еще лучится твой могучий лоб Марала!
Твоей любви снега не скажут – замолчи!
Твой гнев не заглушит пурги слепая злоба.
Как две зажженные субботние свечи,
Мерцают кисти рук и светятся из гроба.
Ты щуриться привык, обдумывая роль.
Так видел ты ясней, так собирал ты силы;
Теперь под веками ты прячешь гнев и боль,
Чтоб их не выплеснуть из стынущей могилы.
Блистают зеркала, и кажется – вот-вот
Ты вновь наложишь грим к премьере величавой,
Глазами поведешь, упрямо стиснешь рот
И в небо звездное шагнешь, как прежде, «с правой».

6

Распадом тронуты уже твои черты.
Впитай же музыку в себя, ручьи мелодий
Из «Веньямина Третьего» – недаром ты
Любил истоки их, живущие в народе!
Под этот струнный звон к созвездьям взвейся ввысь!
Пусть череп царственный убийцей продырявлен,
Пускай лицо твое разбито – не стыдись!
Не завершен твой грим, но он в веках прославлен.
Сочащаяся кровь – вот самый верный грим.
Ты и по смерти жив, и звезды ярче блещут.
Гордясь последним выступлением твоим,
И в дымке заревой лучами рукоплещут.
Какой-нибудь из них, светящей сквозь туман,
Ты боль свою отдашь, и гнев, и человечность.

Пред ликом Вечности ни страшных этих ран,
Ни муки не стыдись... Пускай стыдится Вечность!

7

Распахнут занавес... Ты не для смертной тьмы
Сомкнул свои глаза. И дар твой благородный
С благоговением воспримем ныне мы,
Как принял ты и нес бесценный дар народный.
Тебе со сценою расстаться не дано.
Ты прорастешь в века, вспоен родимым лоном.
Исполнен зрелости, как спелое зерно
Под небом благостным, на поле пробужденном.
Мы никогда в твою не постучимся дверь,
Мы больше к твоему не соберемся дому –
Без стука в сердце мы в твое войдем теперь,
Открытое для всех, доступное любому,
Доступное, как лес, как пена вольных вод,
Как солнце; и с тобой, с мечтой о лучшей доле,
В бескрайний небосвод, в грядущее – вперед!
Всем человечеством, как в золотой гондоле!

Горькой иронией звучит, что внук знаменитого еврейского поэта Переца Маркиша, сын его первенца, Симона, принял сан православного священника и, видимо, унаследовав талант деда, является видным церковным публицистом и миссионером. Марк Симонович Маркиш называется нынче «иеромонах Макарий» и отвечает на вопросы телезрителей в передаче «Беседы с батюшкой».

**Иеромонах Макарий
(Марк Симонович Маркиш, род. 1954)**
церковный публицист, миссионер, в т.ч. и в интернет-пространстве, на радио и телевидении.

Исход

Уже к середине 50-х годов у советских евреев не осталось ни одного живого действующего механизма, позволяющего говорить о еврейском народе. Связывавшие евреев материальные и духовные узы были практически полностью порваны, растоптаны и уничтожены. Народный организм был неоднократно обезглавлен, расчленен, и все его органы были умерщвлены.

Ассимиляция снизу, берущая начало еще со времен Гаскалы, тысячу раз укрепленная и поддержанная сверху и не имеющая (легальной) альтернативы, взяла верх. Единственным языком общения остался русский, единственной культурой – русская, единственной религией – марксизм-ленинизм. Количество смешанных браков росло чуть ли не в геометрической прогрессии.

Типичный советский школьник 70-х–80-х мог с удивлением узнать, что он еврей, от своих «добрых» однокашников. И действительно, то, что не давало евреям забыть, кто они такие, в отсутствие какой-либо внешней или внутренней связи был никогда не прекращавшийся антисемитизм. Антисемитизм, как государственный, так и бытовой, сопровождал еврея повсюду. Вопреки пропагандистским фальшивкам, он не «был изжит», никуда не делся, и по сравнению с царской Россией скорее даже возрос. Он пробивал себе дорогу даже в таких ситуациях, когда на поверхностный взгляд евреи должны были вызывать если не сочувствие, то, по крайней мере, жалость.

Так, Соломон Шварц описывает вопиющий антисемитизм в партизанских отрядах во время войны. Он приводит следующую цитату из книги историка и бывшего партизана Моше Кагановича: «Еврейский партизан должен был в лесу вести борьбу и против части антисемитски настроенных партизан. Он не мог ни на минуту освободиться от сознания, что он еврей. Ему это постоянно напоминали. Редко национальное самосознание было так сильно среди евреев, как среди партизан в лесу. И не случайно партизаны были первыми, заявившимися к репатриации, – чтобы пробираться в Палестину, строить свой дом и, если уж отдать свою жизнь, отдать ее за свой народ»[351].

Антисемитизм снаружи и неосознанное внутреннее чувство принадлежности к некой особой духовной общности изнутри – это то, что позволило нашему народу выжить, дожив до алии 70-х и еще большей алии 90-х. Алия 70-х была относительно небольшой (130 тысяч человек) и в большей степени состояла из людей, сознательно пришедших к сионизму. В противоположность этому алия 90-х была массовым явлением исхода целого народа со всеми его достоинствами и недостатками. Миллион евреев, поднявшихся со своих мест и вместе с чадами и домочадцами покинувших свою «доисторическую» родину – это уже Исход. Огромная масса людей, ведомая одной подсознательной мыслью: «Ехать надо!» – вернулась в лоно своего народа. Вы как хотите, а мне это больше всего напоминает возвращение из Вавилонского плена, когда народ-грешник, народ, не справившийся с выполнением своей миссии быть светочем для всех народов мира, возвращается «на круги своя».

Глава 11
Вместе навсегда
(Единство, единство и еще раз единство)

Итак, как мы уже не раз писали в этой книге, объединение всегда было единственной гарантией Израиля против любого зла и панацеей от всех возможных бед, сваливающихся на нашу многострадальную голову. Однако тем временем наш эгоизм дошел до такой степени, что мы стали не в состоянии сохранять свое единство, если, конечно, речь не заходит об угрозе самому нашему существованию на земле. Этот прискорбный факт не остался без внимания как со стороны наших друзей, так и со стороны наших врагов.

В статье, опубликованной в июне 1940 года, Бааль Сулам недвусмысленно заявил, что все наши беды происходят от отсутствия единства. Он писал, что мы «похожи на кучу орехов, которые объединены в единое тело снаружи охватывающим и связывающим их мешком»[352]. Однако, пишет он, «эта мера единства не делает их сплоченным организмом. И всякое незначительное шевеление мешка порождает в них смятение и отделение друг от друга, вызывая всякий раз новые частичные соединения и сочетания. А всё, чего им не хватает, – это естественного единства изнутри. А вся сила их соединения происходит от внешних событий. Что касается нас, это очень больно ранит сердце»[353].

В другой статье – «Есть один народ» (из сборника «Шамати»), – уже приводившейся выше, Бааль Сулам пишет, что злодей Аман видел ключ к победе над евреями в их разобщенности. Аман знал, что разобщенность еврейского народа означает также и то, что он отделен от Творца, то есть от свойства отдачи – силы, которая создает всю нашу действительность. Поэтому Аман считал, что сможет воспользоваться слабостью евреев для того, чтобы разделаться с ними. К его глубокому разочарованию, Мордехай ощущал эту опасность ничуть не меньше, чем Аман, и «пошел исправлять этот изъян, как объясняется в стихе «Собрались все евреи»[354], «чтобы собраться и встать на защиту жизни своей»[355]. То есть с помощью объединения спасли они жизнь свою»[356].

Адольф Гитлер (1889 – 1945)
идеолог и воплотитель нацизма, один из главных злодеев XX века, ответственный за гибель 6 миллионов евреев.

Главный Аман XX века, Адольф Гитлер, тоже заметил, что главная черта евреев – это единство, и обратил внимание на то, что в наши дни мы испытываем недостаток этого свойства. В своей программной книге «Майн Кампф» Гитлер писал: «Еврей един лишь до тех пор, пока ему угрожает общая опасность или пока его привлекает общая добыча. Как только исчезают эти две причины, сейчас же вступают в свои права свойства самого резко выраженного эгоизма, и единый народ в мгновение ока превращается в стаю кроваво грызущихся друг с другом крыс»[357].

Прежде чем начать обсуждать, как на практике достичь единства и избежать потенциальных катастроф, подобных тем, которые выпадали на долю нашего народа в прошлом, мы хотим посвятить эту главу высказываниям известных раввинов, каббалистов и еврейских ученых разных поколений. Это напомнит нам об общем согласии по поводу первостепенной важности сплочения и единства. Поскольку в основе всех наших действий лежат желания, для того, чтобы объединиться, мы сначала должны этого захотеть, – пусть даже в качестве защиты от возможных бед и напастей, – и только после этого мы сможем начать объединяться на практике. Итак, ниже мы приводим крылатые выражения и светлые мысли наших мудрецов.

Единство – это душа и сердце Израиля

Несмотря на то, что между школой Шамая и школой Гиллеля существовали разногласия... [по поводу законов о разводе] – сторонники дома Шамая не избегали браков с женщинами из дома Гиллеля, а сторонники дома Гиллеля – с женщинами из дома Шамая, и это учит нас тому, что нужно жить друг с другом в любви и дружбе, соблюдая стих «Любите истину и мир» (Захария, 8).

Вавилонский Талмуд,
трактат Йевамот, гл. 1, мишна 4

В Израиле пребывает тайна единения мира, и поэтому они называются «Адам» («Человек»).

Рав Авраам Ицхак а-Коэн Кук, Света святости

Установилось на горе Синай, что сыны Израиля стали одним народом, и потому написано «Я Бог, Творец твой» в единственном числе – ибо в мере единства, царящего среди них, божественность Его пребывает над сынами Израиля.

Сфат Эмет (Язык Истины),
Ваикра, гл. Ба-хар.

Известно, что в отношении ума каждый человек сам по себе, как сказали наши мудрецы, «не одинаковы мнения людей»... но в отношении сердец в Израиле существует единство.

Шем ми-Шмуэль (Имя от Самуила), гл. Шмот

Знай же, что у человека есть тело и душа, и Израиль – единый народ в смысле тела, и в смысле души ду́ши Израиля слиты в один народ. И это, безусловно, полностью объединяет народ Израиля в смысле души. И потому соответственно этому [Творец] сказал, что «Я Бог, Творец ваш». И так же в смысле тела у Израиля есть полное единство в том смысле, что у них будет совершенно единая страна, называемая Страна Израиля, тело должно пребывать в Израиле, и поэтому они представляют собой абсолютно единый народ.

Махараль из Праги, Нетивот олам
(Пути мира), Путь праведности, гл. 6

Поскольку шестьсот тысяч душ Израиля все держатся друг за друга, подобно витой веревке, единой и неделимой, так же и натянутая веревка, если пошевелить ее начало, вся она придет в движение, – поэтому, если согрешит один, на всей общине будет пребывать гнев за его дело. И причина в том, что весь Израиль ответственен друг за друга.

Наносящий ущерб наносит его всем душам Израиля до тех пор, пока не исправит он снова то, что испортил в отношении своей души... и смысл этого в том, что все части после установления определенного отношения между ними уже не разлучатся.

Элиягу ди Видас, Решит Хохма
(Начало мудрости), Врата трепета, гл. 14.

Рав Элияу ди Видас (ок. 1510 – ок. 1585) выдающийся цфатский каббалист, ученик Рамака и Ари.

Дом молитвы называется «домом собрания», поскольку там собираются все души благодаря молитве, которую там возносят. Главный подъём души и её совершенство – когда все души входят друг в друга и становятся одним целым, ибо тогда они поднимаются в святость, ведь святость едина. Как объясняет Раши по поводу семидесяти душ дома Яакова, что все они называются одной душой. Поэтому главное в молитве, которая является свойством души, зависит от объединения душ.

Поэтому перед молитвой человек должен принять на себя исполнительную заповедь «Возлюби ближнего, как самого себя», и, как писал наш учитель [рабби Нахман], нельзя произносить слов молитвы иначе, как исходя из мира – когда мы соединимся со всеми душами Израиля.

Рабби Натан, Ликутей Алахот (Сборник законов), законы о синагоге, закон 1

Несмотря на то, что тела Израиля разделены, души его в их высшем корне в любом случае представляют собой абсолютное единство. Ведь в материальном, где есть граница и место, царят множественность, разобщенность и разделение, тогда как в духовном, где нет места, нет разделения и множественности, поэтому они абсолютно едины... Поэтому заповедано Израилю единение сердец, как сказано: «И стал там Израиль» – в единственном числе, что значит, что они соответствовали этому внизу. Имеется в виду, что будут они едины.

Арвей Нахаль (Речные ивы)*, гл. Насо

Пока весь Израиль не обрел полного единства, они не удостоились дарования Торы, как писали мы о стихе «И стал там Израиль против горы» (Шмот, 19:2). И Моисей тоже не получал ничего, как сказали мудрецы (Брахот, 32:1), что Творец сказал Моисею во время греха золотого тельца: «Сбрось свое величие, всё величие дал Я тебе только лишь для Израиля».

Рабби Моше Альшех, Закон Моше на Дварим, 3:4-5

Когда Израиль един, конца и края нет его величию.

Рабби Элимелех из Лиженска, Ноам Элимелех, гл. Пинхас

«Иерусалим, построенный как город, соединненый воедино» (Псалмы, 122:3) – город, превращающий весь Израиль в товарищей.

Иерусалимский Талмуд, трактат Хагига, 21:1, гл. 6, закон 6.

---

* Арвей нахаль – книга рабби Давида Шломо Эйбшица (1754 – 1813), раввина нескольких галицийских и бессарабских общин, автора известных в хасидизме книг.

Рав Моше Альшех (1508 – 1593)
знаменитый цфатский галахист, комментатор и каббалист. Ученик Йосефа Каро.

А вы, товарищи, здесь находящиеся, как были вы в дружбе и любви до этого, так же и дальше не расстанетесь вы друг с другом до тех пор, пока Творец не возрадуется с вами вместе и не призовет на вас мир, и благодаря вам настанет мир в мире. Как написано: «Ради братьев моих и друзей моих скажу: "Мир тебе!"» (Псалмы, 122:8).

Бааль Сулам, Книга Зоар с комментарием Сулам, гл. Ахарей Мот, п. 66

В единстве – спасение Израиля

Ведь главная защита от несчастий – это любовь и единство, и когда в Израиле есть любовь, и единство, и дружба между собой, не может с ними произойти никакое несчастье. Как сказано: «Привязан к идолам Эфраим – оставь его!» (Ошеа, 4:17), – что означает, что даже если они, не дай Бог, служат идолам, но между ними есть единение без разобщенности сердец, они пребывают в мире и покое, и нет Сатаны и подстрекателя, и этим устраняют они все проклятия и страдания.

И сказано: «Все вы стоите сегодня» (Дварим, 29:9), – имеется в виду, что, несмотря на то, что вы слышали все клятвы союза, написанные свыше, вы всё же будете стоять, и встанете вы благодаря тому, что главы ваши, и судьи ваши, и старейшины ваши, и стражи ваши, каждый из Израиля, все будут в одном сердце и любви... И благодаря соединению сможешь ты пройти между всеми проклятиями, и совершенно не коснутся они тебя и не навредят тебе.

«Чтобы поставить тебя сегодня Ему народом» (Дварим, 29:12) – означает, что благодаря этому восстанешь ты и спасешься от всяких бедствий. Потом сказал Он: «И не только с вами Я заключаю этот завет» (Дварим, 29:13), – что означает, что не только великому поколению Моисея обещано спасение от всякого зла через объединение, «но с тем, кто стоит с нами здесь... и с тем, кого нет с нами здесь» (Дварим, 29:14) – т.е. что даже всем будущим поколениям обещано, что пройдут они через все клятвы союза, и не навредят они им благодаря единству и объединению, которое будет между ними.

Маор ва-Шемеш (Свет и солнце), гл. Ницавим

Сказал Творец Давиду: «Когда падут на Израиль несчастья за грехи их, пусть встанут они предо Мной вместе в одном единстве и признаются в грехах своих предо Мной... Когда Израиль собираются предо Мной и стоят предо Мной в одном единстве, и произносят молитву о прощении, отвечу Я им – как сказано:

«Творец, спаси! Царь ответит нам в день, когда воззовем мы» (Псалмы, 20:10).

Тана де-бей Элиягу Зута*, гл. 23[358]

Когда [человек] включает себя в одно целое вместе со всем Израилем, и возникает единство, и тогда Творец пребывает в этом единстве, и тогда не будет тебе никакого вреда.

Маор Эйнаим (Свет очей), гл. Ваеце

Когда они многочисленны, но всё же между ними есть единство, единство становится дороже. Как сказано: «И убоялся Моав народа сего чрезвычайно, ибо велик он числом» (Бамидбар, 22:3), т.е. хоть и велик числом, всё же – «он» (в единственном числе), поэтому «убоялся».

Исмах Моше**, гл. Балак

Поэтому сказал он: «Соберитесь и слушайте, сыновья Яакова» (Берешит, 49:2). Именно «соберитесь», что раскрыло им, что исправление должно главным образом опираться на совет «соберитесь». Т.е. когда Израиль соберутся вместе, чтобы говорить друг с другом об окончательной цели, между ними будет единство, любовь и мир. И благодаря этому они удостоятся совершенства этого совета, ведь Израиль и Тора едины в той степени, в которой есть мир и единство среди Израиля.

Рабби Натан, Ликутей Алахот (Сборник законов),
законы о 9 ава и посте, закон 4

И так Израиль станет святым сообществом и одним целым, как один человек в едином сердце. И когда единство Израиля вернётся, как раньше, тогда у Сатаны не будет возможности ввести их в заблуждение или приблизить к ним внешние силы

---

*   Тана де-бей Элияху (арам.: поучения школы Элияху) – древний мидраш, который упоминается еще в Вавилонском Талмуде и традиционно приписывается пророку Элиягу. Состоит из двух частей, большой – «раба» – и малой – «зута».

** Книга Моше Тейтельбаума (1759-1841) – основоположника хасидизма в Венгрии и основателя хасидской династии.

[клипот]. Ибо, когда они как один человек с единым сердцем, они как неприступная стена, противостоящая силам зла.

Шем ми-Шмуэль (Имя от Самуила), гл. Ваякхель

И это поручительство, над которым так работал Моисей перед своей смертью, чтобы объединить сыновей Израиля. Весь Израиль – поручители друг за друга, т.е. все вместе видят только добро[359].

Симха Буним из Пшисхи

Симха Буним из Пшисхи (1765–1827) выдающийся хасидский цадик, учитель Менахема Мендла из Коцка.

Все души Израиля – абсолютное единство и один уровень. Аллегорически это похоже на караван, идущий по пустыне среди диких зверей, и при них оружие и другие хитрости, и дикие звери боятся подходить к ним. Но если ушли они с места стоянки, а какой-то человек остался один на старом месте, он тотчас же будет умерщвлен зверьми, из-за того, что отделился от своей группы.

Арвей Нахаль (Речные ивы)

Основа зла злодея Амана, на которой он построил свою просьбу к царю, чтобы он продал ему евреев... это то, о чем он начал говорить: «Есть один народ, который очень рассеян и разделен» (Эстер, 3:8). Т.е. он излил свою грязь, говоря: поскольку этот народ достоин смерти, поскольку над ними возобладало взаимное отторжение, и все они полны драк и ссор, и сердца их отдалились друг от друга. Однако Творец дал лекарство до наступления удара... ускорив у Израиля соединение и слияние друг с другом, ибо все они едины, как один человек с единым сердцем. И это то, что защищало их, как сказала праведница [царица Эстер]: «Пойди, собери всех евреев» (Эстер, 4:16).

Бина ле-Итим*, ч. 1, комментарий 1 на Пурим

Поскольку грешили они, сила единства была отобрана у грешников и передана сыновьям Израиля за их заслуги. И это великая милость, о которой надо всегда помнить. И нам надо верить в то, что, пока наше намерение направлено на добро, без сомнений, «не будет нам препятствий [совершить всё задуманное]» (Берешит, 11:6), ведь сила единства будет нам в помощь.

Сфат Эмет, Берешит, гл. Ноах

Единство общества, которое может стать источником любого счастья и любого успеха, происходит главным образом только между телами и связано с телесными аспектами человека, а их разобщенность есть источник всех несчастий и бед.

Бааль Сулам, Свобода воли[360]

---

* «Бина ле-Итим» – книга рабби Азарии Фиго (1579 – 1647), известного мудреца и проповедника из Венеции.

Единство означает освобождение

Элиягу появится только для того, чтобы исправить недостаток, существующий во время его появления. Поэтому главное, зачем явится Элиягу, – это сгладить противоречия, что, безусловно, является единением и связыванием Израиля воедино, так, чтобы стали они способны выйти из изгнания. Ведь не может Израиль выйти из изгнания, пока они не достигли абсолютного единения, как сказано в Мидраше, Израиль не может быть спасен, пока они не соединились воедино.

Махараль, Хидушей агадот (Новое об агадот)[361]

Также понятно, что для громадного усилия, которое требуется от нас на тернистом пути, лежащем перед нами, от всех частей народа без исключения потребуется крепкое единство, твердое, как сталь. Если мы не выйдем сомкнутыми рядами против мощных сил... стоящих на нашем пути, нашу надежду можно считать заранее потерянной.

Бааль Сулам, Народ[362]

Изгнание – это рассеяние народа, находящегося в изгнании и не обладающего никаким единством, а избавление обратно этому, то есть это собрание и объединение тех, кто был рассеян и разобщён.

Махараль, Гвурот а-Шем, гл. 23

Глава 12
Во множественном числе
(Как повлиять на
единство общества через
социальное окружение)

Гонения и антисемитизм, или, как сейчас модно говорить, юдофобия, были уделом нашего народа на протяжении как минимум последних двух тысяч лет. Тем не менее, как мы уже говорили, ненависть к евреям не возникла на пустом месте. Она вытекает из заложенного в каждом человеке, как правило, неосознанного убеждения, что евреи обязаны привести его и всех остальных к постижению смысла жизни – получению безграничного удовольствия и наслаждения.

До сих пор мы обсуждали, в чем заключается роль и цель еврейского народа, и в чем причины его бесконечных страданий. Теперь мы приступим к обсуждению принципов, которых нам необходимо придерживаться для того, чтобы достичь этой цели, по «странной» случайности совпадающей с целью всего человечества.

Стремление к превосходству

Выше уже говорилось о том, что всё в мироздании состоит из желания давать наслаждение и получать его. От наших мудрецов мы узнали, что желание получать распадается на 4 уровня, называемые «неживой», «растительный», «животный» и «говорящий». Тем не менее всё это – одно желание, на разных уровнях своего развития облачающееся в разные одежды.

К примеру, самое базовое из существующих в природе желаний – это желание поддерживать собственное существование. На человеческом уровне это желание проявляется в стремлении иметь крышу над головой, – будь это даже домик дядюшки Тыквы, одежду, обувь и минимальную еду. Это уровень неживого желания. Подобно неживой материи, которая удерживает свои атомы и молекулы вместе, но больше практически ничего не делает, такой человек будет стремиться лишь поддерживать свое существование, как бы «удерживая свои атомы и молекулы вместе» и больше фактически ничего не делая.

На растительном уровне желания человек хочет поддерживать свое существование на таком же уровне, как все остальные. Так же, как все растения, принадлежащие одному виду, цветут и увядают одновременно, такой человек будет желать быть таким же, как все остальные в его городе или деревне, или следовать последнему писку моду, рекламируемому по телевизору.

Если окружающие живут в бедности, такой человек не будет ощущать себя бедняком до тех пор, пока его уровень жизни не уступает уровню жизни его социального окружения. Если, согласно новой моде, нужно носить левый ботинок на правой ноге и наоборот, человек растительного уровня будет чувствовать себя комфортнее, если он будет носить неправильный ботинок на неправильной ноге, поскольку тем самым он идет в ногу (простите за каламбур!) с последними течениями моды.

Человек с желаниями животного уровня отличается от растительного тем, что он стремится к самовыражению. Такой человек уже не стремится быть как все, а обязан утвердить свою индивидуальность. В большинстве случаев этот уровень ведет к повышенной креативности и к выбору ярких, не похожих на другие решений.

Говорящий (или человеческий) уровень – самый сложный и запутанный. Здесь человеку уже недостаточно простого самовыражения. На этом уровне человек стремится к превосходству. Это то желание, которое заставляет людей искать признания собственной особенности или даже уникальности. Другими словами, на этом уровне мы постоянно сравниваем себя с другими.

Более того, сегодня мы уже не просто стремимся быть лучшими в чем-то. Мы стремимся быть лучшими во все времена. Каждый прыгун с шестом старается не просто победить в конкретном соревновании, а побить легендарный рекорд Сергея Бубки. Немецкому футболисту Мирославу Клозе было важно, чтобы сборная Германии не просто победила в ЧМ-2014. Несмотря на то, что футбол – игра командная, ему было важно опередить бразильца Роналдо в количестве забитых мячей. Теперь можно было уйти на покой со спокойной совестью.

В спорте это стремление проявляется особенно ярко, но спорт в данном случае является не исключением, а, скорее, правилом. Фильм, заработавший за первую неделю проката больше всех денег; альбом, проданный в самом большом количестве экземпляров; компания, продающая больше всех телефонов (компьютеров, автомобилей) – повсюду мы видим соперничество и конкуренцию. Спросите школьника о его успеваемости, и он скажет вам, что он один из пяти лучших учеников класса (при условии, что его вообще интересует учеба). Быть просто хорошим уже недостаточно – мы давно уже живем под знаком превосходства. У нас это называется «быть личностью». Быть самим собой мало – если я не «личность», я никто.

Существует старая хасидская притча, которую рассказывают о рабби Зусе из Аннополя, брате одного из столпов хасидизма, Элимелеха из Лиженска. Рабби Зуся говорил: «Когда я предстану перед Высшим судом, никто не спросит меня: «Зуся, почему ты не был Моисеем?». Меня спросят: "Зуся, почему ты не был Зусей? "». Мораль этой притчи очевидна: будь собой и реализовывай свой потенциал. Это то, что тебе надо сделать в этой жизни.

Рабби Зуся жил в XVIII веке. Сегодня такая мораль считается устаревшей. Для сегодняшнего человека важно не кто он сам по себе, а кто он в сравнении с другими, и какое место он занимает в социальной структуре общества. При такой антисоциальной и разъединяющей морали нет ничего удивительного, что наше общество находится на грани распада.

От Я к МЫ, от МЫ к ОДНОМУ

Понимая человеческую природу, мы видим, что у нас нет никакой возможности избежать тенденций к конкуренции и разобщенности. Эти тенденции возникают изнутри нас, навязанные нам четвертым, говорящим уровнем желания. Как невозможно остановить эволюцию всей природы, невозможно остановить и эволюцию желаний. Более того, если мы хотим достичь цели творения и стать подобными Творцу, нам понадобится сильное желание, которое будет служить нам «топливом» для продвижения. А это означает, что мы не должны уменьшать или подавлять наши желания – иначе мы никогда не достигнем цели своей жизни.

Неспособность сдерживать свои эгоистические желания, тем не менее, не означает, что мы должны уступить тенденциям к ухудшению отношений между людьми на всех уровнях. Наше общество не обязано опускаться до точки, где всё, что мы можем сделать, – это запастись товарами, спрятаться и залечь на дно в ожидании очередного чуда, которое спасет нас от наших соотечественников и соотечественниц.

На самом деле, даже если бы мы нашли, где спрятаться, – как показала трагическая история нашего народа и как следует из законов Природы, – другие народы просто не позволят нам остаться в стороне. Как только случится очередная напасть, евреев наверняка снова призовут к ответу и заставят страдать, возможно, даже хуже, чем когда бы то ни было. Однако ситуация уже не та, и сегодня нам есть что сделать, чтобы предупредить такой ход событий.

Первый борец с эгоизмом

Древний Вавилон был на вершине своего успеха, когда говорящий уровень желания вдруг обернулся неожиданным взрывом эгоизма. Авраам был тем человеком, который попытался раскрыть загадку внезапного упадка своего народа. Его соотечественники были настолько погружены в строительство башни, что полностью забыли о своих недавних товарищеских отношениях. Они потеряли «один язык и слова одни» (Бытие, 11:1); всё, что их теперь интересовало – это пресловутая башня.

Известный мидраш «Пиркей де-рабби Элиэзер» описывает беспокойство Авраама по поводу новой страсти, охватившей народ: «Рабби Пинхас говорит, что там не было камней, чтобы строить город и башню. И что же они делали? Они делали кирпичи и обжигали их, как гончар, пока не построили её [т.е. башню] семь миль высотой, и те, кто поднимал кирпичи, поднимался с восточной стороны башни, а те, кто спускался, спускался с западной стороны башни. И если падал кто-нибудь и умирал, не обращали на него внимания, но если падал кирпич, сидели они и плакали, говоря: «Когда еще поднимется вместо этого другой?!» Авраам, сын Тераха, проходил мимо и видел, как они строят город и башню, и проклял их именем Господа»[363].

Но Авраам не только проклинал строителей. Сначала он пытался «залатать» разрыв и снова соединить свой народ. Мидраш Раба говорит о том, что Авраам соединял всех живущих в мире[364], а рабейну Бехайе рассказывает нам о том, как он раскрыл перед всеми притязания Нимрода на высшие силы. Он пишет: «[Нимрод] сказал ему: "Я сотворил землю и небо своей силой". Ответил ему Авраам: "Может, ты и сотворил. Выходя из пещеры, я видел, как солнце встает на востоке и садится на западе. Сделай так, чтобы оно всходило на западе и садилось на востоке, и я поклонюсь тебе. В противном случае укрепивший руку мою для сожжения идолов да укрепит меня, чтобы я убил тебя". Сказал Нимрод мудрецам своим: "Каков будет его приговор?" Отвечали они: "Он тот, о ком сказали мы, что выйдет из него народ, который унаследует этот мир и будущий мир. А теперь, как сказал он, пусть сделают ему". Тотчас же бросили его в огненную печь, и тогда пожалел его Творец и спас его, как сказано: "Я Творец, который вывел тебя из Ура Халдейского"»[365].

После «жаркого» спора с царем Авраам взял свою семью и учеников и со всем своим скарбом бежал из Вавилона. По дороге он собирал людей, согласных с его главной доктриной: «Столкнувшись с эгоизмом, объединяйтесь над ним». Переводя на практические рельсы: когда между близкими людьми возникает ненависть, нужно сделать вашу общую цель раскрытия Творца (свойства отдачи, первородной силы, создающей все мироздание) выше по значимости, чем соперничество сторон, и таким образом подняться над этим соперничеством. Награда за такие действия – всё возрастающее единство, обретение свойства отдачи, и в результате – раскрытие Творца.

Приведенная цепочка действий описывает, что означает «запаять» или «залатать» разрыв, – то есть именно то, что Авраам тщетно пытался передать своим незадачливым соотечественникам. Суть этого процесса – объединение над различиями повышает единство и (если вы хотите этого) раскрывает Творца – всегда оставалась неизменной. По правде говоря, она никогда и не изменится, поскольку это Закон Отдачи, заложенный Природой.

Как известно, группа Авраама сумела объединиться и выросла в то, что позже стало народом Израиля, народом, опирающимся на одно-единственное общее свойство – желание Творца. Используя объединение над различиями, Израиль развил методику, позволяющую менять режим мышления человека от «я» к «мы» и таким образом начать ощущать «одно», т.е. Творца.

Пока Израиль поднимался всё выше и выше, используя принцип объединения над эгоизмом, остальной мир переживал все превратности истории, включая возникновение и падение империй, опирающихся на безоговорочное господство принципа самонаслаждения. Поэтому и сегодня, в век самого большого самонаслаждения, монотеизм Авраама символизирует духовность, тогда как Вавилонская башня по-прежнему является символом человеческого тщеславия и глупости.

Поэтому единственные, кто может научить мир мудрости Авраама, – это те, кто был его учениками, сыновья Израиля, известные всему миру как евреи. Эта мудрость есть переданное им наследие Авраама, а передача этой мудрости дальше «по инстанциям» есть их священная обязанность по отношению ко всему человечеству.

Что оставил борец с эгоизмом в наследство своим потомкам

Сегодня достаточно много людей понимает, что единственный способ избежать глобальной катастрофы – это объединиться. Можно называть это разными словами, такими как «взаимодействие», «координация» или «взаимоуважение», но каким бы термином мы ни пользовались, можно положа руку на сердце сказать, что сегодня мы уже осознали свою взаимосвязь и взаимозависимость. Сегодняшняя реальность создала ситуацию, когда во всех глобальных системах мы де-факто уже объединены. Однако в той же мере, в которой мы объединены, мы остаемся эмоционально разделенными и недовольными сложившимся положением вещей.

Один из способов разрешения этого конфликта – попытаться «деглобализоваться». И хотя ни у кого не вызывает сомнения, что разрыв торговых связей с развивающимися странами и переход на отечественное производство приведет к огромным экономическим и финансовым потерям, некоторые могут сказать, что игра стоит свеч. Возможно. Однако цена эта может оказаться слишком дорогой. Более того, часть экономистов считает это в принципе нереальным.

Путь, альтернативный деглобализации, означает принять глобализацию, расширяя, координируя и совершенствуя ее, одновременно с этим учась любить друг друга так, чтобы каждый мог пользоваться плодами общего процветания. Единственное необходимое для осуществления этого – это методика, позволяющая изменить стереотипы нашего мышления от парадигмы «я» (концентрация на себе любимом) на парадигму «мы» (концентрация на всех людях) и отсюда на парадигму «одно» (концентрация на социуме как едином целом).

Сегодня, почти 4 000 лет спустя после бегства Авраама из Вавилона, мир в состоянии слушать. Мы досыта настрадались и достаточно поумнели, чтобы не думать, что мы можем сделать это сами – показав Матери-Природе, или Богу, что не нуждаемся в них, поскольку мы сильнее или умнее.

Зачем нужно общество, стимулирующее единство

В начале книги, обсуждая понятие «совпадения по форме», мы пришли к выводу, что только если ты подобен определенному явлению (или объекту), ты можешь увидеть его, распознать и исследовать. Чтобы понять, о чем идет речь, вспомните, как работает радиоприемник. Приемник может настроиться на определенную волну, только когда он производит внутри себя точно такую же волну. Аналогично мы раскрываем явления или объекты, якобы существующие снаружи, только в соответствии с тем, что мы создали внутри себя. Именно так мы раскрываем и Творца, или свойство отдачи, – создавая это свойство внутри себя и таким образом раскрывая его также и снаружи.

Именно принцип «совпадения по форме» сделал методику Авраама такой успешной. Его группа смогла создать внутри себя свойство отдачи и благодаря этому раскрыла Творца. Таким образом, перейдя от парадигмы «я» к парадигме «мы», они раскрыли парадигму «одно», или Творца – единственную существующую на самом деле парадигму.

В сегодняшнем мире объединение общества критично для его выживания. Можно было бы сказать, что раскрытие Творца является вспомогательным, если бы не тот факт, что Творец и есть свойство отдачи – то качество, без которого мы никогда не сможем прийти к единству, а, значит, никогда не сможем «залатать» глобальный разрыв, угрожающий ввергнуть мир в глобальную конфронтацию. Именно поэтому так важно ускорить распространение методики Авраама – методики достижения единства путем «совпадения по форме».

Чтобы сделать это, нам надо, прежде всего, развенчать распространенный в нашем обществе миф о свободе воли. Наука доказала, что свободы воли в том смысле, который мы обычно в нее вкладываем, не существует. Под «свободой воли» мы, как правило, подразумеваем, что мы можем делать всё, что захотим – по своему свободному выбору. В последние годы накопилось огромное количество данных, доказывающих нашу зависимость от общества. Исследования показали, что от общества зависит не только наше материальное существование, но и наши мысли, чаяния и шансы на успех. Копнув глубже, мы увидим, что даже само определение успеха зависит от прихоти общества. Более того, выясняется, что и состояние нашего физического здоровья в большой степени определяется окружающим нас обществом.

В нашумевшей книге Николаса Кристакиса и Джеймса Фаулера «Связанные одной сетью» описано исследование, основанное на данных из городка Фрамингем, штат Массачусетс. В этом эксперименте, длившемся без малого 50 лет, жизнь 15 тысяч человек документировалась и скрупулезно заносилась в базу данных. Проанализировав эти данные, Кристакис и Фаулер, установили поразительные факты о том, как мы влияем друг на друга на самых разных уровнях – физическом, эмоциональном, ментальном – и как идеи способны быть «заразны», подобно вирусам.

Авторы обнаружили, что в городке существует сеть взаимосвязей, охватывающая более 5 тысяч человек и состоящая из более чем 50 тысяч связей. В рамках этой сети люди подвержены взаимному влиянию. Согласно выводам ученых, как хорошие, так и плохие привычки «заразны». Ожирение, курение и уровень счастья – всё это распространяется по сети подобно эпидемии. Многие вещи, которые мы до сих пор считали «личным достоянием» человека, полученным им по наследству или приобретенным в процессе воспитания, оказались подвержены непосредственному влиянию окружения.

Еще более удивительным открытием было то, что эти «вирусы» могут «прыгать» по нашим связям. Оказалось, что люди могут влиять друг на друга, даже не будучи знакомы. Кристакис и Фаулер обнаружили, что люди оказывают влияние друг на друга вплоть до «третьего рубежа отдаления» (друзья друзей друзей). Выяснилось, что, если один из жителей Фрамингема тучнел, вероятность ожирения у его друзей повышалась на 57%. Аналогичная вероятность у друзей его друзей повышалась примерно на 20% – причем даже если связывающие их общие друзья не набрали ни грамма лишнего веса. На третьем рубеже вероятность «заразиться» ожирением повышалась всего на 10%, однако эта зависимость все еще прослеживалась.

Как пишут Кристакис и Фаулер, с точки зрения эмоций «мы похожи на стадо бизонов: вот они мирно щиплют траву на равнине, но вдруг один из них бросается бежать. Тогда ближайшие к нему бизоны тоже обращаются в бегство – и мгновенно, по непонятной ему самому причине все стадо уже несётся, сминая все на своем пути»[366].

«Социальное заражение» имеет гораздо большее значение, чем влияние на здоровый образ жизни или распространение вредных или даже полезных привычек. В лекции для сетевого портала TED профессор Кристакис объяснил, что наша социальная жизнь, собственно, точно так же, как и физическая, зависит от качества и силы наших социальных сетей и от того, что бежит по их венам и артериям. Он говорит, что «мы создаем социальные сети, потому что преимущества жизненных взаимосвязей перевешивает ту цену, которую мы за них платим. Если бы я всё время вел себя агрессивно по отношению к вам или огорчал бы вас, вы прервали бы со мной связь, и сеть бы распалась. Итак, чтобы поддерживать и питать социальные сети, нужно распространять добрые и полезные вещи. Аналогично для того, чтобы распространять добрые и полезные вещи, – такие как любовь, доброта, счастье, альтруизм, идеи, – нужны социальные сети... Я думаю, что социальные сети имеют первостепенное отношение к добру, и я думаю, что сейчас мир нуждается в большем количестве связей»[367].

Окружающие нас люди – важная, но не единственная влияющая на нас сила. На нас существенно влияют и СМИ, и политика – как внутренняя, так и международная, – и экономика.

Известный социолог Энтони Гидденс кратко, но точно охарактеризовал нашу взаимозависимость и наше тотальное непонимание происходящего: «Плохо это или хорошо, нас заталкивают в рамки глобального порядка, суть которого никто по-настоящему не понимает, но воздействие ощущает на себе каждый»[368].

В последние годы эти социальные идеи проникли в корпоративный мир, вызвав нескончаемый поток различных курсов и тренингов, предлагаемых по всему Интернету. Все они претендуют на то, что повысят и поднимут вам все, что нужно, на основе нового модного тренда – социального заражения. В своей книге «Гомо Имитанс» психиатр и консультант по бизнес-менеджменту д-р Леандро Херреро высказал остроумную мысль по поводу человеческой природы и влияния на нее социального окружения: «Мы представляем собой интеллектуально сложные, рационально организованные, высокопросвещенные, примитивные копировальные машины»[369]. «Нити богатого гобелена поведения гомо сапиенса сплетены из имитации и влияния»[370].

Тем не менее проблема заключается не в нашем поведении по отношению друг к другу или к Земле – хотя гордиться тут тоже особенно нечем. Наше поведение является отражением гораздо более глубокого изменения – а именно взрыва эгоизма на «говорящем» уровне желания, на который ни у кого из нас нет адекватного ответа.

И всё же многие уже понимают, что изменение должно прийти изнутри нас самих. Так, Генеральный директор ВТО (Всемирной Торговой Организации) Паскаль Лами сказал: «Истинный вызов, брошенный нам сегодня, – это как изменить наш образ мышления, а не только наши системы, институты или установки. Нам нужно воображение, чтобы понять как огромную перспективу, так и сложность того взаимосвязанного мира, который мы создали... Будущее за большей глобализацией, за бо́льшим сотрудничеством и взаимодействием между народами и культурами, за еще бо́льшим совместным распределением обязанностей и интересов. Что нам нужно сегодня – это единство, основанное на нашем глобальном различии»[371].

Лами во многих отношениях прав. В последнее время неврологи много говорят об относительно недавнем открытии – зеркальных нейронах. В принципе, зеркальные нейроны – это клетки, расположенные в лобовой коре – или, как сказали бы ученые, в префронтальном кортексе, – головного мозга, участвующие в процессе управления движениями. Тем не менее существует мнение, что они играют ключевую роль в наших социальных взаимосвязях. Более того, профессор психологии и нейрофизиологии Калифорнийского университета (Сан-Диего) Вильянур Рамачандран, названный одним из ста самых выдающихся людей XX века, считает, что именно они делают нас людьми.

В своей последней книге «Мозг рассказывает» Рамачандран пишет о зеркальных нейронах, что они «сыграли центральную роль в становлении человека как единственного вида, который поистине живет и дышит культурой»[372]. Именно они «позволяют вам сопереживать другому человеку и «читать» его намерения – постигать, что он действительно хочет сделать. Вы это делаете, «подражая» его действиям, используя образ вашего тела»[373]. Более того, Рамачандран предполагает, что «огромный скачок вперед», наблюдаемый в развитии человека 60 – 100 тысяч лет назад, когда появился целый ряд специфически человеческих атрибутов: огонь, искусство, жилища, украшения, сложные орудия и сложные формы языка, – связан именно с зеркальными нейронами[374]. По мнению ученого, «мы можем сказать, что зеркальные нейроны сыграли ту же роль в ранней эволюции человека, что сегодня Интернет, Википедия и блоги»[375].

Гипотеза Рамачандрана очень заманчива и привлекательна, однако не все ученые ее разделяют. Так это или нет относительно зеркальных нейронов, ясно одно – наш организм действительно выделяет определенную часть мозга для коммуникативных связей с себе подобными. Получается, что мы физически связываемся с другими людьми без физического контакта с ними – через взгляд. В определенном смысле эта гипотеза придает силу словам Кристакиса и Фаулера: «Великий научный проект XXI века – попытка понять, каким образом человечество как целое оказывается больше суммы составляющих его элементов, – только стартовал. Подобно просыпающемуся ребенку, человеческий суперорганизм начинает осознавать себя, и это, безусловно, поможет ему в достижении его целей»[376].

Объединение в глобальных масштабах

Но вернемся к нашему общему монотеистическому предку. После ухода из Вавилона Авраам построил изолированное сообщество, перемещавшееся как одно целое и действующее по принципу взаимного поручительства. Он создал социальное окружение, поощрявшее соединение и единство, и направил его на постижение свойства отдачи, или Творца. Наша сегодняшняя задача – сделать то же самое, только в масштабах всего человечества.

Если мы уже действительно осознали, что являемся единым суперорганизмом, нам, очевидно, следует действовать как единое целое – взаимодействуя друг с другом и ощущая взаимную ответственность. Но поскольку мы не в состоянии научить весь мир действовать таким образом, мы должны показать миру пример, а мир уже сам сделает всё остальное, используя свойство сопереживания, или, как сказал д-р Херреро, «имитацию и влияние». В конце концов, видя хорошую идею, люди естественным образом воспринимают ее.

Увидев, что у евреев есть что-то хорошее, что может быть полезно и для них, и евреи готовы поделиться с ними этим, они не только поддержат, но и присоединятся к нам. Именно так, путешествуя из Вавилона в Ханаан, Авраам собирал под свои знамёна всё больше и больше людей – как писал Маймонид: «пока не собрались вокруг него тысячи и десятки тысяч, и они называются домом Авраама»[377].

Четыре фактора

В статье «Свобода воли» Бааль Сулам подробно останавливается на строении человеческой личности, подчеркивая, на чем нужно сосредоточиться, если мы хотим добиться устойчивых изменений в нашем обществе. Анализируя соотношение генетического наследия и воздействия окружения, он объясняет, что наше формирование находится под постоянным воздействием следующих четырех факторов:

1. Гены;
2. Пути проявления наших генов в течение жизни;
3. Прямое окружение, такое как семья и друзья;
4. Непрямое окружение, такое как СМИ, экономика или друзья друзей.

Как известно, родителей не выбирают, и, следовательно, мы не в состоянии управлять набором наших генов. Однако наши гены – это еще только «потенциальные», а не «реальные» мы, получающиеся в итоге, когда мы выросли. Реальное «мы» состоит из всех четырех факторов. Более того, два последних – относящихся к окружению – влияют на наши гены и даже изменяют их, подстраивая под окружение.

В качестве иллюстрации рассмотрим следующий поразительный эксперимент, проведенный студенткой биологии из Калифорнийского университета Свон Гордон. Она избрала «для своих исследований такой популярный у ученых объект, как гуппи, мелкие пресноводные рыбёшки. Выловив группу гуппи из реки Ярра на Тринидаде, исследовательница перенесла их в реку Дамьер, посадив в «вольер» за водопадом, который полностью защитил рыбок от всех хищников. Часть гуппи и их потомства колонизировали также и участок реки ниже водопада, где им все же пришлось встретиться с естественными хищниками.

Восемью годами спустя… исследователи обнаружили, что… гуппи, жившие в безопасной среде, стали производить потомство меньшее числом, но более крупное. Их же родственники ниже по течению жили, как и все прочие гуппи, никаких изменений с ними, окруженными хищниками, не произошло.

Свон Гордон рассказывает: «Живущие среди хищников самки вкладывают больше «ресурсов» в производство как можно более многочисленного потомства, поскольку уровень смертности у них достаточно высок, а значит, нет уверенности в том, что текущий репродуктивный цикл не станет у самки последним. С другой стороны, самки в безопасной среде могут вырастить куда более крупных потомков, которые более эффективны в условиях, когда главным сдерживающим фактором становится уже борьба за пищу с соплеменниками»[378].

Другое исследование, проведенное тремя шведскими учеными, показывает еще более удивительный с точки зрения традиционной генетики факт воздействия окружения на гены уже не рыбок, а нас – людей. На севере Швеции, в шведской Лапландии, расположен живописный городок Оверкаликс. Сегодня сюда ездят туристы, чтобы встречать Новый год поближе к Санта-Клаусу, а до XX века это место было практически отрезано от всего мира. Летом сюда еще можно было добраться на лодке, но зимой Балтийское море здесь замерзает. В результате предоставленные самим себе жители Оверкаликса испытывали крайние колебания в питании. В неурожайные годы они голодали, зато уж в сытный год отъедались, как могли.

Сопоставление медицинских данных жителей Оверкаликса в течение XX века и данных об урожаях в течение XIX века позволило ученым прийти к поразительным выводам. Питание в период подросткового созревания (9 – 12 лет у мальчиков, 8 – 10 лет у девочек) оказывает прямое воздействие на частоту сердечно-сосудистых заболеваний и диабета у их детей и внуков. Оказывается, для твоего здоровья полезно, чтобы твой отец или дед в детстве голодали[379].

В упомянутой выше статье «Свобода воли» Бааль Сулам излагает идеи, созвучные находкам шведских ученых. «Это правда, – пишет он, – что у желания нет свободы выбора. Оно находится под воздействием четырех вышеназванных факторов [генов, их проявления, прямого окружения и непрямого окружения], и человек обязан думать и воспринимать, как они предлагают ему, лишенный всякой силы критиковать или изменять...»[380].

Далее Бааль Сулам пишет о необходимости выбора окружения: «...каждому из нас стоит придерживаться этого. Ведь, несмотря на то, что у каждого из нас своя собственная «основа» [гены], эти силы проявляются на практике только благодаря окружению, в котором человек находится»[381].

Возможно, это звучит как детерминизм, – ведь если мы находимся в полной власти нашего окружения, где же наша свобода выбора? – однако, как пишет Бааль Сулам, мы можем и обязаны тщательно выбирать свое окружение. Он говорит, что «у желания есть свобода воли изначально выбрать такое окружение... которое транслирует ему хорошие идеи. А если человек не делает этого, а готов попасть в любое случайное окружение... он неминуемо попадет в плохое окружение... Как следствие этого, он окажется под властью ложных и дурных идей... и, конечно, будет наказан – не из-за дурных мыслей и дел, в которых у него нет свободы выбора, а из-за того, что не выбрал находиться в хорошем окружении, ибо в этом наверняка есть свобода выбора. Поэтому тот, кто старается в течение всей своей жизни и выбирает всякий раз лучшее окружение, достоин похвалы и вознаграждения. И здесь тоже – не за свои хорошие мысли и дела... а за свои усилия обрести себе хорошее окружение, которое приводит его к этим хорошим мыслям и делам»[382].

Итак, мы видим, что потенциально мы можем быть как чертями, так и ангелами. Выбор той или иной крайности или любого их сочетания в произвольной пропорции зависит не от нашего выбора того или другого способа отношения к миру, а от социального окружения, в которое мы себя помещаем – или которое мы себе создаем.

Почти все родители предупреждают своих детей, чтобы они держались подальше от плохих детей или плохой компании. Получается, что в наших «родительских» генах уже заложено понимание влияния окружения. Нам осталось расширить это понимание, осознав, что недостаточно следить за тем, чтобы наши дети дружили с «правильными» детьми. Мы должны начать создавать новую парадигму, думая о себе не меньше, чем о своих детях. Это парадигма, в которой ключевую роль будет играть взаимная ответственность, и дружеские отношения и забота друг о друге выйдут на первый план.

Другими словами, известный призыв рабби Акивы «Возлюби ближнего, как самого себя» должен обрести реальную форму и стать образом жизни нашего общества. Эта социальная парадигма есть ДНК нашего народа, наше наследие, которое мы должны принести в мир и которое весь мир, осознанно или неосознанно, ждёт от нас.

В эпоху следующих друг за другом и накладывающихся друг на друга глобальных кризисов мир отчаянно нуждается в путеводной нити, в лучике надежды. Мы, евреи, оказались единственными, кто может предложить эту надежду, называемую «взаимное поручительство». Следующая глава обрисовывает контуры реализации взаимного поручительства как господствующей социальной парадигмы.

Глава 13
В преддверии интегральности
(Интегральный мир нуждается в интегральном обучении)

В предыдущей главе мы привели слова Бааль Сулама о том, что «человек обязан думать и воспринимать, как... [четыре фактора влияния] предлагают ему, лишенный всякой силы критиковать или изменять»[383]. Бааль Сулам приходит к заключению, что единственный способ изменить заранее определенную судьбу – это изменить окружение, которое в свою очередь изменит нас самих и нашу судьбу. Он пишет: «Тот, кто... выбирает всякий раз лучшее окружение, достоин похвалы и вознаграждения... – не за свои хорошие мысли и дела... а за свои усилия обрести себе хорошее окружение, которое приводит его к этим хорошим мыслям...»[384].

Переводя на более современный язык – чтобы направить нашу собственную жизнь и жизнь наших детей по «доброму» пути, мы должны выработать систему таких общественных ценностей, которая будет способствовать планируемому нами положительному сдвигу. Мы должны воспитать себя самих, своих детей и всё общество в целом в духе взаимной ответственности, объединения и единства. Как показывает эта книга, для нас, евреев, это является прямой обязанностью.

Для того, чтобы достичь этого, нам не нужно изобретать новые средства воспитания и образования. Всё, что от нас требуется, – это изменить направленность использования уже существующих средств, – таких как масс-медиа, интернета, систем воспитания и образования и наших социальных и семейных связей. Вместо разделения и разобщенности их надо направить на сближение и взаимную ответственность.

Сегодня тенденция к объединению и сближению, и в особенности к взаимной ответственности, пребывает в нас, евреях, в латентном, спящем состоянии. Наша святая обязанность – пробудить ее и преподнести как великий дар всему страждущему человечеству. Как мы уже показали, единство – это фундаментальное свойство еврейского народа, делающее его уникальным или даже избранным. Именно это свойство мы должны передать всему остальному миру, именно в этом свойстве мир сегодня отчаянно нуждается, и именно мы обязаны, кропотливо вырастив его внутри себя, подобно Прометею, передать его всем остальным.

Существует два способа передачи взаимного поручительства и свойства отдачи. Первый предназначен для людей с так называемой «точкой в сердце», ведомых страстным желанием понять, зачем мы живем и что движет этим миром, той жаждой, которая заставила Адама, Авраама, Ицхака, Яакова, Моисея и целый народ, возникший из вавилонских «диссидентов», разработать методику исправления, изменяющую злое начало на доброе. Для этих людей продвижение связано с изучением науки каббала. В зависимости от величины внутреннего побуждения можно учиться с разной степенью интенсивности – начиная с просмотра телевизионных программ и кончая обучением в группе на постоянной основе и под руководством опытного учителя.

Те, у кого есть эта «точка», могут сразу начать изучать тексты, оставленные нам каббалистами, используя их как средство постижения Творца, или свойства отдачи. В ходе этого процесса они научатся объединяться на глубинном уровне человеческой природы и смогут передавать это единство другим.

Другой путь – это методика интегрального воспитания и образования, предназначенная для выработки единства и чувства взаимной ответственности внутри человеческого сообщества. На ней мы остановимся подробнее.

Интегральность как форма организации общества

Непрекращающиеся кризисы планетарного масштаба, охватившие человечество в последнее десятилетие, с одной стороны, и тотальная невозможность разорвать существующие глобальные связи, с другой, подводят нас к необходимости принятия новой парадигмы существования человеческого общества. Мы называем ее интегральностью.

Под интегральностью общества мы понимаем полную взаимную согласованность и взаимовключенность, интегрированность его элементов на всех уровнях – от человека до сложных общественных структур и механизмов. Интегральность базируется на принципе взаимного поручительства или взаимной ответственности, но при этом не предполагает обезличивания или сглаживания индивидуальности отдельных членов общества. Наоборот, чем больше различий и разнообразия индивидов, сохраняющих при этом интегральность, тем выше уровень общества в целом.

Интегральное общество «голографично», то есть каждый его элемент включает всё общество в целом, и нарушение согласованности его работы немедленно сказывается на всех. «Каждый индивид как бы вмещает в себя все общество, является своего рода социальным микрокосмом и одновременно – элементом этого общества, особым, неповторимым и необходимым для жизни всей социальной системы. Он включает в себя множество «других», оставаясь при этом собой; мыслит и действует от своего лица, воплощая свое индивидуальное «Я», и вместе с тем – от лица системы»[385].

Интегральность сохраняет не только человеческую индивидуальность, но и не разрушает наш предельно возросший эгоизм. Она только предлагает подняться над ним, реализовав принцип взаимного поручительства Авраама не в ущерб нашему эго, а над ним и поверх него. «Речь идет, по сути, о формировании некой глобальной социальной гиперличности и выстраивании особого социального пространства, какого человечество еще не знало»[386].

Интегральность и природа

Естествознание давно обратило внимание человечества на то, что вся природа сверху донизу взаимосвязана, взаимозависима и представляет собой огромную равновесную и гармоничную систему. Стоит вывести из равновесия один из элементов этой системы, как на его «защиту» тут же встанут десятки и сотни сил, которые по невидимым нитям взаимосвязей рано или поздно вернут систему в равновесное состояние. Эту способность природы возвращать себя в равновесие ученые называют гомеостазом*. Мы называем эту способность «взаимным поручительством» элементов природы на неживом, растительном и животном уровнях, а весь способ существования природы (за вычетом человеческого уровня) – интегральным.

Есть множество примеров того, как необдуманное вмешательство человека в природную экосистему нарушает тонкие природные связи и приводит к самым неожиданным, часто трагическим результатам. Один из них – «это история с уничтожением воробьев в Китае в 1958 году. В рамках борьбы за урожай было уничтожено около 2 миллиардов «вредителей». Через год после кампании урожай действительно стал лучше, но при этом расплодились гусеницы и саранча, поедающие побеги. В дальнейшем урожаи резко уменьшились, и в стране наступил голод, в результате которого погибло более 10 миллионов человек»[387].

Бааль Сулам пишет о нарушении законов природы с точки зрения окончательной цели творения: «Преступающий какой-либо из установленных нам Творцом законов природы портит окончательную цель. Ведь цель, несомненно, опирается на все законы природы вместе, не исключая ни одного из них. Как и подобает действующему в мудрости, который не прибавит и не убавит ни на волос к действиям, необходимым для достижения цели»[388].

---

* Гомеостаз – от др.-греч. «омойос» (подобный) и «стасис» (стояние) – способность системы сохранять постоянство своего внутреннего состояния посредством поддержания динамического равновесия.

В XX веке возникло и развилось понятие о биосфере, подчеркивающее взаимосвязь и взаимозависимость природных процессов и объектов на всех уровнях от атомов до сложнейших биологических систем, от неживой материи до человека, входящего в биосферу «как всякое живое природное (или естественное) тело»[389].

Разработавший учение о биосфере академик В.И. Вернадский писал о ее интегральности: «Между... косной безжизненной частью [биосферы], ее косными природными телами и живыми веществами, ее населяющими, идет непрерывный материальный и энергетический обмен, материально выражающийся в движении атомов, вызванном живым веществом. Этот обмен в ходе времени выражается закономерно меняющимся, непрерывно стремящимся к устойчивости *равновесием*. Оно проникает всю биосферу, и этот *биогенный ток атомов* в значительной степени ее создает»[390].

Владимир Иванович Вернадский (1863 – 1945)
выдающийся русский ученый, естествоиспытатель, мыслитель и общественный деятель. Создатель науки биогеохимии. Разработал учение о биосфере и ноосфере.

Человек входит в биосферу своим неживым, растительным и животным уровнями. А что же с человеческим (говорящим) уровнем в человеке? Тот же В.И. Вернадский разрабатывал учение о ноосфере* как о современной геологической стадии развития биосферы, включающей в себя человека, который становится «крупнейшей геологической силой»[391]. Вернадский оптимистически полагал, что основой «разумной» оболочки

---

* Слово «ноосфера» образовано от греческих слов «ноос» (разум) и «сфера» (оболочка).

станут всё расширяющиеся научные знания и что «идеалы нашей демократии идут в унисон... с законами природы»[392].

Однако наше время показало как раз обратное. На сегодняшний момент человек оказывается полным банкротом перед лицом интегральных законов Природы. С одной стороны, они давят на него, заставляя вписаться в общую картину мироздания, с другой – системы, созданные человеком, и самый способ его поведения в обществе препятствуют интегральности и гармонии. Человечество «представляет собой своего рода антисистемную лакуну, брешь в глобальной интегральной системе Природы»[393].

Рав Кук описывает этот конфликт человека и Природы следующими словами: «Душу человеческую создал Творец прямой, радующейся жизни и наслаждающейся своими чувствами, и до тех пор, пока человек будет уподоблять свою жизнь жизни всей остальной природы, он будет пребывать в счастье и веселии сердца. Однако гонимый обществом человек отдалился от чистых чувств природы, и разум его замутнился. Поэтому свойство, которое отрезвит его природный разум, – это общее наслаждение, которое человек найдет в природе, милость Божья, наполняющая всё мироздание, звук пения птиц, «поющих меж ветвей» (Псалмы, 104:12), зрелище великолепия Кармеля и Шарона в прелестных цветах, аромат роз и всяких прекрасных плодов из земного сада Творца, который даровал Он людям. Эти вещи возвращают природный разум человека, после того как человек отдалился от него из-за культуры и общества...»[394].

Поэтическим языком каббалист призывает к гармонизации самого человека, к его уподоблению природе. Но как добиться интегральности на практике?

Четыре этапа интегрального обучения

Практическое обучение жизни в интегральном мире состоит из четырех основных этапов.

Первый этап – разъяснительный. На основе данных современной науки человек получит полную информацию о ситуации, сложившийся сегодня в мире. Ни для кого не секрет, что масс-медиа наполнены конъюнктурной информацией, а власть предержащие часто не заинтересованы в том, чтобы люди знали истинное положение дел. Задача этого этапа обучения – приставить к человеку «зеркало», показать, в какой тупик и кризис завел нас эгоистический путь развития. К концу этого этапа человек должен понять, что та ситуация, в которой сейчас находится человечество, не имеет традиционных путей решения.

Второй этап – образовательный. На основе всей суммы каббалистических знаний человек получает чёткую картину развития мира в свете развития желания получать. К концу этого этапа человек понимает свою внутреннюю природу и осознает суть конфликта между общей программой Природы, или Творца, и нынешним состоянием человечества. Вместе с этим он начинает воспринимать сегодняшнюю ситуацию не как неразрешимый кризис, а как закономерный этап развития, выводящий его и всё человеческое общество на принципиально новый уровень сознания.

Третий этап – воспитательный. В результате серии практических тренингов человек приобретет навыки существования в новом для него интегральном мире. В ходе обучения по специальной разработанной нами методике круглого стола участники включаются в группу, представляющую собой мини-социум, и работают над достижением объединения, взаимопомощи и взаимной отдачи. Поднимаясь над своими частными эгоизмами, мы учимся интегральности. Постепенно мы начинаем воспринимать иначе самих себя, окружающее нас общество, весь мир.

В какой-то момент мы как бы выходим в другое измерение, находящееся над ограничениями времени, движения и пространства. Этот переход подобен квантовому скачку[*] – человек «вдруг» оказывается в интегральном мире, до сих пор воспринимавшимся им как находящийся «где-то там», над ним, вне его. Чтобы совершить этот «квантовый скачок», когда человек уже готов к нему, он должен будет развить в себе новые желания, которые дадут ему «топливо», энергию для этого перехода.

После этого наступает *четвертый этап – интегральный*. Человек, способный работать по ту сторону своего эгоизма, уравновешивая и объединяя в себе две силы – силу получения и силу отдачи, начинает путь восхождения по лестнице отдачи. Продолжая работать с обществом, человек всё больше и больше развивает в себе свойство отдачи, но это уже работа другого типа, когда он сам регулирует баланс своих получающих и отдающих желаний, при этом достигая совершенства, вечности и единения с общей Природой.

Такое интегральное существование за пределами нашего эгоизма как бы выводит нас за границы известной нам Вселенной, целиком построенной на свойстве получения. Мы оказываемся как бы по другую сторону точки Большого взрыва, положившей начало нашей Вселенной, и, продолжая жить в нашем мире, одновременно существуем в принципиально другом, неизвестном нам сегодня измерении.

Главным звеном интегрального обучения является третий – воспитательный – этап, который в свою очередь опирается на два ключевых элемента: методику круглых столов и принцип игры.

---

[*] Квантовый скачок – скачкообразный переход квантовой системы, например, атома на другой энергетический уровень.

Игра в интегральность

В процессе воспитания интегрального человека мы применяем игру сразу на нескольких уровнях. Игра применяется как инструмент раскрепощения, создания теплой атмосферы. Игра используется для моделирования определенных ситуаций и отработки взаимных реакций участников как на эмоциональном, так и на интеллектуальном уровне.

Специалисты по интегральной методике систематизировали и классифицировали игры, используемые нами в процессе интегрального обучения[395]. Они пишут, что «объединяющие игры поощряют отношения, базирующиеся на взаимозависимости и сотрудничестве между участниками. Игры разрабатываются так, что успех в них возможен только при условии, если все вносят свой вклад в общее дело. Главный посыл игр состоит в том, что, если мы объединяемся, если кооперируемся и считаемся друг с другом, прислушиваемся друг к другу, то получаем удовольствие и достигаем успеха!»[396].

Здесь речь идет об играх, специально разработанных по принципу «вместо соревнования – объединение», каждая из которых имеет название, правила и рекомендованную область применения. Авторы книги «Объединяющие игры» разделяют их на 10 категорий. В качестве примера объединяющей игры приведем игру «Вправо-влево», в которой участники говорят комплименты соседу с одной стороны, потом – с другой[397].

Однако сама работа в группе или в круге представляет собой моделирование интегральности или *игру в интегральность*. Играя, мы выходим за рамки повседневного поведения и порождаем, создаем реальность нового уровня. Осознанно или неосознанно мы включаем фантазию, и все обсуждения и разговоры в группе ведем с этого уровня интегрального человека.

Бааль Сулам, а еще больше Рабаш, – более близкий нашему поколению, – описали методику внутренней работы человека в каббалистической группе. Игра в следующую ступень, уподобление себя и группы следующему уровню – это один из основополагающих инструментов этой работы. В разных местах в зависимости от конкретных деталей работы каббалисты называют этот принцип по-разному. Так, одна из вариаций условно называется «Благословенный сливается с Благословенным»*.

Рабаш пишет: «Когда человек ценит... [связь с Творцом], хотя для него это вещь, не имеющая большого значения, но человек всё же ценит ее и старается возблагодарить Творца за это, это вызывает в нем повышение ценности духовного, и от этого человек может быть в радости и благодаря этому может удостоиться слияния, поскольку, как говорил Бааль Сулам, "ибо благословенный сливается с Благословенным" – т.е. то, что человек в радости и благодарит Творца, и тогда он ощущает, что он чувствует, что Творец благословил его тем, что дал ему хоть немного ощутить духовность, тогда "благословенный сливается с Благословенным", и благодаря этому [чувству] совершенства человек может достичь истинного слияния»[398].

Истинное слияние со свойством отдачи или с Творцом наступает благодаря накоплению усилий человека. Такой вид усилий человека в общем называется пробуждением снизу. Разбирая один из видов такого усилия – а именно ситуацию, когда человек явно видит проявление ненависти со стороны своего товарища, но работает над тем, чтобы его оправдать, Рабаш пишет: «...когда человек прилагает усилие и судит... [товарища] на чашу заслуг, в этом заключена особая сила (*сгула*), ибо благодаря усилию, которое прикладывает человек и которое называется *пробуждением снизу*, свыше ему дается сила, сообщающая ему возможность любить всех товарищей без исключения.

И это называется "Купи себе товарища" – когда человек должен приложить усилие, чтобы достичь любви к ближнему. И это называется "усилие", поскольку он обязан работать выше

---

* На иврите: «Барух митдабек ле-барух».

знания. Ведь с точки зрения разума, как же можно судить другого на чашу заслуг, в то время как разум показывает ему истинное лицо товарища, который ненавидит его? В таком случае, что же может он сказать телу [желанию получать] о том, почему он должен принижать себя перед товарищем? Ответ: поскольку он желает прийти к слиянию с Творцом, называемому "подобие по форме", т.е. не думать о собственной выгоде...»[399].

Здесь, как и в предыдущей цитате, речь идет о том, что действия «понарошку», как бы не по-настоящему, выводят нас на следующую ступень развития, на которую рационально, действуя, как говорят каббалисты, «внутри знания», мы подняться бы не смогли.

Мы, взрослые, разучились использовать игру как средство подъема на следующую ступень. Однако сам по себе этот способ скачкообразного развития существует рядом с нами и даже в определенной степени знаком нам – ведь именно так развиваются наши дети. Исследовавший роль игры в развитии ребенка выдающийся психолог Лев Семёнович Выготский писал: «В игре ребенок всегда выше своего среднего возраста, выше своего обычного повседневного поведения; он в игре как бы на голову выше самого себя. Игра в конденсированным виде содержит в себе, как в фокусе увеличительного стекла, все тенденции развития; ребенок в игре как бы пытается сделать прыжок над уровнем своего обычного поведения»[400].

Лев Семенович Выготский (1896 – 1934) выдающийся советский психолог, основатель научной школы и автор так называемой культурно-исторической теории. Несмотря на свою короткую жизнь, успел написать практически обо всех областях психологии, педагогики и даже искусства.

И далее: «Действие в воображаемом поле, в мнимой ситуации, создание произвольного намерения, образование жизненного плана, волевых мотивов – все это возникает в игре и ставит ее на высший уровень развития, возносит ее на гребень волны, делает ее девятым валом развития дошкольного возраста, который возносится всей глубиной вод, но относительно спокойных»[401].

Всё это, без всякого сомнения, относится не только к детям, но при правильной работе имеет непосредственное отношение к нам в нашей грандиозной задаче выхода не следующую ступень развития общества и человека. Как пишет Выготский в заключение своей замечательной статьи, «рассмотрение сущности игры показало нам, что в игре создается новое отношение между смысловым полем, т.е. между ситуацией в мысли, и реальной ситуацией»[402]. Таким образом, игра дает нам потенциальную возможность выйти на другой уровень сознания.

Методика круглого стола

Итак, наш основной, хотя и не единственный, метод – это игра, игра в интегральность. Форма проведения этой игры – круглые столы, или *круги*. Круг из десяти человек – это мое окружение, в котором проходит львиная доля работы по воспитанию нового подхода. Десять – это идеальное число, к которому нужно стремиться, но в реальных обстоятельствах оно может варьироваться плюс-минус 2-3 человека. В идеальном случае состав круга должен оставаться неизменным на протяжении серии встреч-семинаров и, уж конечно, на протяжении одной встречи.

В книге Зоар так написано об этой «магической» десятке: «Счастлив находящийся среди первых десяти в доме собрания[*], ведь в них завершается то, что завершается, т.е. община, которая – не меньше десяти. И нужно, чтобы в доме собрания было десять человек одновременно. И не должны они приходить то те, то другие, чтобы не сдерживалось совершенство, потому что все десять подобны органам одного тела, в которых пребывает Шхина»[403].

Как сказано в древнем мидраше: «Израиль будет спасен не из-за страданий, не из-за порабощения, не из-за скитаний, не из-за мучений, не из-за нужды и не из-за отсутствия пропитания, а из-за десяти человек, сидящих рядом, каждый из которых будет читать и повторять с товарищем, и будут слышны голоса их»[404].

* * *

В Европе круглый стол известен со времен рыцарских романов о легендарном короле Артуре. Живший в XII веке и ныне

---

[*] Дом собрания – в современном иврите означает «синагога». В данном контексте мы переводим это словосочетание буквально.

прочно забытый поэт Вас решил ввести в свой роман этот атрибут, ставший символом равенства гордых рыцарей, готовых перерезать друг другу глотку за право сидеть ближе к королю. Ему удалось создать действительно красивую легенду, прошедшую через века.

Круглый стол короля Артура. Картина французского художника М. Гантеле, 1472 г.

Тем не менее мы в нашей работе опираемся на другую традицию. Еще во времена Синедриона мудрецы сидели в виде разомкнутого круга. Как пишет Раши, «сидели в виде полумесяца в любви и дружбе, как одно целое, подобно Синедриону, где никто не подозревает другого, поскольку видели друг друга. Чтобы могли слышать друг друга и спорить друг с другом, пока не выходило правильного постановления. Но если бы они сидели в ряду, не имеющем круглой формы, сидящие в начале ряда не видели бы сидящих в конце, а в форме замкнутого круга они не сидели, чтобы можно было входить и выходить»[405].

Как видим, в древние времена стол не был обязательным элементом собрания. Мы тоже не настаиваем на этом рыцарском атрибуте и поэтому говорим больше о кругах, чем круглых столах.

Являясь для меня как бы срезом, отражением всего человечества, круг, с одной стороны, представляет собой идеальное окружение, а с другой – это поле моей работы, лаборатория для апробирования методов игры и приемов работы. Окружение воздействует на меня, «форматируя» меня по своему образу и подобию. Лаборатория позволяет получать мгновенный отклик и корректировать свою внутреннюю работу.

О роли создания и поддержки «правильного» окружения мы уже говорили. Бааль Сулам говорит: «Невозможно поднять себя над своим кругом. А потому человек обязан питаться от окружения... Поэтому, если человек выбирает себе хорошее окружение, он выигрывает во времени и усилиях, так как устремляется за своим окружением»[406].

При работе в круге образуется особый эффект, позволяющий говорить о том, что круг больше, чем сумма его участников. Этот эффект сродни популярным сегодня понятиям «мудрость толпы» и «коллективный разум». Условно мы говорим, что центр круга представляет собой следующий уровень нашего развития. Это «место» слияния наших сердец, где все участники соединяются воедино. Это место, к которому мы обращаемся во время нашей работы в круге, и из которого мы стараемся говорить. Может прозвучать странно, но в этом месте «вырабатываются» искры любви.

Рабаш пишет об этом: «Благодаря трению сердец, пусть даже будут они богатырскими, каждый излучает за пределы своего сердца тепло, а тепло порождает искры любви, пока из этого не образуется одеяние любви, и оба не покрываются одним одеялом, т.е. одна любовь окружает и обволакивает обоих, ведь известно, что слияние соединяет два предмета воедино»[407]. «Трение сердец» означает работу между людьми, в процессе которой возникают самые разнообразные чувства, иногда такие, о существовании которых человек и сам не подозревал. Дальнейшая работа по интегральному воспитанию поднимает человека над этими чувствами к любви и слиянию, о которых пишет Рабаш.

Работая в круге, его участники приходят к ощущению и пониманию, что можно успешно сосуществовать друг с другом, не подавляя, а дополняя другого. Постепенно вырисовывается некая общая объединяющая их платформа, нечто соединяющее и питающее, наполняющее всех присутствующих. Это и есть начало ощущения интегральности, т.е. такой формы общества, в которой все его члены взаимосвязаны и, понимая слабости друг друга, уважают и дополняют их. Будучи изначально совершенно разными, даже диаметрально противоположными, при работе в круге мы выявляем такой общий знаменатель, который, хотя и является средним для всех нас, обладает очень большой мощностью и позволяет решать проблемы, до этого казавшиеся неразрешимыми.

Рабаш пишет об этом взаимовключении: «В слиянии товарищей есть одна чудесная особенность. Благодаря этому слиянию мнения и мысли переходят от одного к другому, и каждый включает в себя силу другого. Таким образом, у каждого есть силы всей группы. Поэтому, хотя каждый человек одинок, он обладает силой всей группы»[408].

* * *

Круг проводится прошедшим специальную подготовку ведущим, или *модератором*, который следит за соблюдением правил и «вбрасывает» в круг вопросы для обсуждения. Темы, обсуждаемые в круге, могут быть самыми разнообразными:

от общественно-значимых до очень личных. Важно, чтобы тема не оставляла участников равнодушными. Тем, в которых изначально заложен большой «разъединяющий» потенциал, на первых порах следует избегать.

Участники говорят по очереди, передавая «эстафетную палочку» по кругу. Для достижения описанного нами эффекта круги должны проводиться по определенным правилам, разработанным нами на основе рекомендаций и практических советов каббалистов.

Цель этих правил – создать такую атмосферу, когда участники не спорят, не дискутируют друг с другом, а добавляют в общий котел, в тот самый *центр круга*. Мы сами создаем и питаем наше общее поле, от которого мы начинаем питаться. 10 правил круга в принципе сводятся к трем базовым положениям.

- Мнение каждого участника очень важно для меня. Я слушаю каждого, стараясь услышать не столько слова человека, сколько его внутренний посыл, его желание вложить в общее поле обсуждения.

- *Мое мнение очень важно для всех.* Когда я говорю, я стараюсь максимально добавить в «общую копилку». Я добавляю не обязательно что-то особо умное или уникальное, но я складываю с остальными свою собственную «волну», мою неповторимую краску.

- *Между нашими мнениями нет противоречий.* Каждый как бы работает на своей волне, стараясь максимально приблизить ее к общему полю. Мы игнорируем, убираем противоречия, как не могут противоречить друг другу две головешки, положенные в общий костер.

Эти простые принципы выливаются в следующие 10 практических правил круга.

1. **Равенство участников.** В круге мы имеем дело с самим человеком, без чинов и званий. Любые различия: возраст, вероисповедание, национальность, пол – откладываются в сторону. Объединение может быть достигнуто только между равными. Если я меньше других, я подчиняюсь им. Если я больше их – я подавляю их.

   Рабаш пишет об этом: «...по поводу любви между товарищами – когда товарищи объединяются, чтобы достичь единства, имеется в виду, что оба равны – это называется «единство». Если, допустим, они организуют совместный бизнес и говорят, что доходы не будут делиться поровну, называется ли это единством? – Нет сомнения, что в любви между товарищами всеми доходами от этой любви они должны владеть поровну. И не должны ни забирать тайком, ни скрывать первый от второго или второй от первого, а всё должно быть в любви и дружбе, в истине и в мире»[409].

   В статье «Свобода воли» Бааль Сулам пишет: «...большинство должно с повышенным тщанием и бдительностью оберегать мнения отдельных людей, чтобы они не исчезли из мира, ибо пусть будут уверены с абсолютной гарантией, что наиболее развитые и наиболее правильные мнения принадлежат в мире не правящему большинству, а как раз наиболее слабым, т.е. именно неприметному меньшинству. Ведь всякая мудрость и ценность приходит в мир в малом количестве»[410].

2. **Единство темы.** Все участники обсуждают тему или ищут ответ на вопрос, заданный модератором. Только на такой основе можно объединяться, не уходя в сторону и не начиная «тянуть одеяло на себя».

3. **Участие каждого.** Если мы хотим построить общее целое, каждый должен принять в нем участие, сделать свой вклад. Никто вместо меня не может добавить мою характерную краску. «Пропуская ход», я перекрываю циркуляцию всей системы.

4. **Слушать и слышать других.** Мнение каждого участника важно для меня. Я стараюсь услышать его и принять его мнение, преодолев первоначальное сопротивление моего эгоизма. Когда другой говорит, я стараюсь увидеть мир его глазами, а не думаю (что очень естественно для нас) над своим собственным ответом.

В книге «Маор ва-Шемеш» написано: «И каждый пусть слушает товарища, и будет мал в глазах своих, и захочет услышать что-то от товарища, как служить Творцу и как найти Его, и также все пусть делают так. И в любом случае, если собрались с этим намерением – больше, чем теленок хочет сосать молоко, корова хочет давать молоко, и в любом случае Творец приближает Себя к ним и пребывает с ними, и раскрываются им все избавления, и все благословения, и все добрые воздействия из источника милосердия, и великое милосердие и раскрытая добрая милость притягиваются на собрание Израиля»[411].

А у Рабаша сказано: «Чтобы произошло взаимовключение, человек должен принизить себя перед другим. И это достигается тем, что каждый видит достоинства другого, а не его недостатки. Но если кто-то думает, что он немного выше других, он уже не может объединиться с ними»[412].

5. **Не спорим, не критикуем.** Мы не спорим друг с другом, не критикуем и даже не оцениваем высказывания участников. Все вышеперечисленные и такие знакомые нам реакции на высказывание собеседника в итоге служат не объединению, а разъединению. Слушая товарища, я просто включаюсь в его мысли и чувства настолько, что готов продолжить их сам. Я как бы убираю панцирь, роговую оболочку, налипшую на моем сердце.

Не бывает правильных или неправильных ответов. Выделяя или оценивая чье-либо высказывание, я нарушаю принцип равенства и тем самым «разрываю» круг. Старайтесь бережно относиться к нашему общему «ребенку», который постепенно появляется на свет в процессе обсуждения в круге.

В статье «Чего требовать от собрания товарищей» Рабаш пишет: «В собрании товарищей нельзя рассказывать о плохих вещах, приводящих в уныние»[413]. Не только прямая критика, но любой отрицательный посыл ведет к разъединению.

6. **Исключаем перекрестные связи.** В круге недопустимы диалоги или даже вопросы от одного участника к другому. Каждый участник обращается как бы в центр круга, а не к кому-то персонально. Любые перекрестные связи нарушают целостность круга, его *круглость*. Даже такие высказывания, как «согласен с А», «поддерживаю мнение Б», «солидарен с В» не объединяют, а разъединяют, и их следует избегать.

7. **Преодолеваем раздражение.** Естественная реакция на чужое мнение – это его отторжение, ведь оно чужое! С этой реакцией трудно спорить, но с ней можно и должно работать. Когда я обнаруживаю в себе такую реакцию, я стараюсь еще больше «войти» в центр круга, еще больше подставить себя воздействию нашего общего поля. Реакция, которую я ощутил и отрефлексировал, есть раскрытие моего эгоизма или «зла», направленного против объединения с другими. Слой за слоем я отрабатываю и *перерабатываю* свой эгоизм, который торчит из меня всеми своими шероховатостями и зазубринами. Это похоже на шлифование алмаза – я перехожу от одной грани своей личности к другой, постепенно настраивая все их по камертону единства и любви.

В книге Зоар так сказано о преодолении чувств, возникающих между товарищами: «"Вот как хорошо и как приятно сидеть братьям еще и вместе" – это товарищи, когда они сидят вместе, не расставаясь друг с другом. Сначала они выглядят как люди, воюющие между собой, которые хотят убить друг друга. А потом они возвращаются к братской любви. Творец говорит о них: «Вот как хорошо и как приятно сидеть братьям еще и вместе». «Еще и» указывает на соединение с ними Шхины. И мало того – Творец слушает их речи, наслаждаясь и радуясь им... А вы, товарищи, здесь находящиеся, как были вы в благосклонной любви до этого, также и дальше не расстанетесь вы друг с другом до тех пор, пока Творец не возрадуется с вами вместе и не призовет на вас мир, и благодаря вам настанет мир в мире. Как написано: «Ради братьев моих и друзей моих скажу: "Мир тебе! "»[414].

8. **Раскрываем себя.** В круге мы стараемся говорить «от сердца», а не «от разума». Высказываем то, что на самом деле чувствуем. Наша искренность и открытость есть залог успеха всего предприятия. Мы стараемся не говорить штампами и не следовать заученным схемам. Будьте самими собой и не бойтесь пустить других в ваше сердце. Ведь оно уже не в вас, а между всеми нами – в центре круга.

Как писал знаменитый мудрец и поэт испанского «золотого века» Моше ибн Эзра, «слова, вышедшие из сердца, входят в сердце»[415]. Уже в XIX веке Менахем Мендл из Коцка добавил к этому: «В том числе и в то сердце, из которого эти слова вышли».

Моше ибн Эзра (1055 – 1135)
выдающийся поэт и мудрец средневековой Испании.

9. **Коллективное принятие решения.** Если задача, поставленная ведущим, была в принятии решения, решение

принимается только единогласно. Речь здесь идет не об обычном голосовании, когда один убеждает другого, и мнение самого сильного, или самого красноречивого, или самого терпеливого берет верх.

В круге мы вначале достигаем точки единства и уже потом из нее принимаем решение. Это может занять достаточно продолжительное время. Может даже понадобиться несколько кругов или серия кругов, но мы обязаны прийти к такой точке взаимопонимания, взаимовключения, в которой все противоречия вдруг оказываются не враждебными, а дополняющими друг друга, как плюс и минус, день и ночь, свет и тьма, которые не существуют друг без друга.

Рабаш пишет о том, как должно приниматься решение: «…после того, как говорили в собрании о важности и необходимости общества, начинается порядок исправлений, как и чем мы можем укрепить наше общество, чтобы стало оно единым целым, как сказано «И встал Израиль там против горы» (Шмот, 19), что объясняют мудрецы – «как один человек с одним сердцем». И порядок должен быть такой, что каждый, у кого есть какой-либо совет, который поможет в любви между товарищами, пусть обсудят его, и должен он быть принят всеми товарищами, и нет тут принуждения»[416].

10. **Цель – в достижении гармонии.** Какую бы задачу ни ставил ведущий, как бы это ни задевало нас – эмоционально или интеллектуально, – надо помнить, что главная наша цель лежит в совершенно другой плоскости. Мы хотим достичь интегральности, единства, взаимопонимания, ощутить наше общее поле и войти в него. Все ответы и все решения, которые мы получим оттуда, автоматически будут правильными, потому что они исходят из системы, находящейся *над* нами.

Мы входим как бы в состояние расширенного сознания, более тонкого ощущения. Ощутить это состояние, насладиться включенностью в общую систему, в точку единства несравненно более ценно, чем получить конкретное решение на конкретно поставленный вопрос. Вопрос или задача – это всего лишь повод, средство, отправная точка для достижения гораздо более высокой и благородной цели.

Рабаш так пишет о цели собрания: «Прежде всего всем должна быть ясна цель, что это собрание должно иметь результатом любовь между товарищами, чтобы в каждом пробудилась любовь к другому, называемая «любовь к ближнему». Однако это результат. Но чтобы этот милый ребенок родился, нужно совершать действия, приводящие к любви»[417].

Итак, важнейшие инструменты интегрального воспитания – это игра в интегральность и круги. Интересующихся дальнейшими аспектами методики мы отсылаем к книге «Школа для взрослых. Взгляд из будущего»[418], построенной на материалах бесед рава М. Лайтмана с учениками. Интересующихся практическим опытом применения методики в самых различных условиях можно отослать к книге М. Бруштейна «Главный секрет евреев»[419].

Время действовать: наше почётное право и наш священный долг

Применяя разработанную нами методику интегрального образования и воспитания, мы не должны ни на минуту забывать, что ее конечной целью не может быть только лишь улучшение материальных условий нашей жизни. И хотя этот «побочный эффект» очень желанен, соблазнителен и действительно может быть достигнут в процессе «правильного» развития, главное для нас – это соответствовать тому «фазовому переходу» или сдвигу парадигмы, который происходит на наших глазах со всем человечеством. Здесь и сейчас, подчиняясь непререкаемому действию общего закона Природы, человечество входит в эпоху тотальной взаимосвязи и взаимозависимости.

Не обязательно называть этот закон словом «Творец». Никто не обязан постигать другой, более высокий и широкий уровень восприятия реальности, если он того не желает. Однако каждый человек должен будет понять, что закон подобия свойств, означающий для нас положительную взаимосвязь в человеческом обществе по образу и подобию общего закона Природы, заставляет нас совершать определенные перемены в нашей жизни – как минимум в отношении к окружающим.

Во главе этого учебно-воспитательного процесса должны будут стоять те, кто наблюдает этот сдвиг парадигмы как часть более глубокой и широкой картины, то есть каббалисты. Именно эти люди, стремящиеся к изменению своей внутренней природы и обретению свойства отдачи, призваны служить всему человечеству. Вместе с тем то знание, которое они должны будут принести людям, – это не сама наука каббала, требующая серьезных усилий и особого желания, а ее производное – описанное нами выше интегральное воспитание.

Нет сомнений, что стоящая перед нами задача трансформации человеческого общества не из лёгких. Однако мы, евреи, уже проходили подобную трансформацию в более или менее обозримом прошлом, и историческая память о возможности такого перехода еще теплится в нас. Никакому другому народу не была дана задача пробуждения всего человечества, кроме нас, евреев, и никакому другому народу не было дано инструмента для ее осуществления. Этот колокол звонит по нас – это наш выход, наше почётное право и наш священный долг. Это время, когда мы должны начать действовать.

Именно это чувство обязанности заставило нас разработать описанную нами методику интегрального воспитания. На первый взгляд эта методика может показаться новаторской, но, как мы старались подчеркнуть выше, она опирается на тысячелетнюю историю нашего народа и коренится глубоко в наших душах. Ее ожидает головокружительный успех, если нам удастся объединиться, и сокрушительный провал, если мы не сможем этого сделать. Как сказали наши мудрецы: «Великое дело – мир! Ведь даже если Израиль поклоняется идолам, но между ними царит мир, говорит Творец: «Я словно бы не властен над ними, поскольку мир царит между ними»... Великое дело – мир, и ненавистное – раздор»[420].

Я хотел бы закончить так же, как Бааль Сулам завершает свое «Предисловие к книге Зоар»[421]. В конце Предисловия Бааль Сулам объясняет, что произойдет, когда Израиль наконец обратится к исполнению своей духовной миссии и, объединившись, покажет другим народам путь к единству, единению с Творцом, свету и счастью. Тогда исполнятся слова пророка Исайи: «и возьмут их народы, и приведут их в место их; и дом Израиля примет их [народы] на земле Творца» (Исайя, 14:2), и также: «и принесут сыновей твоих на руках и дочерей твоих на плечах» (Исайя, 49:22).

Послесловие

Человечество достойно объединиться в одну семью, и тогда исчезнут все распри и пороки, связанные с разделением народов и границами между ними. Однако миру нужна финишная полировка, благодаря которой человечество совершенствуется в разнообразии характерных особенностей каждого народа. И этот недостаток будет восполнен Собранием Израиля...

Рав Кук, Света, Света Израиля, гл. 5, п. 11

Хотя это и не первый мой литературный опыт, написать эту книгу для меня было чрезвычайно сложно. И дело тут не в каких-то стилистических изысках или драматических ходах, а в том, что эта книга видится мне призывом, криком, как писал Бааль Сулам, «трублением в рог», обращенным к нашему жестоковыйному народу. «Нет пророка в своем отечестве», и хотя о задаче, которая уже несколько тысяч лет стоит перед нашим народом, я узнал не вчера и не сегодня, решиться вот так, без обиняков написать об этом своим соплеменникам было трудно.

Кто станет меня слушать? Скажут: «Вот очередной, который «знает, как надо»!». Как известно, два еврея – три мнения. Что же мне учить жить других? Начни с себя, со своей семьи!

Но и держать это знание в себе я больше не мог. Всё, чему я научился из каббалы за годы учёбы, всё, что вслед за своими учителями пытается передать нам рав Лайтман, кричит о том, что сегодняшний путь развития мира неминуемо приведет его к катастрофе. В этом и только в этом причина того, что и великий каббалист Бааль Сулам, и его сын Рабаш предпочли не запереться в «башне из слоновой кости», наслаждаясь великолепными плодами своих духовных постижений, а приложили максимум усилий для распространения этой древней мудрости, видя в этом единственное средство излечения человечества от болезни всепоглощающего эгоизма. Для меня совершенно очевидно, что эта триада – Бааль Сулам, Рабаш и следующий по его стопам рав Лайтман – сделали на этом поприще больше, чем каббалисты всех предшествующих поколений.

Глобальной рост взаимозависимости между людьми волновал Бааль Сулама уже в 30-е годы, во времена, когда очень немногие вообще знали о существовании этого процесса. Он понимал, что если взаимозависимость не будет уравновешена взаимным поручительством, это неминуемо приведет человечество к неразрешимому кризису. Наша природа будет просто не в состоянии выдержать противоречие между взаимной зависимостью и взаимным отторжением.

Тем не менее уже на заре глобализации Бааль Сулам понимал, что этот процесс необратим, ведь, будучи частями одной единой души, называемой «Адам», одного общего созданного Творцом желания, мы изначально «связаны одной цепью». Кроме того, как и все другие мудрецы, чьи тексты мы цитировали в этой книге, он знал, что цель творения состоит не в том, чтобы люди были друг другу чужими и холодными и ненавидели друг друга до потери пульса. Цель творения – как раз в соединении всего человечества на основе свойства отдачи и любви.

Сегодня мы можем оценить его правоту. Мы находимся в бессрочном плену наших неправильных взаимосвязей и обижаемся за это на весь мир. Выстроенные нами социальные системы, такие как экономика, здравоохранение, воспитание и образование, предполагают, что человеческие взаимоотношения обязательно должны быть основаны на злой воле, и поэтому каждый считает своим долгом построить систему круговой обороны, обложившись бесчисленными стандартами, правилами, подзаконными актами и адвокатами.

Этот способ организации общества в корне неправильный и построен на зыбкой почве. Здоровая и крепкая семья основана на молчаливом предположении о наличии доброй воли среди ее членов. Будучи одной глобальной семьей, человечество тоже должно научиться, как минимум, доверять друг другу.

Понятно, что задача кажется тем менее выполнимой, чем больше мы осознаем, что наш эгоизм постоянно растет. Мы развиваемся в сторону индивидуальности, а не в сторону единения. Но это осознание только обнажает острую и неотложную потребность в методике, которая помогла бы нам объединяться над всеми нашими различиями и характерными особенностями, не подавляя и не нивелируя их. Эта методика, по сути дела, является духовным наследием нашего народа и его бескорыстным даром всему человечеству, тем самым спасением, которого люди всей земли осознанно или подсознательно ждут от еврейского народа.

Способ передачи этого дара может быть любым: наука каббала, интегральное воспитание или какой-то совершенно другой, еще не известный нам пока метод, который, так или иначе, приведет к фундаментальным изменениям человеческой природы, к сдвигу от разъединения к объединению, от равнодушия и нетерпения к сопереживанию и заботе. Как только мы достигнем этого единства, чем разнообразнее и уникальнее будут наши собственные свойства, тем глубже и теплее будет наша взаимная связь. Как писал ученик великого рабби Нахмана из Бреслава рабби Натан: «...главное зависит от человека, который является основным элементом творения и от которого, как известно, зависит всё, и потому "Возлюби ближнего, как самого себя" – это великое и всеобъемлющее правило Торы, позволяющее включиться в единство, и мир, который является основой жизненной силы, поддержания и исправления всего творения через то, что люди с разным мнением вместе включаются в любовь, единство и мир»[422].

Если в нашем народе и есть чему удивляться, то это его единству и сплочению. Этот народ начинался как разрозненная группа людей, объединенных одним общим желанием – раскрыть силу, лежащую в основе всей нашей жизни. Если сказать одним словом, мы раскрыли, что это – «любовь», и мы раскрыли ее только благодаря тому, что развили это свойство между собой, в своем тесном коллективе. Эта сила любви объединила нас и заставила пойти дальше в поисках путей, как передать наше открытие всем, кто этого пожелает.

С течением времени мы почти потеряли нашу первоначальную связь – сначала связь между собой, а потом и связь с высшей силой, проявляющейся в связи между нами. Но сейчас мир требует от нас, чтобы мы раздули тлеющие угли этой связи – сначала между нами, а потом и во всем страждущем человечестве.

Мы действительно одаренный народ, только наш настоящий дар – это дар любви, той самой любви или абсолютной отдачи, которая является свойством Творца. И передать этот дар дальше по цепочке всему человечеству – не только наша непосредственная задача, но и цель всего творения. И в этой цепочке мы – не случайное звено, а та труба, тот проводник или адаптер, по которому – и только по нему – этот дар настоящей любви может и должен перейти ко всем людям. Таковы, как сказано, наш святой долг и наша почётная обязанность. Как свидетельствует двухтысячелетняя история нашего изгнания, никаких других вариантов у нас нет.

Повторяя за Бааль Суламом, «на народ Израиля возложена задача... подготовить себя и всех живущих в мире до такой степени, чтобы они развились и приняли на себя эту высокую работу по любви к ближнему, являющуюся лестницей к конечной цели творения, то есть к слиянию с Творцом»[423].

Сноски

1. Рав Йеуда Лейб Ашлаг (Бааль Сулам). *Труды, Труды о последнем поколении*. Ashlag Research Institute, Израиль, 2009, стр. 813 – 814.
2. Трактат Дерех-Эрец Зута, гл. 9.
3. Трактат Йома, л. 9:2.
4. Рабби Калонимус Кальман Эпштейн. *Маор ва-Шемеш (Свет и солнце)*, гл. Балак.
5. Джин Твендж и Кит Кэмпбелл. *Эпидемия нарциссизма: жизнь в эпоху самомнения*. New York, Free Press, A Division of Simon & Schuster, Inc. 2009, стр. 1.
6. Рамбам (Маймонид). *Мишне Тора или Яд Хазака*, ч. 1, «Книга знаний», гл. 1, пп. 13 – 15.
7. Рабби Йеуда а-Леви. *Кузари*, гл. 1, п. 47.
8. Рав Авраам Ицхак а-Коэн Кук. *Письма*, т. 3, стр. 194 – 195. Мосад рав Кук, Иерусалим, 1950.
9. Рав Йеуда Лейб Арье Алтер. *Сфат Эмет (Язык Истины)*, гл. Итро, ч. 2, Петроков, 1905, стр. 45:1.
10. Рав Шмуэль Борнштейн. *Шем ми-Шмуэль (Имя от Самуила)*, гл. Аазину, 1920.
11. Там же.
12. Рав Йеуда Лейб Ашлаг (Бааль Сулам). *Труды, Мир в мире*. Ashlag Research Institute, Израиль, 2009, стр. 464 – 465.
13. Рав Йеуда Лейб Ашлаг (Бааль Сулам). *Труды, Любовь к Творцу и любовь к людям*. Ashlag Research Institute, Израиль, 2009, стр. 486.
14. Рав Йеуда Лейб Арье Алтер. *Сфат Эмет (Язык Истины)*, гл. Итро, ч. 2, Петроков, 1905, стр. 47:1.

15. Сефер а-Яшар (Книга Праведного), раздел Ноах, гл. 13, п. 3.
16. Пиркей де-рабби Элиэзер, гл. 24.
17. Там же.
18. Рамбам (Маймонид). *Мишне Тора* или *Яд Хазака*, ч. 1, «Книга знаний», гл. 1, пп. 9 – 10.
19. Там же, п. 10.
20. Рав Йеуда Лейб Ашлаг (Бааль Сулам). *Труды,* Мир. Ashlag Research Institute, Израиль, 2009, стр. 406 – 407.
21. Рамбам (Маймонид). *Мишне Тора* или *Яд Хазака*, ч. 1, «Книга знаний», гл. 1, п. 11.
22. Там же, п. 12.
23. Мидраш Раба, гл. Берешит, часть 38, п. 13.
24. Там же.
25. Там же.
26. Рамбам (Маймонид). *Мишне Тора* или *Яд Хазака*, ч. 1, «Книга знаний», гл. 1, п. 13.
27. Там же, пп. 14 – 15.
28. Там же, пп. 15 – 16.
29. Там же, п. 16.
30. Рабби Меир ибн Габбай. *Аводат Кодеш (Священнослужение)*, ч. 3, гл. 27.
31. Рамхаль. *Оцрот Рамхаль (Сокровища Рамхаля)*, Бней-Брак, 1986, стр. 249.
32. Шломо Эфраим из Лунчица. *Кли якар (Драгоценный сосуд)*, на Берешит, гл. 32, 29.
33. Хаим Ибн Аттар. *Ор Хаим*, Бемидбар, гл. 23, п. 8.
34. Леви Ицхак из Бердичева. *Кдушат Леви*, гл. Веишлах.
35. Рабби Меир ибн Габбай. *Аводат Кодеш (Священнослужение)*, ч. 2, гл. 16.
36. Шла Кадош. *Толдот Адам*, Бейт Давид, п. 7.
37. Рав Йеуда Лейб Ашлаг (Бааль Сулам). *Труды, Предисловие к введению в науку каббала*, п. 7. Ashlag Research Institute, Израиль, 2009, стр. 155.
38. Рав Йеуда Лейб Ашлаг (Бааль Сулам). *Труды, Предисловие к книге Зоар*, п. 11. Ashlag Research Institute, Израиль, 2009, стр. 432.
39. *Комментарий Раши* на книгу Шмот 19:2.
40. *Мидраш Тана де-бей Элиягу Раба*, гл. 28.
41. *Мидраш Танхума. Ницавим*, гл. 1.

42. Трактат Дерех-Эрец Зута, гл. 9.
43. Вавилонский Талмуд, трактат Брахот, 44:1; Рамбам. *Мишне Тора, Законы благословений*, гл. 8, закон 14; Рав Моше Кордоверо (Рамак). *Гранатовый сад*, врата 23, гл. 5; и многие другие.
44. Шла Кадош. *Шней лухот а-брит (Две скрижали завета)*, гл. 2, трактат Псахим, шестое толкование; рабби Менахем Нахум из Чернобыля. *Маор Эйнаим (Свет очей)*, Лех Леха; рабби Цадок из Люблина, *Мысли прилежного*, п. 19 и другие.
45. Рав Йеуда Лейб Ашлаг (Бааль Сулам). *Талмуд эсер сфирот (Учение о десяти сфирот)*, ч. 1, Внутреннее созерцание, гл. 2, пп. 10 – 11.
46. Там же, п. 11.
47. Шла Кадош. *Шней лухот а-брит (Две скрижали завета)*, ч. 2, трактат Псахим, шестое толкование.
48. Рабби Натан Штернгерц. *Ликутей Алахот (Сборник законов)*, Правила вечерней молитвы, правило 4.
49. Рав Йеуда Лейб Ашлаг (Бааль Сулам). *Предисловие к Учению о десяти сфирот*, пп. 104 – 105.
50. Рав Йеуда Лейб Ашлаг (Бааль Сулам). *Предисловие к книге «Паним меирот у-масбирот»*, п. 20, Ashlag Research Institute, Израиль, 2009, стр. 150.
51. Раавад (рабби Авраам бен Давид., *Комментарий на Сефер Йецира*, гл. 2, исследование 2.
52. Рабби Ицхак Лурия (Ари). *Древо жизни*, врата 39, ст. 3.
53. Малбим. *Комментарий на книгу Царей* 1, 8:10.
54. Рабби Пинхас а-Леви Горовиц. *Сефер а-Микнэ*, комментарий на трактат Кидушин, стр. 82:1.
55. Рав Йеуда Лейб Ашлаг (Бааль Сулам). *Труды, Свобода воли*. Ashlag Research Institute, Израиль, 2009, стр. 415.
56. Рав Натан Нета Шапиро. *Мегале Амукот, (Раскрывающий глубины)*, комментарий на Тору, гл. Шмот, Люблин, 1884, т. 1, стр. 67:1.
57. Рав Йеуда Лейб Ашлаг (Бааль Сулам). *Труды, Предисловие к книге «Паним меирот у-масбирот»*, п. 3. Ashlag Research Institute, Израиль, 2009, стр. 134.
58. Рамбам (Маймонид). *Мишне Тора или Яд Хазака*, ч. 1, «Книга знаний», гл. 1, п. 9.
59. Рав Йеуда Лейб Ашлаг (Бааль Сулам). *Труды, Предисловие к книге Зоар*, пп. 43-44. Ashlag Research Institute, Израиль, 2009, стр. 444.

60. Рав Барух Шалом Ашлаг (Рабаш). *Труды, На ложе моем по ночам*, Ashlag Research Institute, Израиль, 2009, т. 1, стр. 129.
61. *Книга Зоар с комментарием Сулам*, Новый Зоар, гл. Толдот, п. 31.
62. Шла Кадош. *Шней лухот а-брит (Две скрижали завета)*, ч. 1, трактат Сукка, гл. Тора – свет.
63. Рав Авраам Ицхак Кук. *Эйн Айя* на трактат Брахот, 6, 61.
64. Пиркей де-рабби Элиэзер, гл. 24.
65. Рав Йеуда Лейб Ашлаг (Бааль Сулам). *Труды, Предисловие к книге «Паним меирот у-масбирот»*, п. 3. Ashlag Research Institute, Израиль, 2009, стр. 134.
66. Шла Кадош. *Шней лухот а-брит (Две скрижали завета)*, ч. 1, «Десятью речениями» (Ба-асара маамарот), речение шестое, Варшава, 1930, стр. 39:1.
67. *Тора, Берешит*, 8:21.
68. Ялкут Шимони. *Миха*, гл. 7, продолжение п. 556.
69. Мидраш Раба. *Шмот*, гл. 30, п. 17.
70. Рамхаль. *Даат твунот*, 158.
71. Рав Йеуда Лейб Ашлаг (Бааль Сулам). *Труды, Шамати, ст. 5, Лишма это пробуждение свыше, и зачем нужно пробуждение снизу?* Ashlag Research Institute, Израиль, 2009, стр. 519.
72. Мидраш Раба. *Коэлет*, гл. 1, п. 34.
73. Шла Кадош. *Шней лухот а-брит (Две скрижали завета)*, ч. 1, «Врата букв», п. 60, «Удовлетворение», Варшава, 1930, стр. 50:2.
74. Рамхаль. *Даат твунот*, 158.
75. Рамбам (Маймонид). *Мишне Тора* или *Яд Хазака*, ч. 1, «Книга знаний», гл. 1, п. 13.
76. Там же, п. 41.
77. *Комментарий Раши* на книгу Шмот, 19:2.
78. Вавилонский Талмуд, трактат Санедрин, 94:2.
79. Мидраш Шахар Тов на Псалмы, Шмуэль, Мишлей. Псалом 34.
80. Хаим Тирер. *Беэр маим хаим (колодец живой воды)*, гл. Толдот, ч. 25.
81. Рабби Бахья бен Ашер Халуа. *Мидраш рабейну Бехайе на Тору*, Берешит, 46:27.
82. Махараль. *Нецах Исраэль*, гл. 5.
83. Авраам Ибн Эзра, *Комментарий на Песнь Песней*, 6:12.
84. Рабби Менахем Нахум из Чернобыля. *Маор Эйнаим (Свет Очей)*, гл. Берешит.

85. Рабби Йонатан Эйбеншюц. *«Яарот дваш» («Медовые соты»)*, ч. 1, толкование 13, Иерусалим, 1984, стр. 892.
86. Рав Хаим Виталь. Предисловие к «Древу жизни» Ари, *Эц Хаим (Древо жизни)*, ч. 1, Иерусалим, 1988, стр. 11.
87. Рав Авраам бен Мордехай Азулай. *Ор Хама (Свет солнца)*, Предисловие.
88. Виленский Гаон. *Эвен Шлема (Совершенная мера)*, гл. 11, п. 3.
89. Ицхак Айзик Йехиэль Сафрин из Комарно. *Ноцер хесед (хранящий милость)*, гл. 4, мишна 20.
90. Рав Авраам Ицхак Кук. *Орот (Света)*, Света Возрождения, гл. 64.
91. Рав Авраам Ицхак Кук (Раайя). *Оцрот Раайя (Сокровища Раайя)*, Ришон леЦион, 2002, т. 2, стр. 317.
92. Рамхаль. *Адир баМаром*, ч. 2, Объяснение сна Даниэля, Иерусалим, 1988, стр. 23.
93. Рамхаль. *Оцрот Рамхаль (Сокровища Рамхаля)*, комментарий на недельную главу «Шлах», Бней-Брак, 1986, стр. 100.
94. Рав Авраам Ицхак Кук (Раайя). *Письма Раайя*, т. 2, Иерусалим, 1946, стр. 34.
95. Рав Авраам Ицхак Кук. *Орот (Света)*, Света Войны, гл. 9.
96. Рав Йеуда Лейб Ашлаг (Бааль Сулам). *Труды, Шофар Машиаха*. Ashlag Research Institute, Израиль, 2009, стр. 457.
97. Там же.
98. Там же.
99. Там же.
100. Рав Йеуда Лейб Арье Алтер. *Сфат Эмет (Язык Истины)*, гл. Бамидбар, ч. 4, Петроков, 1905, стр. 6:2.
101. Рав Йеуда Лейб Ашлаг (Бааль Сулам). *Труды, Поручительство*. Ashlag Research Institute, Израиль, 2009, стр. 397.
102. Ицхак Айзик Хавер (Вилдман). *Бейт Оламим (Дом вечный)*, Варшава, 1889, стр. 130:1.
103. Рамхаль. *Статья о принципах*. Об избавлении. Ойбервиша (Вишеуде-Сус), 1928, стр. 15.
104. Рав Авраам Ицхак Кук. *Предназначение народа Израиля и его национализм*. В раввинистическом альманахе «Ха-Пелес», Берлин, 1901, стр. 46.
105. Рав Авраам Ицхак Кук (Раайя). *Письма Раайя*, т. 3, Иерусалим, 1950, стр. 194.
106. Рав Авраам Ицхак Кук. *Эйн Айя* на трактат Шаббат 2, 230.

107. Рабби Нафтали Цви Йеуда Берлин (Нацив). *Аамек Давар (Углубись в предмет)* на Дварим, 27:5.
108. Иоганн Рейхлин. *Об искусстве каббалы.* Цит. по: Johann Reuchlin, *On the Art of the Kabbalah*. University of Nebraska Press, 1993, p. 127.
109. Уинстон Черчилль. *Сионизм против большевизма*, Illustrated Sunday Herald, 8 Feb. 1920. В: Michael Wolff, ed., *The Collected Essays of Sir Winston Churchill*, v. IV, London, 1976, p. 29.
110. М. Горький. *О евреяхъ.* Изд. Петроградского Совета Рабочихъ и Красноармейскихъ Депутатовъ, 1919 г.
111. Пол Джонсон. *Популярная история евреев*, М.: Вече, 2000, стр. 664.
112. Рав Шмуэль Борнштейн. *Шем ми-Шмуэль (Имя от Самуила)*, гл. Микец, 1920.
113. Рав Йеуда Лейб Ашлаг (Бааль Сулам). *Труды, Наука каббала и философия*. Ashlag Research Institute, Израиль, 2009, стр. 38.
114. Гос. архив РФ, ф. 5802, оп. 1, ед. хр. 31, л. 419 – 420. Цит. по: А.И. Солженицын. *Двести лет вместе.* М.: Русский путь, 2001, т. 2, стр. 17.
115. М. Горький. *О евреяхъ.* Изд. Петроградского Совета Рабочихъ и Красноармейскихъ Депутатовъ, 1919 г.
116. Иосиф Флавий. *Иудейская война*, пер. с древнегреч. Финкельберг и Вдовиченко, М., Мосты культуры, 2008, книга VII, гл. 3, стр. 415.
117. Иосиф Флавий. *Иудейские древности*, пер. Г. Генкеля, М., изд. АСТ, 2002, т. 2, стр. 86, книга XIV, гл. 7, п. 2.
118. Якоб Лещинский. *Еврейское рассеяние*, изд.: отдел воспитания и культуры в изгнании Всемирной Сионистской Организации, Израиль, 1961, стр. 9.
119. Псалмы, 106:35.
120. Ари. *Восемь врат, Врата изречений (Шаар Псуким)*, гл. Шмот.
121. Рабби Нафтали Цви Йеуда Берлин (Нацив). *Аамек Давар (Углубись в предмет)* на Дварим, 27:5.
122. Рабби Нафтали Цви Йеуда Берлин (Нацив). *Аамек Давар (Углубись в предмет)* на Берешит, 47:28.
123. Рав Йеуда Лейб Ашлаг (Бааль Сулам). *Труды, Поручительство*, п. 19. Ashlag Research Institute, Израиль, 2009, стр. 393.
124. Там же, п. 20.
125. Рав Йеуда Лейб Ашлаг (Бааль Сулам). *Труды, Служанка, наследующая своей госпоже,*. Ashlag Research Institute, Израиль, 2009, стр. 454.

126. Рав Барух Шалом Ашлаг (Рабаш). *Труды, Письмо 18*, Ashlag Research Institute, Израиль, 2008, т. 2, стр. 1451.
127. Мидраш Раба. *Песнь песней*, гл. 4, п. 2.
128. Вавилонский Талмуд, трактат Псахим, 87:2.
129. Рав Йеуда Лейб Арье Алтер, *Сфат Эмет (Язык Истины)*, гл. Итро, ч. 2, Петроков, 1905, стр. 45:1.
130. Рав Авраам Ицхак Кук (Раайя). *Гинзей Раайя (Тайны Раайя)*, Иерусалим, 1990, т. 1, стр. 53.
131. Рав Йеуда Лейб Ашлаг (Бааль Сулам). *Труды, Любовь к Творцу и любовь к людям*. Ashlag Research Institute, Израиль, 2009, стр. 486.
132. Ф. М. Достоевский. *Дневник писателя*. СПб.: Изд. дом «Азбука-классика», 2008. 1877. Март. Гл. вторая, III, стр. 288 – 289.
133. Н. А. Бердяев. *Христианство и антисемитизм: (Религиозная судьба еврейства)*. Париж. Изд. Религиозно-философской академии, 1938, стр.4 – 5.
134. А. И. Куприн. *Жидовка*. Собр. соч. в 6 т., т. 3. М.: 1957, стр. 225 – 226.
135. Блез Паскаль. *Мысли*. М.: изд-во им. Сабашниковых, 1995, стр. 203.
136. Рав Йеуда Лейб Ашлаг (Бааль Сулам). *Предисловие к Учению о десяти сфирот*, пп. 104 – 105.
137. *Тора, Берешит*, 8:21.
138. Раши на Вавилонский Талмуд, трактат Хулин, 89:1.
139. Сборник респонсов Рамбама и его писем, Лейпциг, 1859, ч. 3, стр. 39:1.
140. Рабби Элимелех из Лиженска. *Ноам Элимелех*, книга Шмот, гл. Бешалах.
141. Рабби Яков Йосеф из Полонного. *Толдот Яков Йосеф*, Иерусалим, 1973, гл. Бешалах, п. 1, т. 1, стр. 174.
142. Рама. *Мхир яин*, Иерусалим, 1926, стр. 327.
143. Рабби Яков Йосеф из Полонного. *Толдот Яков Йосеф*, Иерусалим, 1973, гл. Ахарей Мот, п. 1, т. 1, стр. 327.
144. Рабби Йонатан Эйбеншюц. *«Яарот дваш» («Медовые соты»)*, ч. 2, толкование 10, Иерусалим, 1988, стр. 168.
145. Вавилонский Талмуд, трактат Бава Батра, стр. 16:1.
146. Танах. *Книга Эстер*, 3:8.
147. Рав Йеуда Лейб Ашлаг (Бааль Сулам). *Труды, Шамати, ст. 144, Есть один народ*. Ashlag Research Institute, Израиль, 2009, стр. 628.
148. Танах. *Книга Эстер*, 9:2.
149. Там же, 8:11.

150. Рав Йеуда Лейб Ашлаг (Бааль Сулам). *Труды, Шамати, ст. 144, Есть один народ*. Ashlag Research Institute, Израиль, 2009, стр. 628.
151. Рав Авраам Ицхак Кук (Раайя). *Статьи Раайя*, Иерусалим, 1984, стр. 268.
152. Рав Йеуда Лейб Ашлаг (Бааль Сулам). *Труды, Свобода воли*. Ashlag Research Institute, Израиль, 2009, стр. 420.
153. Вавилонский Талмуд, *трактат Санэдрин*, стр. 97:2.
154. Крылатая фраза из фильма «Крестный отец», 1972.
155. Тора. Шмот, 19:17.
156. Вавилонский Талмуд, *трактат Авода Зара*, 2:2.
157. Новый Завет, *Евангелие от Иоанна*, 4:22.
158. Новый Завет, *Послание к Римлянам*, 3:1-2.
159. Уинстон Черчилль. *Сионизм против большевизма*, Illustrated Sunday Herald, 8 Feb. 1920. В: Michael Wolff, ed., *The Collected Essays of Sir Winston Churchill*, v. IV, London, 1976, p. 29.
160. Н. Бердяев. *Философия неравенства*. Москва, АСТ, Хранитель, 2012, стр. 52.
161. Г. К. Честертон. Вечный человек. *Трактат «Вечный человек»*. М: изд-во Эксмо, 2004, стр. 168 – 169.
162. А. И. Солженицын. *Двести лет вместе*. М.: Русский путь, 2001, т. 1, стр. 416.
163. Пол Джонсон. *Популярная история евреев*, М.: Вече, 2000, стр. 7.
164. Рав Авраам Ицхак Кук (Раайя). *Статьи Раайя*, Великий призыв в Страну Израиля, Иерусалим, 1984, стр. 323.
165. Описание этого факта можно найти в: Аарон Сорески, *Адмор, рабби Йеуда Лейб Ашлаг – Бааль Сулам: 30-ая годовщина ухода*, газета аМодиа, Ташмав, 9 тишрея (24 сентября 1985).
166. Рав Авраам Ицхак Кук (Раайя). *Статьи Раайя*, Иерусалим, 1984, стр. 268 – 269.
167. Рав Йеуда Лейб Ашлаг (Бааль Сулам). *Труды, Труды о последнем поколении*. Ashlag Research Institute, Израиль, 2009, стр. 853.
168. Рав Йеуда Лейб Ашлаг (Бааль Сулам). *Труды, Труды о последнем поколении*. Ashlag Research Institute, Израиль, 2009, стр. 841.
169. Ф. М. Достоевский. *Дневник писателя*. СПб.: Изд. дом «Азбука-классика», 2008. 1877. Март. Гл. вторая, III, стр. 288 – 289.
170. Генри Форд. *Международное еврейство*. Изд. Витязь, 2000, стр. 31.
171. Там же, стр. 5.
172. Там же, стр. 22.

173. Протоиерей Сергий Булгаков. *Христианство и еврейский вопрос, Гонения на Израиль (Догматический очерк)*, YMCA-Press, Paris, 1991.
174. Л. Н. Толстой. Полное собрание сочинений, серия третья, т. 71, Письма 1898 г., М.:1954, стр. 520.
175. В оригинале книга Г. Форда «Международное еврейство» имеет подзаголовок: «Главная проблема мира».
176. Голда Меир. *Моя жизнь*. «Библиотека-Алия», 1985. Гл. 6.
177. Рав Йеуда Лейб Ашлаг (Бааль Сулам). *Труды, Труды о последнем поколении*. Ashlag Research Institute, Израиль, 2009, стр. 832 – 833.
178. А. Е. Бовин, *Записки ненастоящего посла: из дневника*, М.: Захаров, 2001, стр. 272.
179. А. И. Солженицын. *Двести лет вместе*. М.: Русский путь, 2001, т. 2, стр. 428.
Цитаты взяты из статьи Э. Финкельштейна «Евреи в СССР: Путь в двадцать первый век», Страна и мир. 1989, № 1.
180. Радио «Эхо Москвы», прямой эфир 21.07.2004.
181. Цит. по кн.: Феликс Кандель. *Земля под ногами. Из истории заселения и освоения Эрец Исраэль. 1918-1948. Книга 2*, изд.: Мосты культуры / Гешарим, 2008, стр. 393.
182. В. Кантор. *Манифест о безопасной толерантности*, 2011. Электронная версия: http://www.securetolerance.com/Russian/manifesto.htm
183. Б. Гулько. *Что малайцу до еврея?* Интернет-газета «Еврейский мир», 22 мая 2012 г.
184. Пророки, Нехемия, 7:66.
185. С. М. Дубнов. *Всеобщая история евреев*, кн. 1, С.-Петербург, 1910, стр. 297.
186. Норман Рот. *Евреи, вестготы и мусульмане в средневековой Испании: кооперация и конфликт*, The Netherlands, E.J. Brill, 1994, стр. 2.
187. Йосеф Каплан, Амос Хофман. *Евреи и христиане: полемика и взаимовлияние культур*, кн. 6, научный руководитель проф. Ора Лимор, изд. Открытого университета Израиля, 2006, стр. 11.
188. Ицхак Бэр. *История евреев в христианской Испании*, издание 2-ое, Тель-Авив, 1959, стр. 464. (иврит).
189. Генрих Грец. *История евреев от древнейших времен до настоящего*, Одесса, 1907, т. 9, стр. 278.
190. Джейкоб Рэйдер Маркус. *Еврей в средневековом мире: антология*, 315 – 1791, Hebrew Union College Press, 1999, стр. 60 – 61 (англ.)

191. Генрих Грец. *История евреев от древнейших времен до настоящего*, Одесса, 1907, т. 9, стр. 285.
192. *Книга Зоар с комментарием Сулам*, гл. Ноах, п. 385.
193. Генрих Грец. *История евреев от древнейших времен до настоящего*, Одесса, 1907, т. 12, стр. 4.
194. С. М. Дубнов. *Краткая история евреев*, гл. 10, п. 55, М., Сварог, 1996, стр. 418.
195. Лев Поляков. *История антисемитизма. Эпоха знаний*, Москва – Иерусалим, изд. Гешарим, 2-е изд., 2008, стр. 144.
196. Генрих Гейне. *Собрание сочинений в десяти томах, Признания*, Л., 1959, т. 9, стр. 122.
197. С. М. Дубнов. *Новейшая история евреев*, изд. «Грани», Берлин, 1923, т. 2, стр. 314.
198. Там же, стр. 315.
199. Лев Поляков. *История антисемитизма. Эпоха знаний*, Москва – Иерусалим, изд. Гешарим, 2-е изд., 2008, стр. 146.
200. Пол Джонсон. *Популярная история евреев*, М.: Вече, 2000, стр. 399 – 400.
201. С. М. Дубнов. *Новейшая история евреев*, изд. «Грани», Берлин, 1923, т. 3, стр. 5.
202. Там же.
203. Стефан Цвейг. *Вальтер Ратенау*, Интернет-журнал «Лехаим», окт. 1999, публикация и перевод Льва Миримова.
204. *Einstein on peace*, eds. Otto Nathan and Heinz Norden, New York, 1960, pp. 52 – 53.
205. *Deutsche Geschichte in Quellen und Darstellung*. Bd. 8. Kaiserreich und Erster Weltkrieg 1871 – 1918. Stuttgart, 2002. S. 152 – 155.
206. Kurt Lewin, *Resolving Social Conflicts*, New York – Tokyo, 1967, When facing danger, 159 – 169.
207. Theodor Lessing, *Der jüdische Selbsthass*, Berlin, 1930, S. 26.
208. Там же.
209. Там же.
210. Рав Шмуэль Борнштейн. *Шем ми-Шмуэль (Имя от Самуила)*, гл. Ваякель, 1920.
211. Людвиг Фейербах. *Избранные философские произведения в 2 томах, Сущность христианства*, М.: Полит. лит-ра, 1955, стр. 145.
212. Стивен Бирмингем. *Наш круг: знаменитые еврейские семьи Нью-Йорка*, изд. ун-та Сиракуз, 1996, стр. 31. // (англ.)

213. Там же.
214. Там же, стр. 127.
215. Там же, стр. 25.
216. С. М. Дубнов. *Новейшая история еврейского народа*, Изд. Мосты культуры – Гешарим, Москва –Иерусалим, 2002, т. 2, стр. 387.
217. Роберт Розен. *Еврейские конфедераты*, изд. ун-та Южной Каролины, 2000, стр. 148-152. // (англ.)
218. С. М. Дубнов. *Новейшая история еврейского народа*, Изд. Мосты культуры – Гешарим, Москва –Иерусалим, 2002, т. 2, стр. 389.
219. Там же, т. 3, стр. 216.
220. Стивен Бирмингем. *Наш круг: знаменитые еврейские семьи Нью-Йорка*, изд. ун-та Сиракуз, 1996, стр. 290. // (англ.)
221. Там же, стр. 292 – 293.
222. The American Israelite 31, no. 13 (28 September, 1884), p. 4.
223. Говард М. Сакер. *История евреев в Америке*, Нью-Йорк, 1992, стр. 125. // (англ.)
224. Стивен Бирмингем. *Остальные из нас: подъем американского восточно-европейского еврейства*, изд. ун-та Сиракуз, 1999, стр. 24. // (англ.)
225. Bobbie Malone. *Rabbi Max Heller: Reformer, Zionist, Southerner, 1860-1929*. Tuscaloosa: University of Alabama Press, 1997, p. 98.
226. Кирк Дуглас. *Сын старьевщика, автобиография*, Simon & Schuster, 1988, стр. 36. // (англ.)
227. А. Эйнштейн. *О еврейской Палестине*, цит. по кн.: Альберт Эйнштейн: обрести достоинство и свободу, сост. и ред. З. Копельман, Гешарим – Мосты культуры, Москва – Иерусалим, 2006, стр. 49.
228. Janowsky, Oscar I., *Forgotten Worlds: An Unfinished Memoir*, in: American Jewish Archives, Vol. 46, No. 2 (1994), p. 267.
229. Sefton D. Temkin. *Creating American Reform Judaism: The Life and Times of Isaac Mayer Wise*, London, Portland, Oregon, 1998, p. 294.
230. Говард М. Сакер. *История евреев в Америке*, Нью-Йорк, 1992, стр. 123. // (англ.)
231. The American Israelite 33, no. 31 (28 January, 1887), p. 4.
232. *Presidential Address, 8th Annual Convention of the CCAR, delivered July 6, 1897*. Yearbook of the Central Conference of American Rabbis (1897 – 1898), pp. xi-xii.

233. Henry L. Feingold, Bearing Witness, How America and Its Jews Responded to the Holocaust, Syracuse University Press, 1995, p. 268, // пер. с англ. языка Открытого Университета Израиля.
234. Там же, стр. 269.
235. Там же.
236. Там же // пер. наш.
237. Там же.
238. Там же.
239. Judith Tydor Baumel. *The "Bergson Boys" And the Origins of Contemporary Zionist Militancy*, Syracuse University Press, 2005, p. 153.
240. David S. Wyman, Rafael Medoff. *A Race Against Death: Peter Bergson, America, and the Holocaust*, New Press, 2004, p. 169.
241. Judith Tydor Baumel. *The "Bergson Boys" And the Origins of Contemporary Zionist Militancy*, Syracuse University Press, 2005, p. 13.
242. David S. Wyman. *The abandonment of the Jews: America and the Holocaust, 1941-1945*, Pantheon Books, 1984, pp. 152 – 153.
243. Henry L. Feingold, Bearing Witness, How America and Its Jews Responded to the Holocaust, Syracuse University Press, 1995, p. 269.
244. Alan M. Dershowitz. *The Vanishing American Jew: In Search of Jewish Identity for the Next Century*, Simon and Schuster, 1998, p. 24.
245. Алан Дершовиц. *Слово в защиту Израиля*, Москва: «Книжники», «Текст», 2011, гл. 32.
246. Stephen H. Norwood. *Antisemitism and the American Far Left*, Cambridge University Press, 2013, p. 22.
247. Там же.
248. Noam Chomsky and Ilan Pappé. *Gaza in Crisis: Reflections on Israel's War against the Palestinians*, Chicago: Haymarket Books, 2010, p. 8.
249. Там же.
250. Алан Дершовиц. *Слово в защиту Израиля*, Москва: «Книжники», «Текст», 2011, гл. 30.
251. Алан Дершовиц. *Слово в защиту Израиля*, Москва: «Книжники», «Текст», 2011, стр. 378 – 379.
252. *The Jewish Divide Over Israel: Accusers And Defenders*, eds.: Edward Alexander, Paul Bogdanor, New Brunswick, NJ: Transaction, 2006, Introduction, p. xix.
253. Алан Дершовиц. *Слово в защиту Израиля*, Москва: «Книжники», «Текст», 2011, гл. 31.

254. Edward Alexander. *Jews Against Themselves: The BDS Movement and Modern Apostasy*. The Algemeiner, May 14, 2014.
255. Йосеф Йак. *Ричард Фальк: Израиль проводит «этнические чистки»*, сайт 7 канала, 22 марта 2013.
256. Edward Alexander. *Jews Against Themselves*.
257. Peter Beinart. The Crisis of Zionism. Henry Holt and Company. p. 190.
258. *Chomsky says BDS tactics won't work, may be harmful to Palestinians*, Jerusalem Post, March 7, 2014.
259. Abraham Brumberg. *Towards the Final Solution: Perceptions of Hitler and Nazism in the US Left-of-center Yiddish Press, 1930-1939*, in: Why Didn't the Press Shout?: American & International Journalism During the Holocaust, eds.: Robert Moses Shapiro, Yeshiva University, 2003, p. 24.
260. Борис Гулько. *Смотри правде в глаза*, Интернет-газета «Мы здесь», № 451, 29 мая – 4 июня 2014.
261. Там же.
262. Там же.
263. Рав Йеуда Лейб Ашлаг (Бааль Сулам). *Труды, Труды о последнем поколении*. Ashlag Research Institute, Израиль, 2009, стр. 853.
264. Рав Йеуда Лейб Ашлаг (Бааль Сулам). *Труды, Нация*. Ashlag Research Institute, Израиль, 2009, стр. 500.
265. Борис Гулько. *Смотри правде в глаза*.
266. С. М. Дубнов. *Краткая история евреев*, гл. 10, п. 58, М., Сварог, 1996, стр. 424.
267. С. М. Дубнов. *История хасидизма*, Мосты культуры, Москва – Иерусалим, 2014, стр. 253 – 254.
268. Д. Г. Маггид. *Из семейного архива*, Пережитое, сборник, посвященный общественной и культурной истории евреев в России, т. 2, СПБ, 1910, стр. 116.
269. С. М. Дубнов. *История хасидизма*, стр. 271.
270. Там же, стр. 280.
271. Там же, стр. 402.
272. Там же, стр. 406.
273. Там же, стр. 408.
274. Там же, стр. 518.
275. Краткая Еврейская Энциклопедия, т. 10, кол. 259 – 262, ст. Шнеур Залман из Ляд.
276. Архив еврейской истории, гл. ред. О. В. Будницкий, т. 6. М, 2011, стр. 268.

277. Юдл Марк. *Литература на идиш в России*, Книга о русском еврействе, от 1860-х до революции 1917 г., Нью-Йорк, 1960, стр. 521.

278. Б.-Ц. Динур. *Облик русского еврейства*, там же, стр. 313.

279. Там же, стр. 313 – 314.

280. Теодор Герцль. *Русские евреи*, «Ди Вельт», 1897, номер 19, стр. 4 // (нем.)

281. Н. Портнова. *Эпоха возрождения, самосознания и соблазнов*. В: Быть евреем в России, Материалы по истории русского еврейства. 1880 – 1890, Иерусалим, 1999, стр. 385.

282. Речь гр. Н. П. Игнатьева перед еврейской депутацией. Там же, стр. 11 – 12.

283. С. М. Дубнов. *Новейшая история еврейского народа*, Изд. Мосты культуры – Гешарим, Москва –Иерусалим, 2002, т. 2, стр. 330 – 331.

284. С. М. Дубнов. *Книга жизни: Воспоминания и размышления*, СПб, 1998, т. 1, стр. 110.

285. Там же, стр. 113.

286. Там же, стр. 114.

287. Там же, стр. 21.

288. С. Дубнов. *Воспоминания об Абрамовиче-Менделе*, В: Быть евреем в России, Материалы по истории русского еврейства. 1880 – 1890, Иерусалим, 1999, стр. 379.

289. С. М. Дубнов. *Книга жизни: Воспоминания и размышления*, СПб, 1998, т. 1, стр. 155.

290. Там же.

291. См. Бенджамин Натанс. *«Еврейская драма»: личность, коллектив и проблема кризиса*. В кн.: История и культура российского и восточно-европейского еврейства: Новые источники, новые подходы. Материалы международной научной конференции, Москва, 8 – 10 декабря 2003 г. / Ред. О. В. Будницкий, К. Ю. Бурмистров, А. Б. Каменский, В. В. Мочалова. М, 2004.

292. С. М. Дубнов. *Новейшая история еврейского народа*, Изд. Мосты культуры – Гешарим, Москва – Иерусалим, 2002, т. 2, стр. 344.

293. Там же, стр. 345.

294. Н. Портнова. *Предисловие к публикации: Г. Баданес, Записки отщепенца*. В: Быть евреем в России, Материалы по истории русского еврейства. 1880 – 1890, Иерусалим, 1999, стр. 27.

295. О. В. Будницкий. *Российские евреи между красными и белыми (1917 – 1920)*, М., Росспэн, 2005, стр. 33.

296. Александр Степанский. *Максим Моисеевич Винавер: «Ни свобода, ни порядок немыслимы, доколе нет в стране гражданского равенства...».* В кн: Российский либерализм: идеи и люди, общ. ред. А.А.Кара-Мурзы, М., Новое издательство, 2007, стр. 583.
297. М. Бейзер. *Евреи в Петербурге*, Библиотека-Алия, 1989, стр. 191 – 192.
298. «Рассвет», 26 окт. 1926 г. в: Интернет-журнал «Лехаим», февраль 2006 – 2 (166).
299. С. М. Дубнов. *Книга жизни: Воспоминания и размышления*, СПб, 1998, т. 2, стр. 337.
300. Там же, стр. 275.
301. Вл. Жаботинский. *Бунд и сионизм*, изд. Кадима, Одесса, 1906, стр. 48.
302. Вл. Жаботинский. *Наше «бытовое явление» (вопрос о выкрестах)*, изд. «Восход», Одесса, 1911, стр.7.
303. С. М. Дубнов. *Книга жизни: Воспоминания и размышления*, СПб, 1998, т. 2, стр. 326.
304. Там же, стр. 326 – 327.
305. Вл. Жаботинский. *Наше «бытовое явление» (вопрос о выкрестах)*, изд. «Восход», Одесса, 1911, стр. 23.
306. А. А. Гольденвейзер. *Из киевских воспоминаний*, в кн: Архив русской революции, т. VI, Берлин, 1922, стр. 185.
307. Там же, стр. 184.
308. Ф. Степун. *Бывшее и несбывшееся*, Нью-Йорк, 1956, т. 2, стр. 53.
309. О. В. Будницкий. *Российские евреи между красными и белыми (1917 – 1920)*, М., Росспэн, 2005, стр. 89.
310. С. М. Дубнов. *Книга жизни: Воспоминания и размышления*, СПб, 1998, т. 2, стр. 383.
311. Владимир (Зеев) Жаботинский. *Антисемитизм в Сов. России*, Избранное, Иерусалим – Санкт-Петербург, 1992, стр. 190.
312. Л. Троцкий. *Моя жизнь: Опыт автобиографии*. М., 1990, т. 2, стр. 63.
313. Ст. Иванович. *Евреи и советская диктатура*, Еврейский Мир, ежегодник на 1939 год, Париж, 1939, стр. 46.
314. В. П. Булдаков. *Российское еврейство и большевистской переворот в Петрограде, октябрь 1917 – январь 1918 года*, Архив еврейской истории, т. 4, М., Росспэн, 2007, стр. 94.
315. Там же, стр. 95.

316. Князь С. М. Волконский. *Мои воспоминания*, Часть третья, гл. 15, М., Захаров, 2004.
317. В. Ф. Клементьев. *В большевицкой Москве (1918 – 20)*, М., Русский путь, 1998. стр. 233 – 245.
318. Марк Алданов. *Убийство Урицкого*, Литература русского зарубежья. Антология в шести томах, под ред. А. Л. Афанасьева, 1990, т. 1, кн. 1, стр. 111.
319. О. В. Будницкий. *Российские евреи между красными и белыми (1917 – 1920)*, М., Росспэн, 2005, стр. 378 – 379.
320. В. Жаботинский. *Д.С.Пасманик*, «Рассвет», 13 июля 1930 года.
321. О. В. Будницкий. *Российские евреи между красными и белыми (1917 – 1920)*, М., Росспэн, 2005, стр. 349.
322. Там же, стр. 208.
323. Еврейская делегация у генерала Деникина, Интернет-журнал «Лехаим», дек. 2005.
324. С. М. Дубнов. *Новейшая история еврейского народа*, Изд. Мосты культуры – Гешарим, Москва – Иерусалим, 2002, т. 3, стр. 450.
325. Там же.
326. Там же, стр. 451.
327. С. М. Гинзбург. *О русско-еврейской интеллигенции*, Еврейский Мир, ежегодник на 1939 год, Париж, 1939, стр. 33.
328. Ицхак Маор. *Сионистское движение в России*, Иерусалим, 1977, стр. 427.
329. Там же.
330. В. Жаботинский. *Черная сотня*, Рассвет, vol. 22 № 2, 10 января 1926, стр. 2 – 4.
331. Ст. Иванович. *Евреи и советская диктатура*, Еврейский Мир, ежегодник на 1939 год, Париж, 1939, стр. 47.
332. Леон Шапиро. *Евреи в Советской России после Сталина*, Книга о русском еврействе, 1917 – 1967, Нью-Йорк, 1968, стр. 348.
333. Ст. Иванович. *Евреи и советская диктатура*, Еврейский Мир, ежегодник на 1939 год, Париж, 1939, стр. 47 – 48.
334. *Лия Престина-Шапиро: папа был очень деятельным человеком*, Интернет-журнал «Лехаим», февр. 2009.
335. Гершон Свет. *Религия в Советской России*, Книга о русском еврействе, 1917 – 1967, Нью-Йорк, 1968, стр. 205.
336. Nora Levin. *The Jews in the Soviet Union since 1917: Paradox of Survival*, N.Y., 1988, pp. 76 – 77.

337. И. Й. Зингер. *Новая Россия, путевые картины*, изд. Клецкина, Вильна, 1928, стр. 32 // (идиш).
338. Там же, стр. 25.
339. Эстер Маркиш. *Столь долгое возвращение... Воспоминания*, Тель-Авив, 1989, гл. 7, Дом писателей.
340. Юдель Марк. *Литература на идиш в Советской России*, Книга о русском еврействе, 1917 – 1967, Нью-Йорк, 1968, стр. 218.
341. С. Шварц. *Евреи в Советском Союзе с начала Второй мировой войны (1939 – 1965)*, Нью-Йорк, 1966, стр. 44.
342. Там же, стр. 59.
343. Там же, стр. 173.
344. Арно Люстигер. *Сталин и евреи. Трагическая история Еврейского антифашистского комитета и советских евреев*, М.: РОССПЭН, 2008, стр. 108.
345. А. Лейзерович. *Уцелевшие...*, Интернет-журнал «Заметки по еврейской истории», №4 (174), апрель 2014 года.
346. Симон Маркиш. *Отец*.
347. Эстер Маркиш. *Столь долгое возвращение... Воспоминания*, Тель-Авив, 1989, гл. 18, Вавилонская башня в Казахстане.
348. Там же.
349. Там же, гл. 21, «За нами должок»...
350. Там же.
351. С. Шварц. *Евреи в Советском Союзе с начала Второй мировой войны (1939 – 1965)*, Нью-Йорк, 1966, стр. 130.
352. Рав Йеуда Лейб Ашлаг (Бааль Сулам). *Труды, Народ*. Ashlag Research Institute, Израиль, 2009, стр. 489.
353. Там же.
354. Танах. *Книга Эстер*, 9:2.
355. Там же, 8:11.
356. Рав Йеуда Лейб Ашлаг (Бааль Сулам). *Труды, Шамати, ст. 144, Есть один народ*. Ashlag Research Institute, Израиль, 2009, стр. 628.
357. Адольф Гитлер. *Майн кампф (Моя борьба)*, центральное изд-во НСДАП, 1943, стр. 331.
358. Тана де-бей Элияху, седер Элияху Зута, Варшава, 1911, стр. 70.
359. Симха Буним из Пшисхи. *Коль мевасер (Глас возвещающий)*, ч. 1, гл. Балак.
360. Рав Йеуда Лейб Ашлаг (Бааль Сулам). *Труды, Свобода воли*. Ashlag Research Institute, Израиль, 2009, стр. 426.

361. Махараль из Праги. *Хидушей агадот (Новое в агадот)*, ч. 4, трактат Эдуйот, Иерусалим, 1964, стр. 63.
362. Рав Йеуда Лейб Ашлаг (Бааль Сулам). *Труды, Народ*. Ashlag Research Institute, Израиль, 2009, стр. 487.
363. Пиркей де-рабби Элиэзер, гл. 24.
364. Мидраш Раба Берешит, 39:3.
365. Рабби Бахья бен Ашер Халуа. *Мидраш рабейну Бехайе на Тору*, Берешит, 15:6.
366. Николас Кристакис, Джеймс Фаулер. *Связанные одной сетью. Как на нас влияют люди, которых мы никогда не видели*, М., 2011, стр. 55.
367. Николас Кристакис. *Скрытое влияние социальных сетей*, TED 2010, мин. 17:11, http://www.ted.com/talks/nicholas_christakis_the_hidden_influence_of_social_networks.html
368. Энтони Гидденс. *Ускользающий мир. Как глобализация меняет нашу жизнь*, изд. «Весь Мир», 2004, стр. 23 – 24.
369. Dr. Leandro Herrero. *Homo Imitans: The Art of Social Infection: Viral Change in Action*, UK: Meetingminds Publishing, 2011, p. 4.
370. Там же.
371. Паскаль Лами. *Выступление в Джакарте*, 14.06.2011 // (англ.) http://www.wto.org/english/news_e/sppl_e/sppl194_e.htm
372. Вильянур Рамачандран. *Мозг рассказывает. Нейропсихология в поисках того, что делает нас человеком*, М., Карьера Пресс, 2014, стр. 139.
373. Там же, стр. 24.
374. Там же, стр. 158.
375. Там же, стр. 160.
376. Николас Кристакис, Джеймс Фаулер. *Связанные одной сетью. Как на нас влияют люди, которых мы никогда не видели*, М., 2011, стр. 333.
377. Рамбам (Маймонид). *Мишне Тора или Яд Хазака*, ч. 1, «Книга знаний», гл. 1, п. 14.
378. Скоростная эволюция: Изменчивые рыбки, сайт Популярная механика, 14 июня 2009 http://www.popmech.ru/science/9211-skorostnaya-evolyutsiya-izmenchivye-rybki/
379. Дмитрий Целиков. *Папы передают по наследству не только гены*, Комьюлента, 10 сентября 2012 года, http://science.compulenta.ru/706880/
380. Рав Йеуда Лейб Ашлаг (Бааль Сулам). *Труды, Свобода воли*. Ashlag Research Institute, Израиль, 2009, стр. 419.
381. Там же.
382. Там же.

383. Рав Йеуда Лейб Ашлаг (Бааль Сулам). *Труды, Свобода воли.* Ashlag Research Institute, Израиль, 2009, стр. 419.
384. Там же.
385. М. Лайтман, В. Хачатурян. *Перспективы XXI века: Рождение интегрального мира*, М.: ЛЕНАНД, 2013, стр. 221.
386. Там же, стр. 222.
387. М. Лайтман, А. Козлов, А. Ульянов, К. Кальченко, С. Жданко. *Инструкция по выживанию в новом мире: Почему взаимная ответственность спасет нас от глобального кризиса*, М., 2012, стр. 35 – 36.
388. Рав Йеуда Лейб Ашлаг (Бааль Сулам). *Труды, Мир.* Ashlag Research Institute, Израиль, 2009, стр. 406.
389. В. И. Вернадский. *Философские мысли натуралиста, Научная мысль как планетное явление.* М., «Наука», 1988, стр. 22.
390. Там же, стр. 22 – 23.
391. В. И. Вернадский. *Философские мысли натуралиста, Несколько слов о ноосфере.* М., «Наука», 1988, стр. 509.
392. Там же, стр. 510.
393. М. Лайтман, В. Хачатурян. *Перспективы XXI века: Рождение интегрального мира*, М.: ЛЕНАНД, 2013, стр. 232.
394. Рав Авраам Ицхак Кук. *Эйн Айя* на трактат Брахот, 9, 111.
395. К. Кальченко, Д. Самсонников, Ю. Чемеринская. *Объединяющие игры*, СПб.: ООО «В Круге», 2014.
396. Там же, стр.5 – 6.
397. Там же, стр. 35.
398. Рав Барух Шалом Ашлаг (Рабаш). *Труды, Что означает «и Я отяготил сердце его» в работе*, Ashlag Research Institute, Израиль, 2009, т. 2, стр. 1270.
399. Рав Барух Шалом Ашлаг (Рабаш). *Труды, Чего требовать от собрания товарищей*, Ashlag Research Institute, Израиль, 2009, т. 1, стр. 750 – 751.
400. Л. С. Выготский. *Игра и ее роль в психическом развитии ребенка.* В: Психология развития, СПб, Питер, 2001, стр. 76.
401. Там же, стр. 77.
402. Там же, стр. 79.
403. Зоар с комментарием Сулам, гл. Насо, п. 106.
404. Тана де-бей Элияху, седер Элияху Зута, Варшава, 1911, гл. 14, стр. 41.
405. Комментарий Раши на Вавилонский талмуд, трактат Хулин, 5:1.

406. Рав Йеуда Лейб Ашлаг (Бааль Сулам). *Труды, Шамати, ст. 225, Возвысить себя.* Ashlag Research Institute, Израиль, 2009, стр. 658.
407. Рав Барух Шалом Ашлаг (Рабаш). *Труды,* Письмо 40, Ashlag Research Institute, Израиль, 2009, т. 2, стр. 1498.
408. Рав Барух Шалом Ашлаг (Рабаш). *Труды, Необходимость любви к товарищам,* Ashlag Research Institute, Израиль, 2009, т. 1, стр. 646.
409. Рав Барух Шалом Ашлаг (Рабаш). *Труды, По поводу важности товарищей,* Ashlag Research Institute, Израиль, 2009, т. 1, стр. 48.
410. Рав Йеуда Лейб Ашлаг (Бааль Сулам). *Труды, Свобода воли.* Ashlag Research Institute, Израиль, 2009, стр. 425.
411. Рабби Калонимус Кальман Эпштейн. *Маор ва-Шемеш (Свет и солнце),* гл. Ваехи, Варшава, 1877, стр. 73.
412. Рав Барух Шалом Ашлаг (Рабаш). *Труды, Цель группы – 2,* Ashlag Research Institute, Израиль, 2009, т. 1, стр. 12.
413. Там же, *Чего требовать от собрания товарищей,* стр. 750.
414. Зоар с комментарием Сулам, гл. Ахарей мот, пп. 66 – 67.
415. Моше бен Яаков ибн Эзра, поэзия Израиля, Филадельфия, 1924, стр. 156.
416. Рав Барух Шалом Ашлаг (Рабаш). *Труды, Порядок заседания товарищей,* Ashlag Research Institute, Израиль, 2009, т. 1, стр. 269.
417. Там же, *Чего требовать от собрания товарищей,* стр. 748.
418. *Школа для взрослых. Взгляд из будущего.* – М.: НФ «Институт перспективных исследований», 2012.
419. Михаил Бруштейн. *Главный секрет евреев,* ARI Publishers, 2014, стр. 268 – 291.
420. Мидраш Раба. *Берешит,* гл. 38, п. 6.
421. Рав Йеуда Лейб Ашлаг (Бааль Сулам). *Труды, Предисловие к книге Зоар.* Ashlag Research Institute, Израиль, 2009, стр. 453.
422. Рабби Натан Штернгерц. *Ликутей Алахот (Сборник законов),* Благословения на паломничество и личные благословения, правило 4.
423. Рав Йеуда Лейб Ашлаг (Бааль Сулам). *Труды, Поручительство,* п. 20 Ashlag Research Institute, Израиль, 2009, стр. 393.

Михаил Палатник
Время собирать камни...

www.antisemitizm.com

Выражаю особую благодарность моей супруге Марианне.

Использованы материалы из книги
Хаима Раца «Like a Bundle of Reeds».

Корректоры: Л. Дешко, С. Добродуб
Работа с первоисточниками: Д. Мельничук
Художественное оформление: А. Мохин
Компьютерная верстка: А. Мухин
Участие в переводе: Т. Молотов

Подписано в печать 01.04.2015. Усл. печ. л. 22.
Тираж 1000 экз. Заказ № 0288.

Отпечатано в рекламно-имиджевой компании «ПолиГрафГруп»
127106, г. Москва, ул. Гостиничная, д. 9А, кор. 3. Тел.: +7(495) 984-77-98

www.ingramcontent.com/pod-product-compliance
Lightning Source LLC
LaVergne TN
LVHW011927070526
838202LV00054B/4523